John of Damascus

Des heiligen Johannes von Damaskus.

Genaue Darlegung des orthodoxen Glaubens

John of Damascus

Des heiligen Johannes von Damaskus.
Genaue Darlegung des orthodoxen Glaubens

ISBN/EAN: 9783743340947

Hergestellt in Europa, USA, Kanada, Australien, Japan

Cover: Foto ©Lupo / pixelio.de

Manufactured and distributed by brebook publishing software (www.brebook.com)

John of Damascus

Des heiligen Johannes von Damaskus.

Bibliothek der Kirchenväter.

Auswahl

der

vorzüglichsten patristischen Werke

in

deutscher Uebersetzung,

herausgegeben unter der Oberleitung

von

Dr. Valentin Thalhofer,

Domdekan und Professor der Theologie in Eichstätt, bisch. Augsb. geistlichen Rath, vormals Universitäts-Professor und Direktor des Georgianums in München ꝛc. ꝛc.

Kempten.

Verlag der Jos. Kösel'schen Buchhandlung.

Des heiligen

Johannes v. Damaskus,

Mönches und Priesters zu Jerusalem,

genaue Darlegung

des orthodoxen Glaubens,

nach dem Urtexte übersetzt

von

Dr. Heinrich Hayd,
Lycealprofessor.

Kempten.
Verlag der Jos. Kösel'schen Buchhandlung.
1880.

Johannes von Damaskus
Leben und Schriften.

Leben des hl. Johannes.[1]

Johannes von Damaskus, nicht zu verwechseln mit anderen gleichnamigen Männern jener Zeit, führt den arabischen Beinamen Mansur (was die Griechen mit λελυτρωμένος übersetzen,) den sein heftiger Feind Constantin Copronymus (741—755) spottweise in Manzer (spurius) veränderte, auch den Beinamer χρυσορρόας (der Goldfließende)

---

[1] Außer der den gesammelten Werken des Damaszeners vorausgedruckten, aus der Mitte des 10. Jahrhunderts stammenden, ziemlich legendenhaften Biographie des Johannes, Patriarchen von Jerusalem, († 969) als biographischer Hauptquelle — vgl. besonders die praefatio generalis und 7 dissertationes von dem Herausgeber der ersten Gesammtausgabe, le Quien, und die Prolegomena von Leo Allatius, dann Baillet (les vies des saints, tom. IV., sub 6. Mai, pag. 129 et seqq.); Ceillier (hist. gén. des auteurs sacrés tom. XVIII. p. 110—165); Fabricius (Bibl. graeca, tom. VIII; Dupin nouv. Biblioth. des aut. eccles., tom. VI. p. 101—104); Néve, St. Jean de Damas et son influence en Orient. revue belge et étrangère, nouv. serie, tom. XII a. 1861 und eparat); ferner Ritter (Gesch. der christl. Philosophie, Bd. II. S. 553—567); Alzog (Handbuch der Patrologie. 3. Auflage S. 462 u. f.), und die betreffenden Artikel im Freiburger Kirchenlexikon und der Encyklopädie von Herzog; endlich Langen, Joh. von Damaskus; 1879, bei Perthes. — Eine gute Uebersicht über die gesammte dogmatische Lehranschauung des Damascener gibt Bach, Dogmengesch. des Mittelalters, Bd. I S. 49—78.

theils wegen seiner Beredtsamkeit, theils wegen eines Flusses dieses Namens bei Damaskus. Diese Zierde und Stütze der griechischen Kirche im achten Jahrhundert war in Syrien in der Stadt, von welcher er den Namen trägt, um das Jahr 676, nach Anderen etwas später, unter der Herrschaft der Sarazenen geboren. Seine Vorfahren waren trotz der Umwälzung, welche der Muhammedismus der siegreichen Araber der Religion des Landes gebracht hatte, dem christlichen Glauben treu geblieben, obschon sein Vater Sergius sogar Staatsbeamter ($διοικητὴς$ $τῶν$ $πραγμάτων$ $δημοσίων$) des Chalifen Abdelmelef gewesen sein soll. Derselbe habe aber (so erzählt sein Biograph), fromm und wohlthätig, wie er war, sein Vermögen dazu verwendet, die gefangenen Christen loszukaufen und ihnen zum Theil in Palästina, wo er Besitzungen hatte, Unterkunft zu verschaffen. Und darum begünstigte auch Gott das Verlangen desselben, seinem Sohne eine ausgezeichnete Erziehung zu verschaffen, indem er ihm auf ausserordentlichem Wege einen Lehrer schickte. Unter den von den Sarazenen auf dem Meere gefangenen Christen nämlich, welche nach Damaskus gebracht wurden, um dort verkauft oder erdrosselt zu werden, befand sich auch ein italienischer Mönch, Namens Kosmas, welcher, da man ihn zum Sclavendienste für untauglich erklärt hatte, zum Tode bestimmt war. Gleichwohl waren die Barbaren, gerührt von seinem würdigen Aussehen und dem Respekt, den die Anderen ihm erwiesen, neugierig zu wissen, wer er sei. Kosmas antwortete ihnen, er sei nur ein einfacher Mönch und habe sein ganzes Leben im Studium der heiligen Philosophie und der Weltweisheit verbracht. Er fügte weinend bei, er bedaure nur, daß, wenn er sterben müsse, er seine Kenntnisse, die er mit so großem Fleiße sich erworben habe, Niemand mittheilen könne. Als nun Sergius davon Kunde erhielt, ging er eilends zu dem Chalifen, um sich diesen Sclaven auszubitten. Er bekam ihn leicht und empfing ihn als ein Geschenk von sehr großem Werthe. Er schenkte ihm die Freiheit und anvertraute ihm die Aufsicht über seinen Sohn, indem er ihn beschwor, denselben ebenso in der Frömmigkeit wie in den menschlichen Wissenschaften unterrichten zu wollen, und übergab ihm zugleich einen angenommenen Waisenknaben, den man aus Palästina entführt hatte, und der, da er viel Talent zeigte, geeignet schien, den Wetteifer des Johannes anzuspornen.

Als Kosmas sich mit der Erziehung dieser beiden Zöglinge betraut sah, beschäftigte er sich allein mit ihnen und verwendete alle seine Sorge darauf, sie in allen Arten von Tugenden und Wissenschaften zu bilden. Sie aber machten in kurzer Zeit sehr große Fortschritte in den einen wie in den andern. Er übte sie vorzüglich in der Dialektik, Philosophie, Mathematik und Theologie. Johannes aber, statt auf seine Kenntnisse eitel zu werden, demüthigte sich immer mehr, indem er Alles auf Gott bezog. Als Kosmas seine Schüler auf dem Punkte sah, wohin er sie hatte bringen wollen, gab er sie in die Hand des Vaters zurück und zog sich in die Laura des heiligen Sabas in Palästina zurück, wo er den Rest seiner Tage verbrachte. Die Tüchtigkeit des Johannes wurde bald auch von dem Fürsten der Sarazenen anerkannt (Valid, Sohn des Abdelmelek oder Suliman, dessen Nachfolger), der ihn nach dem Tode seines Vaters zum Vorstand seines Rathes ($\pi\varrho\omega\tau o\sigma\acute{\iota}\mu\beta o\nu\lambda o\varsigma$) machte. Dieses Amt war noch wichtiger und ehrenvoller als das seines Vaters, und die Bescheidenheit, mit der er es Anfangs ablehnte, vermehrte nur den Eifer, den dieser Fürst zeigte, ihn zu haben, und die Achtung vor seiner Weisheit.

In Konstantinopel herrschte damals Leo der Isaurier, welcher, statt wie er versprochen hatte, den katholischen Glauben zu beschützen, eine blutige Verfolgung gegen Diejenigen erregte, welche die Bilder Christi und seiner Heiligen verehrten. Johannes, obgleich ausserhalb seiner Staaten, glaubte seinen Brüdern zu Hilfe kommen zu sollen. Sein Eifer für den wahren Glauben ließ ihn an alle Gläubigen seiner Bekanntschaft schreiben, um sie in der den heiligen Bildern schuldigen Verehrung zu bestärken. Darüber sei, erzählt der Biograph, der Kaiser so zornig geworden, daß er einem seiner Schreiber, der sich eigens darauf hatte einstudiren müssen, die Schriftzüge des Johannes nachzuahmen, einen angeblich von Johannes an ihn (den Kaiser) gerichteten Brief diktirte, worin jener ihn gegen die Sarazenen aufreizte und einlud, die Stadt Damaskus, die er ihm in die Hände spielen wolle, einzunehmen. Diesen Brief habe er nebst einem in seinem eigenen Namen geschriebenen Begleitschreiben an den Chalifen geschickt, um den Johannes als Verräther erscheinen zu lassen. Der Chalif habe auch sogleich, ohne die Rechtfertigung des Johannes hören zu wollen, ihm die rechte Hand abhauen lassen und diese sei auf öffentlichem Platze ausgestellt worden. Am Abende desselben Tages habe Johannes, überzeugt, der Zorn des Chalifen habe sich gelegt, ihn bitten lassen, daß man ihm die Hand zurückgebe, gleichsam um sie zu begraben. Als er sie erhalten, habe er vor einem Bilde der heil. Jungfrau inbrünstig gefleht, die Hand möge ihm wieder anwachsen. Dann sei er eingeschlafen und bei seinem Erwachen habe er die Hand wieder hergestellt gefunden. Des andern Tags hätten die Sarazenen dem Chalifen gemeldet, daß, statt dem Johannes die Hand abzuhauen, man die eines seiner Diener genommen habe. Der Chalif aber, welcher Beweise hatte, daß man seinen Befehl genau vollzogen habe, habe, als er das Wunder sah, die Unschuld des Heiligen anerkannt und ihn wieder in sein Amt eingesetzt.

Mag nun immerhin diese Erzählung als unglaubwürdig erscheinen, so ist doch das nicht zu bezweifeln, was über die Weltentsagung und das Mönchsleben des Johannes, wenn auch nicht ohne weitere Ausschmückung, berichtet ist. Satt der Welt, wollte Johannes durchaus nicht länger am Hofe bleiben, und bewegt von dem Verlangen, sich ausschließlich dem Dienste Gottes zu weihen, schenkte er seinen Sclaven die Freiheit, vertheilte seine Güter an seine Verwandten, an die Armen und Kirchen, und nur mit einem schlechten Gewande angethan, verließ er die Welt und begab sich nach Jerusalem und von da in die Laura des heil. Sabas, begleitet von seinem Adoptivbruder, welcher sich Kosmas nannte, nach dem Namen ihres gemeinschaftlichen Lehrers. Der Vorstand der Laura stellte ihn unter die Leitung eines seiner ältesten und weisesten Mönche; aber dieser Greis hatte ihn nicht sobald kennen gelernt, als er sich entschuldigte, indem er sagte, er fühle sich nicht fähig, einen Mann von so großer Gelehrsamkeit zu leiten. Mehrere Andere gaben dieselbe Antwort; gleichwohl fand sich Einer, der, indem er große Einfalt mit mehr als mittelmäßigem Wissen verband, den Auftrag annahm. Er führte den Johannes in seine Zelle, und gab ihm als erste Unterweisung, welche allen übrigen zur Grundlage dienen müßte: „Nichts zu thun aus eigenem Willen; seine Arbeiten, seine Mühen, seine Gebete Gott zum Opfer zu bringen; von seinem Geiste alle Gedanken an die Welt zu verbannen; sich nicht zu rühmen weder seines Wissens noch sonst Etwas; sich als unwissend und schwach zu erkennen; aller Eitelkeit zu entsagen; weder Visionen noch Offenbarungen zu begehren; sich selbst immer zu mißtrauen und fortwährend auf sich Acht zu haben; an Niemand zu schreiben; nicht zu reden von alle Dem, was er außer dem Kloster gelernt habe; im Stillschweigen zu verharren und überzeugt zu sein, es sei übel gethan, selbst gute Dinge zu sagen, wenn man sie sagt ohne Noth." Johannes war sehr pünktlich in der Ausübung dieser Vorschriften und machte dadurch große Fortschritte in der Tugend. Der gute Greis, welcher seinen Gehorsam durch alle Arten von Prüfungen zu vervollkommnen suchte, schickte ihn unter Anderem einmal, um Körbe zu verkaufen, nach Damaskus, wo er dereinst in so großem Ansehen gelebt hatte. Er bestimmte ihm einen Preis, doppelt so hoch als sie werth waren, und empfahl ihm, sie um nicht weniger zu geben. Johannes ging ohne Widerrede und begab sich, arm und schlecht gekleidet, auf den Markt von Damaskus, wo er, als er seine Körbe um so hohen Preis feil bot, allgemein verlacht wurde, bis Einer von Denen, die ihm früher gedient hatten, bei aufmerksamerer Betrachtung ihn erkannte und, ohne sich ihm zu erkennen zu geben, den verlangten Preis bezahlte.

Einige Zeit nachher starb ein Mönch, der nahe bei seiner Zelle wohnte, und hinterließ einen Bruder in so großem Schmerze über seinen Verlust, daß Alles, was Johannes ihm sagen mochte, um ihn zu trösten, umsonst war. Endlich bat ihn dieser Mensch in seiner äussersten Betrübniß, ihm einige Verse auf den Tod zu verfassen, um zu versuchen, seinem Geiste einigen Trost beizubringen. Johannes schlug es Anfangs ab, aus Furcht, seinem Oberen ungehorsam zu sein, ließ sich aber dann doch bereden und erfüllte ihm seinen Wunsch. Als sein Oberer Dieß erfuhr, wollte er ihm diesen Fehler nicht verzeihen und, ohne ihn anzuhören, hieß er ihn die Zelle verlassen. Johannes war höchst betrübt und beschwor diejenigen Mönche, die er als die tugendhaftesten kannte, ihre Fürsprache einzulegen bei seinem Vorgesetzten, der ihm endlich die Verzeihung unter der Bedingung bewilligte, daß Johannes mit eigenen Händen alle Unreinigkeiten in und ausser der Laura fortschaffte. Johannes that es mit großer Freude, und sein Oberer, der die Größe seiner Demuth bewunderte, führte ihn wieder in seine Zelle zurück, indem er Gott pries, daß er ihn so gehorsam gemacht hatte. Johannes glaubte sich nun wieder in das irdische Paradies zurückversetzt, aus welchem ihn sein Ungehorsam vertrieben hatte, und beobachtete mehr als je buchstäblich die Weisung, die sein Oberer ihm gegeben hatte, Nichts zu thun aus eigenem Willen, Nichts zu schreiben und Nichts zu reden von den Wissenschaften, die er in der Welt gelernt hatte. Allein sein Oberer, auf Grund einer Vision, in der es ihm schien, daß die heil. Jungfrau ihm das Unrecht vorwarf, womit er die Talente des Heiligen vergraben und unbeschäftigt hielt, sagte ihm, es sei endlich die Zeit gekommen, der Kirche die Schätze mitzutheilen, womit Gott ihn begabt habe, den Mund zu öffnen und die Feder zu ergreifen, um die Gläubigen zu belehren und die Ketzer zu widerlegen. Seitdem verfaßte der Heilige verschiedene Werke voll Gelehrsamkeit und Frömmigkeit, und unter anderen die berühmten Abhandlungen über die Bilderverehrung. Dazu ermunterte ihn besonders der alte Genosse

seiner Studien, Kosmas. Dieser sekundirte ihm sogar
darin mit großem Erfolge, nachdem er gegen seinen
Willen von dem Patriarchen von Jerusalem zum Bischof
von Majuma in Palästina bei Gaza ernannt war, indem er
seinerseits dem Volke Gottes das Licht mittheilte, das er mit
dem Damascener in derselben Schule empfangen hatte. Dieser
Patriarch, welcher kein Anderer war als Johann III. oder
sein Nachfolger (Eusebius oder Basilius) verpflichtete auch
unseren Heiligen, die Priesterweihe zu empfangen. Johannes
that es aus Gehorsam, obwohl die Demuth ihn immer
davon abgehalten hatte und ihn sogar seinem Bischofe lange
Zeit widerstehen ließ. Er kehrte sogleich nach der Weihe
in seine Zelle zurück, wo er mit ganz neuem Eifer daran
arbeitete, aus seinem Herzen Alles auszurotten, was von
dem alten Menschen noch darin sein konnte. Er widmete
sich da den Uebungen der Buße wie vorher; er verfaßte
neue Werke zum Nutzen der Kirche und revidirte die,
welche er schon herausgegeben hatte. Die Schriften, die
er zur Vertheidigung der Heiligen=Bilder veröffentlichte,
thaten große Wirkungen im ganzen Reiche und besonders
in Konstantinopel, wo der Kaiser Konstantin Kopronymus
gegen sie einen noch grausameren Krieg erregt hatte als
Leo der Isaurier. Dieser Fürst war über dieselben so aufge=
bracht, daß, weil er sich nicht anders rächen konnte, da
Johannes in einem den Sarazenen unterworfenen Lande
lebte, er ihn durch die falschen Bischöfe seiner Partei ex=
kommuniziren ließ, und er selbst alljährlich das Anathem
erneuerte durch eine Usurpation der kirchlichen Gewalt.
Der Heilige, der wie die andern Katholiken Palästina's und
Syriens ruhig unter der Herrschaft der Ungläubigen lebte,
während die Kirche bedrängt wurde von einem Fürsten,
der sich einen Christen nannte, wollte ihm zeigen, daß er
keinen Vortheil zu ziehen gedenke aus der Sicherheit, in
der er war. Er eilte seinen Brüdern in den Staaten Kon=
stantins zu Hilfe und kam sogar bis nach Konstantinopel,
ohne den Zorn des Kaisers zu fürchten. St. Stephanus
der jüngere, ein Einsiedler vom Berge Auxentius in Bi=

thynien, der nachher für diese Sache den Martyrtod erlitt, begab sich ebenfalls dahin fast zur selben Zeit, und er hielt soviel auf die Schriften, die Johannes zur Vertheidigung der Heiligen-Bilder veröffentlichte, daß er ihn den „Göttlichen" nannte. Johannes war ebenfalls bereit zum Martyrium, wie Stephanus, Andreas Kalybites und Andere, die von Kopronymus geopfert wurden; aber Gott fügte es anders.

Diesen Arbeiten fügte der Heilige die hinzu, den größten Theil der Kirchenbücher für den Gebrauch der orientalischen Griechen wieder herzustellen, welche fast alle verloren oder verdorben waren. Er regelte auch den Kultus und den Gottesdienst nach dem Formular oder Ritual des heiligen Sabas; und er gilt als einer der ersten Verfasser der Synaxarien und Menologien, d. h. der Lebensabrisse der Heiligen, die man im Offizium der Kirche für die Feste anwendete.

Nachdem so Johannes sich während eines langen Lebens ganz Gott geweiht hatte durch die Arbeiten des Studiums und der Frömmigkeit, vollendete er glücklich seinen Lebenslauf, nach den Einen um das Jahr 754, unter der Herrschaft des Konstantin Kopronymus, nach Andern unter der seines Sohnes Leo Chazar um 780, so daß er nach Berechnung der Letzteren ungefähr 104 Jahre gelebt haben würde, wie es auch in den Menologien der Griechen angegeben ist. Man behauptet, sein Leib sei in Konstantinopel sehr einfach begraben worden. Die Griechen feiern sein Andenken am 29. November, dem Vorabende des hl. Stephanus des jüngeren, seines Freundes, der hiezu vielleicht Anlaß gab durch das Lob, welches er den Werken des Johannes, seiner Tugend und besonders seinem Eifer für die Ehre der Heiligen-Bilder spendete. Man findet sein Offizium in ihren Menäen auch in Verbindung mit dem der heil. Barbara, am 4. Dezember, wo er besonders gelobt wird wegen seiner wunderbaren Fertigkeit in Abfassung von Hymnen, seiner Kraft und Geschicklichkeit in Widerlegung der Häretiker und der Strengheit seines

Mönchslebens. Einige meinen, er sei nur darum mit der hl. Barbara zusammengestellt worden, weil er ihr Offizium mit einer Lobrede auf sie verfaßte. Am 4. Dezember feiern sein Fest auch die Russen und andere Völker des griechischen Ritus. Das römische Martyrologium setzt es auf den 6. Mai, den Einige für den Tag seines Todes halten; vgl. N i l l e s, calendarium utriusque ecclesiae tom. I pag. 341.

Schriften des hl. Johannes.

Johannes hat viele Schriften, verschiedenen Inhalts verfaßt, die zu allen Zeiten in der griechischen und lateinischen Kirche in großem Ansehen standen, obwohl die Aechtheit mancher, die seinen Namen tragen, zweifelhaft ist.

1) Zuerst ist zu nennen ein aus drei Theilen bestehendes Sammelwerk, das zwar nicht sein frühestes ist, das er aber selbst in seinem Dedikationsschreiben an den Bischof Kosmas von Majuma als das wichtigste hervorhebt, unter dem Gesammttitel πηγή γνώσεος (fons scientiae). Der erste Theil ist philosophisch, der zweite historisch, der dritte dogmatisch; die beiden ersten bilden gewissermaßen die Vorbereitung zum dritten, welcher weitaus der wichtigste ist, als erster Versuch einer vollständigen, systematischen Darstellung der christlichen Glaubenslehre.

a) Die κεφάλαια φιλοσοφικά, auch dialectica genannt, behandeln in 68 Kapiteln fast nur logische und ontologische Kategorien, wobei Johannes im Allgemeinen dem Aristoteles und Porphyrius folgt, zugleich aber die Aristotelischen Grundbegriffe im Sinne der Kirchenlehrer für den Zweck ihrer Anwendung auf die Glaubenslehren corrigirt und ergänzt, wie z. B. den Begriff der Substanz im Verhältniß zur Hypostase, weshalb die Schrift nicht ohne Werth ist für die Kenntniß der kirchlichen Terminologie.

b) Der zweite Theil: über die Ketzereien (περὶ αἱρέσεων) enthält in 103 Artikeln in chronologischer Folge eine Aufzählung der Häresieen nebst einigen Notizen über die Irrthümer der Heiden, Juden und Muhammedaner. Die ersten 80 sind fast wörtlich dem gleichnamigen Werke des Epiphanius entnommen; in den folgenden Artikeln führt er die Häresieen von der Zeit des Epiphanius bis zum Bilderstreit auf, wobei er sich an Theodoret, Sophronius, Leontius von Byzanz und Andere anschließt und auch selbst Ketzer- und Sektennamen, die nicht als solche geschichtlich existirten, über mögliche und wirkliche Irrthümer bildet.

c) Der dritte Theil: Genaue Darlegung des orthodoxen Glaubens (ἔκθεσις ἀκριβὴς τῆς ὀρθοδόξου πίστεως), enthält in 100 Kapiteln, die erst später in vier Bücher abgetheilt wurden, eine Entwicklung des ganzen christlichen Glaubensinhaltes, so ziemlich in der Reihenfolge des apostolischen Symbolums, gegründet auf die Lehre der heiligen Schrift, der angesehensten Kirchenväter und Concilienbeschlüsse. Das Werk fand großen Beifall bei Griechen und Abendländern. Auf Befehl Eugen's III. wurde es von dem Rechtsgelehrten Joh. Burgundio aus Pisa ins Lateinische übersetzt. Scholastiker, welche ihre Kenntniß der griechischen Väter neben Maximus fast nur aus ihm schöpften, haben es viel gebraucht. Bei den Griechen ist es bis heute noch die Grundlage und Norm aller Dogmatik. Was den Inhalt des Werkes betrifft, so verweisen wir einfach auf die nachstehende Uebersetzung desselben.

2) Hieran reihen sich 3 Schutzschriften für die Bilder (λόγοι ἀπολογητικοὶ πρὸς τοὺς διαβάλλοντας τὰς ἁγίας εἰκόνας), geschrieben 728—730. Es ist eine gewandte und dem Kaiser gegenüber sehr freimüthige Vertheidigung, die Johannes hier führt, und gehört zu dem Besten, was hierüber geschrieben worden ist. Er zeigt hier, daß es zwei Arten von Verehrung gebe, eine Anbetung (λατρεία), die Gott allein zukomme, und eine Huldigung (προςκύνησις), die auch Ge-

schöpfen erwiesen werde; im Alten Testament sei allerdings die Bilderverehrung verboten gewesen, aber nach der Menschwerdung könnten wir uns auch ein Bild machen von Gott, da er selber sichtbar geworden ist. Bilder seien ein Mittel für den Menschen, um sich vom Bilde zum Urbild zu erheben; sie seien für das Gesicht, was Worte für das Gehör, und dienten zur Belehrung, zur Erweckung der Andacht u. s. w.

3) Die in der Gesammtausgabe seiner Werke nächstfolgende kleine Schrift de recta sententia ($\pi\varepsilon\varrho\grave{\iota}$ $\mathring{o}\varrho\vartheta o\upsilon$ $\varphi\varrho o\nu\acute{\eta}\mu\alpha\tau o\varsigma$) ist ein im Auftrag des Metropoliten Petrus von Joh. Damascenus für einen Andern (einen Bischof?) abgefaßtes Glaubensbekenntniß jedenfalls vor 735 geschrieben.

4) Die als „Traktat gegen die Jakobiten" (Monophysiten) bezeichnete Schrift ist eine, im Namen des Metropoliten Petrus geschriebene, an einen jakobitischen Bischof in der Nähe von Damaskus gerichtete Abhandlung, um diesen wieder für den katholischen Glauben zu gewinnen.

5) Die Schrift „gegen die Manichäer", ein Zwiegespräch zwischen einem Orthodoxen und Manichäer, trägt in einigen Handschriften den Namen des hl. Athanasius, von dem sie aber gewiß nicht ist. Ceillier meint, sie sei gegen die Paulicianer geschrieben, welche unter Leo dem Isaurier den manichäischen Irrthum erneuerten, und zwar im Auftrage des vorgenannten Metropoliten Petrus, von dem Theophanes erzählt, der arabische Fürst Wolidus habe ihm die Zunge abschneiden lassen, weil er seine Stimme so laut erhoben habe gegen die Araber und Manichäer. Allein die Schrift erscheint nicht als spezifisch Antipaulicianisch.

6) Die kleine disputatio Christiani et Sarazeni ($\delta\iota\acute{\alpha}\lambda\varepsilon\xi\iota\varsigma$ $\Sigma\alpha\varrho\alpha\kappa\eta\nu o\tilde{\upsilon}$ $\kappa\alpha\grave{\iota}$ $\chi\varrho\iota\sigma\tau\iota\alpha\nu o\tilde{\upsilon}$) findet sich in den alten Ausgaben nur in lateinischer Uebersetzung; le Quien hat einen großen Theil des griechischen Textes dieser disp. aus den Gesprächen des Theodor Abucara $\grave{\varepsilon}\varrho\omega\tau\acute{\eta}\sigma\varepsilon\iota\varsigma$ $\kappa\alpha\grave{\iota}$ $\mathring{\alpha}\pi o\kappa\varrho\acute{\iota}\sigma\varepsilon\iota\varsigma$ zwischen dem $\beta\acute{\alpha}\varrho\beta\alpha\varrho o\varsigma$ und $\chi\varrho\iota\sigma\tau\iota\alpha\nu\acute{o}\varsigma$ gezogen. Dieser Abucara, ein arabischer Bischof der syrischen Stadt

Karana, soll ein Schüler des Johannes gewesen sein und den Inhalt des Gespräches aus dem Munde seines Lehrers empfangen haben. Es ist daher schwer zu bestimmen, welches die ursprüngliche Gestalt des Dialoges gewesen sei.

7) Das unbedeutende Fragment „über Drachen und Hexen" (περὶ δρακόντων καὶ στρυγῶν) ist gegen gewisse abergläubische Märchen gerichtet.

[Die bisher aufgeführten Schriften füllen bei Migne den ersten Band.]

8) Die kurze Abhandlung de trinitate scheint nur ein Auszug aus seinem größeren dogmatischen Werke (de orthodoxa fide) zu sein und enthält nicht bloß das Glaubensbekenntniß der Trinität, sondern auch der zwei Naturen in Christo.

9) Ein Brief an den Archimandriten Jordanes über das „Dreimalig-Heilig" (trisagion) wendet sich gegen den vielfach eingerissenen Mißbrauch, dasselbe nicht auf die drei Personen der Trinität, sondern auf den Sohn allein zu beziehen.

10) Ein Schreiben an den „geistigen Bruder Kometas" de sacris jejuniis (περὶ τῶν ἁγίων νηστειῶν) handelt von der Dauer der kirchlichen Fastenzeit, worüber damals Streitigkeiten entstanden waren, da besonders die Severianer behaupteten, man müsse statt 7 Wochen 8 Wochen fasten.

11) Der Brief an einen Mönch „über die acht Geister der Bosheit" d. h. die Hauptsünden: Schwelgerei, Unreinigkeit, Geiz, Neid, Zorn, Trägheit, Prahlerei, Hochmuth, belehrt den Adressaten über die Mittel, dieselben zu bekämpfen.

12) Aehnlichen Inhaltes ist die daran sich anschließende Schrift „von den Tugenden und Lastern der Seele und des Leibes."

13) Die Einleitung in die Elemente der Glaubenslehre (institutio elementaris ad dogmata — εἰσαγωγὴ δογμάτων στοιχειώδης), die Johannes noch vor Abfassung seiner dialectica nur viva voce diktirt hat, ist eine Erklärung der

philosophischen und dogmatischen Termini: οὐσία, ὑπόστασις, πρόσωπον, ὁμοούσιος, εἶδος, πάθος, θέλησις u. s. w., zum besseren Verständniß der drei folgenden Abhandlungen gegen die Monophysiten, Monotheleten und Nestorianer.

14) Die Abhandlung de natura composita (περὶ συνθέτου φύσεως κατὰ Ἀκεφαλῶν) vertheidigt die Lehre von den zwei Naturen in Christo gegen die Monophysiten.

15) Die Abhandlung de duabus in Christo voluntatibus (περὶ τῶν δύο θελημάτων) geht hauptsächlich gegen die Monotheleten und lehrt die Zweiheit der Willensthätigkeiten der 2 Naturen in der Einen Person Christi.

16) Die treffliche Abhandlung adversus Nestorianorum haeresin vertheidigt die Gottheit der einen Person Christi gegen die Nestorianer.

17) Die hier eingereihten kleinen Fragmente sind hauptsächlich dogmatischen Inhalts.

18) Die Schrift „über die im Glauben Entschlafenen" (περὶ τῶν ἐν πίστει κεκοιμημένων) zeigt, wie man den Verstorbenen durch das eucharistische Opfer, Almosen und gute Werke zu Hilfe kommen könne; sie gilt zwar bei den Griechen als ächt, wird aber aus ganz triftigen Gründen (Langen S. 181 ff.) dem Damascener abzusprechen sein.

19) Auch der Brief „über die Beichte und die Binde- und Lösegewalt" (περὶ ἐξομολογήσεως καὶ περὶ ἐξουσίας τῶν δεσμῶν), worin die Frage, ob auch Mönche, die nicht Priester sind, Beicht hören dürfen, dahin beantwortet wird, daß allerdings ursprünglich nur die Bischöfe die Binde- und Lösegewalt von den Aposteln erhielten, daß aber, als die Bischöfe unnütz wurden (τῶν ἀρχιερέων ἀχρειωμένων), diese Gewalt auch auf Priester und dann auch auf Mönche übergegangen sei, wird als unächt zu betrachten sein.

20) Ebenso ist unächt die Abhandlung über die Heiligenbilder (λόγος ἀποδεικτικὸς περὶ τῶν ἁγίων καὶ σέπτων εἰκόνων) an alle Christen und gegen den Kaiser Konstantin Cabalinus, sowie auch der Brief an den Kaiser Theophilus über denselben Gegenstand.

21) Die zwei Kapitel „über die ungesäuerten Brode"

($περὶ τῶν ἀζύμων$), deren Gebrauch der Verfasser verwirft, sind ebenfalls als unächt zu betrachten.

22) Deßgleichen ist unächt auch der Brief an den Bischof Zacharias und die sich daran anschließende Schrift „über den Leib und das Blut unseres Herrn Jesu Christi".

23) Auch die Ächtheit der arabisch vorhandenen und von le Quien in lateinischer Übersetzung aufgenommenen declaratio fidei (ausführl. Glaubensbekenntniß) steht nicht auffer Zweifel.

24) Unbezweifelt sind dagegen die „ausgewählten Stellen ($ἐκλογαὶ ἐκλογεῖσαι$) aus der Gesammt-Auslegung des hl. Chrysostomus zu den Briefen des hl. Paulus", welche in den älteren Ausgaben noch fehlen und mit welchen in der Ausgabe von le Quien der zweite Band beginnt. Es sind Dieß meist wörtliche Auszüge aus den Commentaren des Chrysostomus zu allen 14 Briefen des Apostels, nur folgt er in den Briefen an die Ephester, Kolosser, Philipper und Thessalonicenser mehr der Auslegung des Theodoret und des Cyrillus von Alexandrien.

25) Bei weitem die umfangreichste Arbeit sind die sacra parallela ($τὰ ἱερὰ παράλληλα$), d. h. eine vergleichende Zusammenstellung von Aussprüchen der Väter mit denen der hl. Schrift über viele und verschiedene Gegenstände der Glaubens- und Sittenlehre, geordnet nach der Ordnung des griechischen Alphabets. Johannes hatte sie Anfangs in 3 Bücher vertheilt, wovon das erste von Gott und göttlichen Dingen, das zweite vom Menschen, das dritte von den Tugenden und Lastern handelte, aber er hielt dann die alphabetische Ordnung für bequemer für den Leser. Die Arbeit ist besonders dadurch von Werth, daß durch sie viele Väterstellen erhalten sind, die sonst verloren wären.

Im Anschluß hieran gibt der Herausgeber noch eine ähnliche alphabetische Sammlung von einem Anonymus, der ungefähr 100 Jahre vor Johannes lebte, nach einem Manuscript des Cardinal Rochefoucault.

[Die von 8—24 aufgeführten Schriften und die Hälfte der sacra parallela stehen bei Migne im zweiten Band, alles Uebrige im dritten.]

26) Die unter dem Namen des Johannes uns erhaltenen Homilien, 12 an der Zahl, sind nicht alle unzweifelhaft ächt. Die 1. auf die Verklärung des Herrn, gehalten in der Taborskirche zu Jerusalem. Die 2. über die Parabel vom verdorrten Feigenbaum und Weinstock ward gehalten in der Passionswoche. Die 3., früher dem hl. Chrysostomus zugeschrieben, am Charfreitag gehalten, handelt vom Leiden Christi; die 4. auf den Charsamstag, vom Geheimniß der Trinität und den zwei Willen in Christo. Die 5., auf Mariä Verkündigung, ist nur arabisch und in lateinischer Uebersetzung vorhanden. Die 6. behandelt dasselbe Thema. Von den zwei folgenden, auf Mariä Geburt, schreibt Leo Allatius die zweite dem Theodor Studita, dem jüngeren, zu. Die drei nächstfolgenden, auf den Tod der allerseligsten Jungfrau, berichten über das Entschlafen, über die leibliche und seelische Aufnahme Maria's in den Himmel. Die Lobrede auf den hl. Chrysostomus enthält einen Abriß seines Lebens. Die Lobrede endlich auf die hl. Barbara bildet den Schluß.

27) Zuletzt folgen noch einige Gesänge auf die Geburt Christi (akrostichisch, in fünffüßigen Jamben), auf Epiphanie (ebenfalls in fünffüßigen Jamben), auf Pfingsten (im gleichen Versmaße), auf das Osterfest (in Prosa), auf Christi Himmelfahrt (in Prosa), auf die Verklärung (gleichfalls in Prosa, aber akrostichisch), auf Mariä Verkündigung (in Prosa) und schließlich ein Gebet in anakreontischen Versen.

Hiemit schließt die Ausgabe von le Quien ab, die von Migne aber enthält als Anhang noch einige dem Damaszener zugeschriebene, jedoch sehr zweifelhafte Schriften, nämlich:

1) das Leben von Barlaam und Joasaph; es ist dieß eine Art christlicher Roman von ziemlichem Umfang, worin die Bekehrung des indischen Königs Joasaph durch den Eremiten Barlaam geschildert wird. (Nach Max Müller wäre der fragliche Joasaph kein anderer als Buddha).

2) Die Leidensgeschichte des heiligen Martyrers und Wunderthäters Artemius.

3) Eine Disputation des orthodoxen Johannes mit einem Manichäer.

4) Eine Abhandlung des Johannes von Damaskus oder Patriarchen von Jerusalem gegen die Ikonoklasten.

5) Mehrere Hymnen und Oden.

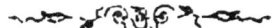

Ausgaben
der
Schriften des hl. Johannes.

Bis zu Anfang des 17. Jahrhunderts waren die Schriften des Johannes nur erst theilweise und mehrere nur in lateinischer Uebersetzung erschienen. Die erste vollständige Ausgabe verdankt ihre Anregung der Versammlung des französischen Klerus 1635 und 36, welche zuerst den Herausgeber der Werke des Cyrillus von Alexandrien, Johannes Aubert, Lehrer der Theologie an der Sorbonne, damit beauftragte und, da dieser verhindert war, den Dominikaner Combefis; als auch dieser nicht damit zu Stande kam, hat endlich le Quien aus dem Predigerorden unter Mitwirkung von Leo Allatius eine Gesammtausgabe besorgt, Paris 1712 in 2 Foliobänden. Ein dritter Band war noch beabsichtigt, der unter anderen die Geschichte von Barlaam und Joasaph enthalten sollte, erschien aber nicht. Einzelnes edirten dann Boissonade in „anecdota graeca", Paris 1832, Vol. IV. — Angelo Mai in Spicileg. rom. tom. IV. und Bibl. nov. patrum tom. IV. — Gallandi Bibl. tom. XIII. Alles zusammen findet sich bei Migne, series graeca, tom. 94—96. Vgl. des Näheren Langen S. 27 ff.

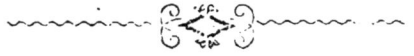

Des heiligen Johannes von Damaskus genaue Darlegung des orthodoxen Glaubens.

Erstes Buch.

1. Die Gottheit ist unbegreiflich; und man darf nicht suchen und grübeln nach Dem, was uns nicht überliefert ist von den heiligen Propheten, Aposteln und Evangelisten.

„Gott hat Niemand je gesehen; der eingeborne Sohn, der im Schooße des Vaters ist, der hat ihn kund gemacht".[1]) Unaussprechlich also ist die Gottheit und unbegreiflich. Denn „Niemand kennt den Vater ausser der Sohn, und Niemand den Sohn ausser der Vater".[2]) Auch der heilige Geist aber weiß, was Gottes ist, so, wie der Geist des Menschen Das weiß, was in ihm ist.[3]) Nach der ersten und seligen Natur aber hat Niemand je Gott erkannt, ausser wenn er selbst sich geoffenbart hat, nicht bloß von den Menschen, sondern auch nicht von den überweltlichen Mächten und selbst, sage ich, von den Cherubim und Seraphim.

Gleichwohl hat uns Gott nicht in völliger Unkenntniß gelassen. Denn Allen ist die Erkenntniß der Existenz Gottes auf natürliche Weise von ihm eingepflanzt. Auch die

---

1) Joh. 1, 18. — 2) Matth. 11, 17. — 3) I. Kor. 2, 11.

Schöpfung selbst aber und die Erhaltung und Regierung derselben verkündet die Hoheit der göttlichen Natur.¹) Aber auch durch Gesetz und Propheten zuerst,²) dann aber durch den eingebornen Sohn selbst, unseren Herrn und Gott und Heiland Jesus Christus hat er, soweit es für uns möglich war, die Erkenntniß seiner geoffenbart. Alles also, was uns durch Gesetz und Propheten, Apostel und Evangelisten überliefert ist, nehmen und erkennen wir an und verehren es,³) ohne darüber hinauszugrübeln. Denn da Gott gut ist, ist er der Verleiher alles Guten und unterliegt keinem Neide oder irgend einem Affekte.⁴) Denn weit entfernt ist von der göttlichen Natur der Neid, da sie ohne Affekt und allein gut ist. Da sie nun Alles weiß, und einem Jeden das Zuträgliche vorausbedenkt, hat sie uns, was uns zu wissen zuträglich ist, geoffenbart; was wir aber nicht ertragen konnten, hat sie verschwiegen. Mit Diesem wollen wir zufrieden sein, bei Diesem wollen wir bleiben, ohne weder die ewigen Grenzen zu verrücken noch die göttliche Ueberlieferung zu überschreiten.⁵)

2. Über das Aussprechliche und Unaussprechliche, Erkennbare und Unerkennbare.

(Einiges können wir von Gott erkennen, aber nicht sagen.)

Wer also von Gott reden oder hören will, muß klar wissen, daß weder Alles unaussprechlich noch Alles aussprechlich sei, sowohl was die Lehre von Gott, als von der Heilsordnung [Menschwerdung] betrifft; und weder ist Alles unerkennbar noch Alles erkennbar.⁶) Etwas Anderes aber ist die Erkennbarkeit und etwas Anderes die Aus=

---

1) Weish. 13, 15. — 2) Greg. Naz. Rede 34.
3) Dionys. c. 1. Von den göttlichen Namen.
4) Greg. Naz. Rede 34. — 5) Sprüchw. 22, 28.
6) Dionys. c. 1. Von den göttlichen Namen. — Greg. Naz. Rede 34 und 37.

sprechlichkeit, wie etwas Anderes ist das Reden und etwas Anderes das Erkennen. Vieles nun von Dem, was dunkel von Gott gedacht wird, kann nicht gehörig ausgesprochen werden, sondern wir sind genöthigt, von Dem, was über uns ist, zu reden, wie es uns gemäß ist, wie wir z. B. von Gott Schlaf und Zorn und Sorglosigkeit, Hände und Füße und dergleichen aussagen.

(Was wir erkennen und sagen können.)

Daß nun Gott ohne Anfang und Ende ist, immerwährend und ewig, ungeschaffen, unwandelbar, unveränderlich, einfach, unzusammengesetzt, unkörperlich, unsichtbar, ungreifbar, unumschränkt, unbegrenzt, unerdenklich, unerfaßlich, unbegreiflich, gut, gerecht, Urheber aller Geschöpfe, allmächtig, allberrschend, allsehend, Alles vorherbedenkend, Machthaber und Richter, das erkennen und bekennen wir; und daß Gott Einer ist, oder eine Wesenheit, und daß er in drei Personen gekannt wird und ist, nämlich Vater, Sohn und heiligem Geiste; und daß der Vater, Sohn und heilige Geist durchaus Eins sind, ausgenommen das Ungezeugtsein, das Gezeugtsein und das Hervorgehen; und daß der eingeborene Sohn und das Wort Gottes und Gott aus innerster Barmherzigkeit unseres Heiles wegen nach dem Wohlgefallen des Vaters und unter Mitwirkung des allheiligen Geistes ohne Samen empfangen, unbefleckt aus der heiligen Jungfrau und Gottesgebärerin Maria geboren wurde durch den heiligen Geist und ein vollkommener Mensch aus ihr wurde; und daß er sowohl vollkommener Gott ist als vollkommener Mensch, aus zwei Naturen, Gottheit und Menschheit, und in zwei Naturen, die denken, wollen, wirken und selbstmächtig sind, kurz gesagt, vollkommen sind in der einer jeden zukommenden Bestimmtheit und Beschaffenheit, der Gottheit und Menschheit nämlich, aber in einer zusammengesetzten Person; und daß er hungerte und durstete und müde ward und gekreuzigt wurde und Tod und Begräbniß erfuhr bis zum dritten Tage und in den Himmel aufstieg, woher er auch zu uns herabgekommen war und wieder herabkommen wird am Ende — das bezeugt sowohl die heilige Schrift als auch der ganze Chor der Heiligen.

(Was wir weder erkennen noch aussprechen können.)

Was aber Gottes Wesenheit ist, oder wie er in Allem ist, oder wie sich selbst entäussernd der eingeborne Sohn und Gott aus dem jungfräulichem Blute Mensch wurde, durch ein anderes als das Naturgesetz gebildet, oder wie er mit unbenetzten Füßen auf dem Wasser wandelte, erkennen wir nicht und können es nicht sagen.¹) Nicht möglich also ist es, ausser dem, was uns von Gott durch die göttlichen Aussprüche des alten und neuen Testamentes verkündet oder gesagt und geoffenbart ist, Etwas von Gott zu sagen oder überhaupt zu denken.²)

3. Beweis, daß Gott ist.

(Die Existenz Gottes erkannten sehr viele Heiden.)

Daß also Gott ist, ist Denen, welche die heiligen Schriften, das alte und neue Testament nämlich, annehmen, nicht zweifelhaft, aber auch nicht den Meisten der Griechen [Heiden]. Denn wie gesagt,³) die Erkenntniß der Existenz Gottes ist uns auf natürliche Weise eingepflanzt. Da aber die Schlechtigkeit des Bösen [Satans] gegen die Natur der Menschen so viel vermochte, daß sie sogar Manche in den unvernünftigsten und von allen Übeln übelsten Abgrund des Verderbens stürzte, zu sagen, es sei kein Gott (deren Unverstand der gottesleuchtete David darlegte mit den Worten:⁴) „Der Thor spricht in seinem Herzen: Es ist kein Gott"), so haben die Jünger und Apostel des Herrn, durch den allheiligen Geist belehrt, und durch seine Macht

---

1) Dionys c. 2 von den göttlichen Namen.
2) Das. c. 1:
3) Siehe oben 1. Kapitel.
4) Ps. 13, 1.

und Gnade göttliche Zeichen wirkend, durch das Netz der Wunder sie lebendig gefangen und aus der Tiefe der Unwissenheit an das Licht der Gotteserkenntniß heraufgezogen. Deßgleichen haben auch ihre Nachfolger in der Gnade und Würde, die Hirten und Lehrer, welche die erleuchtende Gnade des Geistes empfangen haben, durch die Macht der Wunder und durch das Wort der Gnade die Verfinsterten erleuchtet und die Verirrten bekehrt.[1] Wir aber, die wir weder die Gabe der Wunder noch der Lehrerschaft erlangt haben (denn wir haben uns durch die Neigung zu den Lüsten unwürdig gemacht), wohlan wir wollen Einiges von Dem, was uns die Erklärer der Gnade überliefert haben, hierüber erörtern, indem wir den Vater, Sohn und heiligen Geist zu Hilfe rufen.

(Erster Grund für die Existenz Gottes: aus der Veränderlichkeit der Dinge.)

Alles Seiende ist entweder geschaffen oder ungeschaffen. Wenn nun geschaffen, ist es gewiß auch veränderlich; denn wessen Sein mit Veränderung anfing, das unterliegt gewiß der Veränderung, indem es entweder zu Grunde geht oder freiwillig anders wird. Wenn aber ungeschaffen, so ist es folgerichtig gewiß auch unveränderlich. Wessen Sein nämlich gegensätzlich ist, bei dem ist auch die Beschaffenheit des Wieseins oder die Eigenschaften gegensätzlich. Wer also wird nicht beistimmen, daß alles Seiende, was in unsere Wahrnehmung fällt, ja sogar auch die Engel sich wandeln und verändern und auf vielfache Weise bewegen [übergehen]; die geistigen Wesen, Engel nämlich und Seelen und Dämonen, durch freien Willen, durch Fortschritt im Guten und Abfall vom Guten, der sich anstrengt oder nachläßt, die übrigen aber durch Entstehen und Vergehen, Zu- und Abnahme, Veränderung der Beschaffenheit und Ortsbewegung? Da sie also veränderlich sind, sind sie gewiß auch

---

[1] Greg. Naz. Rede 31.

geschaffen; als geschaffen aber sind sie gewiß von Jemand geschaffen. Der Schöpfer aber muß ungeschaffen sein. Denn wenn auch Jener geschaffen ist, ist er gewiß von Jemand geschaffen, bis wir zum Ungeschaffenen kommen. Als ungeschaffen aber ist der Schöpfer gewiß auch unveränderlich. Was sonst aber sollte Dieses sein als Gott?

(Zweiter Grund: aus der Erhaltung der Regierung der Dinge.)

Auch das Zusammenhalten selbst aber und die Erhaltung und Regierung der Schöpfung lehrt uns, daß Gott ist, der dieses All festgestellt hat und zusammenhält und erhält und immer dafür sorgt.[1] Denn wie sind die entgegengesetzten Naturen, Feuer z. B. und Wasser, Luft und Erde zur Constituirung einer Welt zusammengekommen und bleiben unaufgelöst, wenn nicht eine allmächtige Macht sie zusammenzwang und immer unaufgelöst erhält?

(Dritter Grund: aus der geordneten Lage der Dinge. Die Welt ist nicht zufällig und von selbst geworden, gegen die Epikuréer.)

Was hat die Dinge am Himmel und auf Erden geordnet und was in der Luft und was im Wasser ist, vielmehr aber, was vor diesem ist, Himmel und Erde und Luft und die Natur von Feuer und Wasser? Was hat diese Dinge gemischt und vertheilt? Was bewegt sie und treibt den unaufhörlichen und ungehinderten Umschwung?[2] Nicht der Baumeister derselben, der Allen die Weise einpflanzte, wonach das All bewegt und gelenkt wird? Wer ist der Baumeister derselben? Nicht, der sie gemacht und in's Dasein gesetzt hat? Denn nicht dem Zufall [von selbst] werden wir eine solche Macht einräumen. Denn gesetzt, ihre Entstehung sei Sache des Zufalls, wessen ist die An-

---

1) Athanasius cont gent.
2) Greg. Naz. Rede 34.

ordnung? Auch Das wollen wir, wenn es beliebt, zugeben. Wessen ist dann die Erhaltung und Bewahrung nach den Gesetzen, wonach sie zuerst wurden? Eines andern offenbar als des Zufalls. Was sonst aber ist Dieß als Gott?[1)]

4. Was Gott sei, ist unbegreiflich.

(Die Unkörperlichkeit Gottes durch sechs Gründe erwiesen.)

Daß also Gott ist, ist klar; was er aber ist seiner Wesenheit und Natur nach, das ist ganz unerfaßbar und unerkennbar. Denn zwar, daß er unkörperlich ist, ist klar. Denn wie sollte ein Körper sein, was unbeschränkt und unbegrenzt ist, gestaltlos, ungreifbar und unsichtbar, einfach und unzusammengesetzt? Denn wie ist er unveränderlich, wenn begrenzt und bestimmbar? Und wie ist unbestimmbar [leidenslos], was aus Elementen zusammengesetzt ist und sich wieder in sie auflöst? Denn die Zusammensetzung ist Grund des Kampfes, der Kampf der Trennung, die Trennung aber der Auflösung; Auflösung aber ist Gott völlig fremd.[2)]

Wie aber wird auch Das gewahrt werden, daß Gott durch Alles hindurchgeht und Alles erfüllt, wie die Schrift sagt:[3)] „Erfülle ich nicht den Himmel und die Erde, spricht der Herr"? Denn unmöglich ist es,[4)] daß ein Körper Körper durchbringe, ohne zu theilen und getheilt und verschmolzen und gegenübergestellt zu werden, wie alles Flüssige sich verbindet und vermischt.

(Der immaterielle Körper und die fünfte Substanz [Quintessenz] der Peripatetiker.)

Wenn aber auch Manche einen immateriellen Körper

---

1) Athanasius, über die Menschwerdung, nach dem Anfange; Greg. v. Naz. Rede 34.
2) Greg. v. Naz. Rede 32 und 34.
3) Jerem. 23, 24. — 4) Greg. v. Naz. a. a. O.

annehmen, wie der bei den griechischen Weisen sogenannte fünfte Körper (was unmöglich ist), so wird er gewiß in Bewegung sein, wie der Himmel. Denn das nennen sie fünften Körper.¹) Wer also bewegt ihn? Denn alles Bewegte wird von einem Andern bewegt, und zwar in's Unendliche, bis wir auf etwas Unbewegtes stoßen. Denn das erste Bewegende ist unbewegt, und das ist Gott. Wie aber wäre das Bewegte nicht örtlich begrenzt? Nur die Gottheit also ist unbewegt, in Unbewegtheit Alles bewegend.²) Für unkörperlich also muß man die Gottheit halten.

(Die Unkörperlichkeit ist nicht die Wesenheit Gottes. — Gott wird passender durch Verneinung bezeichnet als durch Bejahung.)

Aber auch Dieses ist nicht das seine Wesenheit Konstituirende, wie auch nicht das Ungewordensein und die Anfangslosigkeit, die Unveränderlichkeit und Unvergänglichkeit und was sonst von Gott oder in Bezug auf Gott ausgesagt wird.³) Denn Dieses bezeichnet nicht, was er ist, sondern, was er nicht ist. Wer aber die Wesenheit von Etwas nennen will, muß sagen, was es ist, nicht, was es nicht ist. Gleichwohl ist es bei Gott zu sagen unmöglich, was er der Wesenheit nach ist; geeigneter aber ist es vielmehr, durch Hinwegnahme von Allem die Beschreibung zu machen.⁴) Denn er ist Nichts von Dem, was ist; nicht als ob er nicht wäre,⁵) sondern weil er über allem Seienden und über dem Sein selbst ist. Denn wenn auch die Erkenntnisse Erkenntnisse des Seienden sind, so wird gewiß Das, was über der Erkenntniß ist, auch über dem Sein sein; und umgekehrt, was über dem Sein ist, wird auch über der Erkenntniß sein.

---

1) Greg. v. Naz. a. a. O.
2) Greg. v. Naz. Rede 32, 34
3) Das. — 4) Das.
5) Dionys. mystische Theologie.

(Es gibt eine Bejahung bei Gott, die den Sinn einer Verneinung hat.)

Unbegrenzt also ist die Gottheit und unbegreiflich; und nur Das ist von ihm begreiflich, seine Unbegrenztheit und Unbegreiflichkeit. Was wir aber in bejahender Weise von Gott sagen, bezeichnet nicht seine Natur, sondern die Beziehungen seiner Natur.[1]) Und wenn du ihn gut, wenn gerecht, wenn weise und was sonst noch nennst, so nennst du nicht die Natur Gottes, sondern die Beziehungen seiner Natur. Es gibt aber auch bejahende Aussagen von Gott, welche die Bedeutung einer überschwenglichen Verneinung haben, wie, wenn wir z. B. Finsterniß von Gott aussagen, wir nicht an Finsterniß denken, sondern daß er nicht Licht ist, sondern mehr als Licht; und wenn wir ihn Licht nennen, denken, daß er nicht Finsterniß ist.

5. Beweis, daß Gott Einer ist und nicht Viele.

Daß Gott ist, ist hinreichend bewiesen worden, sowie daß seine Wesenheit unbegreiflich ist. Daß aber Gott Einer ist und nicht Viele, ist Denen, die der heiligen Schrift glauben, nicht zweifelhaft. Es sagt ja der Herr am Anfange der Gesetzgebung:[2]) „Ich bin der Herr, dein Gott, der dich aus Aegypten geführt hat. Du sollst keine anderen Götter haben als mich;" und weiter:[3]) „Höre Israel, der Herr dein Gott ist ein Gott." Und durch den Propheten Isaias sagt er:[4]) „Ich bin der erste Gott und ich hernach, und ausser mir ist kein Gott. Vor mir ist kein anderer Gott gewesen, und nach mir wird keiner sein, und ausser mir ist keiner." Und der Herr spricht in den Evangelien zum Vater so:[5]) „Das ist das ewige Leben, daß sie dich als allein wahren Gott erkennen." — Für Die aber, welche

---

1) Τὰ περὶ τὴν φύσιν.
2) Exod. 20, 21. — 3) Deut. 6, 4. — 4) Js. 43, 10. —
5) Joh. 17, 3.

der heiligen Schrift nicht glauben, wollen wir folgenden Beweis führen.

(Rationeller Beweis für die Einheit Gottes.)

Die Gottheit ist vollkommen und mangellos sowohl an Güte als an Weisheit und Macht, Anfangs- und Endlosigkeit, Ewigkeit, Unbegrenztheit und, kurz gesagt, vollkommen in jeder Hinsicht. Wenn wir nun viele Götter behaupten wollten, so muß ein Unterschied unter den Vielen ersichtlich sein. Denn wenn gar kein Unterschied unter ihnen ist, so ist vielmehr Einer und nicht Viele. Ist aber ein Unterschied unter ihnen, wo ist dann die Vollkommenheit? Denn wenn Einer in Bezug auf Güte oder Macht oder Weisheit oder Zeit oder Ort hinter dem Vollkommenen zurückbleibt, so ist er nicht Gott. Die durchgängige Identität aber beweist vielmehr Einen und nicht Viele.[1]

Wie aber auch wird, wenn Viele sind, ihnen die Unbegrenztheit gewahrt werden? Denn wo der Eine ist, kann doch nicht der Andere sein.[2]

Wie aber wird die Welt von Vielen regiert und nicht aufgelöst und zerstört werden, wenn ein Kampf unter den Regenten stattfindet? Denn der Unterschied bringt den Gegensatz mit sich.[3] Sagt man aber, jeder beherrsche Theile, was ist Das, was die Ordnung und die Vertheilung unter sie gemacht hat? Denn Das vielmehr wird Gott sein. Einer also ist Gott, vollkommen, unbeschränkt, Urheber des Alls, Erhalter und Regierer, über-vollkommen und mehr als vollendet.

Zudem aber ist es auch eine Natur-Nothwendigkeit, daß die Einheit Grund der Zweiheit sei.[4]

---

1) Greg. von Nyssa, Prolog zur großen Katechese.
2) S. unten 4. Buch 21. Kapitel.
3) Greg. v. Naz. Rede 35.
4) Dionys. von den göttlichen Namen c. 5, 13.

6. Von dem Worte und Sohne Gottes. Rationeller Beweis.

(Unterschied und Ähnlichkeit des göttlichen und menschlichen Wortes.)

Dieser eine und einzige Gott nun ist nicht ohne Wort [Vernunft]. Wenn er aber ein Wort hat, wird er kein unbeständiges[1]) haben, noch ein solches, das zu sein angefangen hat oder aufhören wird. Denn es war nicht [eine Zeit], da Gott das Wort nicht war; sondern immer hat er sein aus ihm gezeugtes Wort, das nicht wie unser Wort unbeständig ist und in die Luft zerfließt, sondern in sich selbst beständig, lebendig, vollkommen; nicht ausser ihm weilend, sondern immer in ihm seiend.[2]) Denn wo wird es sein, wenn es aus ihm heraustritt? Denn weil unsere Natur gebrechlich ist und hinfällig, darum ist auch unser Wort bestandlos. Gott aber, der immer ist und vollkommen ist, wird auch sein Wort als ein vollkommenes, in sich bestehendes haben, das immer ist und lebt und Alles hat, was der Erzeuger hat. Denn wie unser Wort, das aus dem Geiste hervorgeht, weder durchaus Dasselbe ist mit dem Geiste, noch völlig verschieden (denn da es aus dem Geiste ist, ist es etwas Anderes als er; da es aber den Geist selbst zur Erscheinung bringt, ist es auch nicht völlig verschieden vom Geiste, sondern während es der Natur nach Eins ist mit ihm, ist es dem Subjekte nach verschieden), so ist auch das Wort Gottes dadurch, daß es für sich besteht, von Dem unterschieden, von dem es seinen Bestand hat; dadurch aber, daß es in sich Das zeigt, was auch an Gott erblickt wird, ist es der Natur nach identisch mit ihm. Denn wie die allseitige Vollkommenheit an dem Vater gesehen wird, so wird sie auch an dem aus ihm erzeugten Worte gesehen.

---

1) Unhypostatisch.
2) Greg. v. Nyss. Katech. Kap. 1.

7. Vom heiligen Geiste. Rationeller Beweis.

(Unterschied des göttlichen Geistes [Hauches] vom menschlichen.)

Es muß aber das Wort auch Geist [Hauchung] haben. Denn auch unser Wort ist nicht ohne Hauch; aber bei uns ist der Hauch etwas von unserer Wesenheit Verschiedenes. Denn er ist ein Zug und Erguß der Luft, die eingezogen und ausgeathmet wird zur Erhaltung des Körpers, und wird zur Zeit des Sprechens zur Stimme des Wortes, welche die Macht des Wortes in sich kund macht.[1]) Bei der göttlichen Natur aber, die einfach und unzusammengesetzt ist, muß man zwar die Existenz eines Geistes [Hauches] Gottes fromm zugestehen, weil sein Wort nicht unvollkommener ist als unser Wort; es ist aber nicht fromm, den Geist für etwas Fremdes, von aussen in Gott Hereinkommendes zu halten, wie auch bei uns, die wir zusammengesetzt sind; sondern wie, wenn wir von einem Worte Gottes hören wir nicht meinen, es sei bestandlos oder durch Lernen entstanden oder durch eine Stimme hervorgebracht, oder es ergieße sich in die Luft und vergehe, sondern es bestehe [subsistire] wesenhaft, habe freien Willen und sei wirksam und allmächtig: so denken wir auch, wenn wir von einem Geiste Gottes vernehmen, der das Wort begleitet und seine Wirksamkeit offenbart, nicht an einen bestandlosen Hauch (denn so würde die Hoheit der göttlichen Natur zur Niedrigkeit herabgezogen, wenn man ähnlich unserem Hauche auch den Hauch in Gott dächte), sondern an eine wesenhafte Macht, die für sich in einer besonderen Subsistenz erblickt wird und vom Vater ausgeht und im Worte ruht und es ausdrückt und weder von Gott, in dem sie ist, und von dem Worte, das sie begleitet, sich trennen kann noch in's Bestandlose sich ergießt,[2]) sondern ebenso, wie das Wort Subsistenz und freien Willen hat, lebendig, selbstthätig, wirksam ist, immer

---

1) Greg. v. Nyss. Katech. c. 2.
2) Greg v. Naz. Rede 37 und 44.

das Gute will und zu jeglichem Vorhaben zugleich mit dem Willen die Macht hat, ohne Anfang oder Ende zu nehmen. Denn nie fehlte dem Vater das Wort, noch dem Worte der Geist.

(Durch die Trinitätslehre ist der heidnische und jüdische Standpunkt überwunden.)

So wird durch die Einheit der Natur einerseits der vielgötterische Irrthum der Griechen [Heiden] vernichtet, anderseits durch die Lehre vom Worte und Geiste die Ansicht der Juden aufgehoben, und von beiden Sondermeinungen bleibt das Brauchbare:[1] von der jüdischen Ansicht die Einheit der Natur, vom Heidenthum aber nur der Unterschied der Subsistenzen [Personen].[2]

Wenn aber der Jude gegen die Lehre vom Worte und Geiste Widerspruch erhebt, so wird er durch die heilige Schrift widerlegt und zum Schweigen gebracht. Denn vom Worte sagt der göttliche David:[3] "In Ewigkeit, o Herr, bleibt dein Wort im Himmel;" und wieder:[4] "Er sandte sein Wort und heilte sie." Das Wort aber, das ausgesprochen wird, wird nicht gesendet, noch bleibt es in Ewigkeit. Vom Geiste aber sagt derselbe David:[5] "Du sendest aus deinen Geist, und sie werden geschaffen;" und wieder:[6] "Durch das Wort des Herrn sind die Himmel befestigt und durch den Geist [Hauch] seines Mundes all' ihre Macht." Und Job sagt:[7] "Der göttliche Geist ist's, der mich gemacht hat, und ein allmächtiger Hauch, der mich erhält." Der Geist aber, der gesandt wird und macht und befestigt und erhält, ist kein sich auflösender Odem, wie auch der Mund Gottes kein körperliches Glied ist; Beides nämlich muß man auf eine Gott angemessene Weise verstehen.[8]

---

1) Greg. v. Naz. Rede 38.
2) Greg. v. Nyss. Katech. c. 3.
3) Ps. 118, 89. — 4) Ps. 106, 20. — 5) Ps. 103, 30. — 6) Ps. 32, 4. — 7) Job 33, 4.
8) Basil. de spiritu etc. ad Amphiloch. c. 18.

8. Von der heiligen Dreieinigkeit.

Wir glauben also an **einen Gott, einen Urgrund,** anfangslos, ungeschaffen, ungeworden, unvergänglich und unsterblich, ewig, grenzenlos, unbeschränkt, unbestimmt, allmächtig, einfach, unzusammengesetzt, unkörperlich, unbeweglich, leidenlos, wandellos, unveränderlich, unsichtbar, Quelle der Güte und Gerechtigkeit, geistiges Licht, unzugänglich; eine durch kein Maß erkennbare Macht, die nur durch den eigenen Willen gemessen wird (denn[1]) sie kann Alles, was sie will), die alle sichtbaren und unsichtbaren Geschöpfe schafft, die Alles zusammenhält und erhält, Alles vorherbedenkt, Alles vermag und beherrscht und regiert in endloser und unsterblicher Herrschaft, die keinen Gegensatz hat, Alles erfüllt, von Nichts umschlossen ist, sondern vielmehr selbst Alles umschließt und zusammenhält und beherrscht, die unberührt alle Wesenheiten durchdringt und Alles überragt und über alle Wesenheit erhaben ist, als überwesentlich, und über Allem ist, übergöttlich, übergut, übervoll; die alle Anfänge und Ordnungen festsetzt und über jeden Anfang und jede Ordnung erhaben ist, über Wesenheit und Leben und Wort und Gedanken; Selbst-Licht, Selbst-Güte, Selbst-Leben, Selbst-Wesen, weil sie nicht von einem Andern das Sein oder sonst Etwas hat, sondern selbst Quelle des Seins ist für das Seiende, des Lebens für das Lebendige, des Wortes für das des Wortes [der Vernunft] Theilhaftige, und Ursache aller Güter für Alle, die Alles weiß, bevor es geschieht; **eine Wesenheit, eine Gottheit, eine Macht, ein Wille, eine Wirksamkeit, ein Prinzip, eine Freiheit, eine Herrheit, eine Herrschaft,** die in drei vollendeten Subsistenzen [Personen] erkannt und angebetet wird in **einer** Anbetung, geglaubt und verehrt von aller vernünftigen Schöpfung,[2]) da sie ohne Vermischung vereint und ohne Trennung unterschieden sind (was sogar unglaublich scheint): an Vater, Sohn und

---

1) Pf. 134, 6. — 2) Greg. v. Naz. Rede 32.

heiligen Geist, auf die wir auch getauft werden;¹) (denn so hat der Herr den Aposteln zu taufen befohlen, da er sprach:²) „Taufet sie im Namen des Vaters und des Sohnes und des heiligen Geistes");

(Was vom Vater und was vom Sohne zu glauben ist.) an einen Vater, den Anfang und Grund von Allem, der von Keinem gezeugt ist, sondern grundlos und ungezeugt existirt, und von Allem Schöpfer ist. Vater aber seines einen und einzigen und eingebornen Sohnes, unseres Herrn und Gottes und Heilandes Jesu Christi und Hervorbringer des allheiligen Geistes; und an einen Sohn Gottes, den Eingebornen, unseren Herrn Jesum Christum, der aus dem Vater gezeugt ist vor allen Zeiten, Licht vom Lichte, wahrer Gott vom wahren Gotte, gezeugt, nicht geschaffen, wesensgleich mit dem Vater, durch den Alles geworden ist, den wir allen Zeiten vorangehend nennen, um anzuzeigen, daß seine Erzeugung zeitlos und anfangslos ist; denn nicht aus dem Nichtsein wurde der Sohn Gottes in's Dasein gesetzt,³) der Abglanz der Herrlichkeit, das Ebenbild des Wesens des Vaters,⁴) die lebendige Weisheit und Macht,⁵) das in sich bestehende Wort, das wesenhafte, vollkommene und lebendige Bild des unsichtbaren Gottes,⁶) sondern immer war er mit dem Vater und in ihm, ewig und anfangslos aus ihm gezeugt. Denn nicht war je der Vater, als der Sohn nicht war, sondern zugleich der Vater und zugleich der aus ihm gezeugte Sohn; er kann ja auch nicht Vater genannt werden ohne Sohn; wenn er aber keinen Sohn hatte, war er nicht Vater;⁷) und wenn er nachher einen Sohn bekam, so wurde er nachher Vater, während er vorher nicht Vater war, und er hat sich verändert aus dem

---

1) Greg. v. Naz. Rede 12, 37, 40.
2) Matth. 25, 19.
3) Greg. v. Naz. Rede 36.
4) Hebr. 1, 3. — 5) I. Kor. 1, 25. — 6) Koloss. 1, 15.
7) Greg v. Naz. Rede 35.

Nicht-Vatersein in das Vater-Gewordensein, was lästiger ist als alle Lästerung.¹) Denn man kann nicht sagen, Gott sei ohne natürliche Fruchtbarkeit; die Fruchtbarkeit aber besteht darin, daß er, was aus ihm oder aus seiner Wesenheit ist, als ihm von Natur gleich erzeugt.²)

(Unterschied der göttlichen Zeugung von der Erschaffung.)

Bei der Erzeugung des Sohnes ist es also gottlos, zu sagen, es sei eine Zeit dazwischen gewesen,³) und die Existenz des Sohnes sei nach dem Vater geworden.⁴) Denn aus ihm oder der Natur des Vaters, sagen wir, sei die Erzeugung des Sohnes. Und wenn wir nicht zugeben, daß von Anfang an mit dem Vater zugleich der aus ihm erzeugte Sohn existire, werden wir eine Veränderung der Subsistenz [Person] des Vaters einführen, weil er, da er nicht Vater war, später Vater wurde. Denn die Schöpfung, wenn sie auch nachher geworden ist, ist aber nicht aus der Wesenheit Gottes, sondern durch seinen Willen und seine Macht aus dem Nichtsein in das Sein hervorgebracht, und es hat darum keine Veränderung der Natur Gottes stattgefunden. Denn die Erzeugung zwar besteht darin, daß aus der Wesenheit des Erzeugenden das Erzeugte als dem Wesen nach gleich hervorgebracht wird, die Schöpfung und Erschaffung aber darin, daß von aussen her und nicht aus der Wesenheit des Schöpfers und Machers das Geschaffene und Gemachte wird als völlig ungleich.

Bei dem allein leidenslosen, unveränderlichen und unwandelbaren und immer sich gleichbleibenden Gott also geschieht sowohl das Zeugen als das Schaffen ohne Leiden;⁵) denn da er von Natur leidenslos und ohne Fluß ist, als

---

1) Cyrill. Alexandr. in thesauro assert. 4 u. 5.
2) Daf. assert. 6.
3) Daf. assert. 4.
4) Greg. v. Naz. Rede 29.
5) Greg. v. Naz. Rede 29 u. 35.

einfach und unzusammengesetzt, ist er nicht geeignet, ein Leiden oder einen Fluß zu erleiden weder beim Zeugen noch beim Schaffen, noch bedarf er einer Mithilfe, sondern die Erzeugung ist anfangslos und ewig, da sie ein Werk der Natur ist und von seiner Wesenheit ausgeht, damit der Erzeuger nicht einen Wandel erleide und nicht ein erster und ein zweiter Gott sei und er einen Zuwachs annehme; die Schöpfung aber bei Gott, die ein Werk seines Willens ist, ist nicht gleichewig mit Gott. Mithin kann das aus dem Nichtsein in das Sein Hervorgebrachte nicht gleichewig sein mit dem Anfangslosen und immer Seienden. Wie also nicht auf gleiche Weise der Mensch und Gott Etwas macht (denn der Mensch bringt Nichts aus dem Nichtsein in das Sein hervor,[1]) sondern, was er macht, macht er aus einem vorher vorhandenen Stoffe,[2]) und nicht durch bloßes Wollen, sondern indem er zuerst bedenkt und im Geist vorbildet, was werden soll, dann auch mit den Händen arbeitet und Mühe und Arbeit auf sich nimmt,[3]) oft aber auch das Ziel verfehlt, wenn sein Vorhaben nicht hinausgeht, wie er will; Gott aber hat durch bloßes Wollen Alles aus dem Nichtsein in das Dasein gebracht): ebenso zeugt auch nicht auf gleiche Weise Gott und der Mensch. Denn Gott, der zeitlos ist und anfangslos und leidenslos und ohne Fluß, unkörperlich, einzig und ohne Ende,[4]) zeugt auch zeit-, anfangs- und leidenslos und ohne Fluß und ohne Paarung; und weder einen Anfang hat seine unerfaßbare Zeugung noch ein Ende; und zwar anfangslos [zeugt er] wegen seiner Unwandelbarkeit, ohne Fluß wegen seiner Leidenslosigkeit und Unkörperlichkeit, ohne Paarung wieder wegen der Unkörperlichkeit und weil er der einzige Gott ist,

---

1) Greg. v. Naz. Rede 29.
2) Cyrill. thesaur. assert. 7 u. 18.
3) Greg. v. Naz. Rede 29.
4) Cyrill. thesaur. assert 5, 6, 16. Greg. Rede 35.

der keines andern bedarf, endlos aber und unaufhörlich wegen der Anfangs-, Zeit- und Endlosigkeit und immerwährenden Identität; denn was keinen Anfang hat, hat kein Ende; was aber durch Gnade ohne Ende ist, ist gewiß nicht ohne Anfang, wie die Engel.[1]

Es zeugt also der immer seiende Gott sein Wort, als ein vollkommenes, ohne Anfang und Ende, damit nicht in der Zeit Gott zeuge, der eine über die Zeit erhabene Natur und Existenz hat. Der Mensch aber zeugt offenbar auf entgegengesetzte Weise, da er dem Entstehen und Vergehen, dem Flusse und der Vervielfältigung unterliegt und mit einem Körper behaftet ist[2] und das Männliche und das Weibliche in seiner Natur hat; denn es bedarf das Männliche der Hilfe des Weiblichen. — Aber gnädig sei uns der über Alles Erhabene und allen Begriff und Gedanken Uebersteigende.[3]

(Vom Vater und Sohne.)

Es lehrt also die heilige katholische und apostolische Kirche zugleich einen Vater und zugleich seinen eingebornen Sohn, der zeitlos, ohne Fluß, leidenslos und auf unbegreifliche Weise, die nur der Gott von Allem kennt, aus ihm gezeugt ist, wie zugleich das Feuer und zugleich das von ihm ausgehende Licht ist, und nicht zuerst das Feuer und hernach das Licht, sondern zugleich. Und wie das aus dem Feuer immer entspringende Licht immer in ihm ist, ohne sich je von ihm zu trennen, so entspringt auch der Sohn aus dem Vater, ohne je sich von ihm zu trennen, sondern immer in ihm seiend.[4] Aber das aus dem Feuer ungetrennt erzeugte und immer in ihm bleibende Licht hat keine eigene Subsistenz neben dem Feuer, denn es ist eine

---

1) S. unten 2. B. K. 3.
2) Greg. v. Naz. Rede 45.
3) Dieser Satz bildet in den Baseler Ausgaben und in Faber's Uebersetzung den Anfang eines andern Kapitels.
4) Greg. v. Naz. lib. I. cont. Eun. — Cyrill, thes. assert. 5.

natürliche Beschaffenheit des Feuers; aber der ungetrennt und ungeschieden aus dem Vater erzeugte und immer in ihm bleibende eingeborne Sohn Gottes hat eine eigene Subsistenz neben dem Vater.

(Warum der Sohn Wort, Abglanz, Ebenbild, Eingeborner heißt.)

Er heißt also Wort und Abglanz, weil er paarungslos, leidens- und zeitlos, ohne Fluß und Trennung aus dem Vater gezeugt ist;[1] Sohn aber und Ebenbild des väterlichen Wesens, weil er vollkommen, subsistirend und in Allem dem Vater gleich ist, ausgenommen die Ungezeugtheit;[2] Eingeborner aber, weil er einzig aus dem einzigen Vater auf einzige Weise gezeugt ist. Denn auch keine andere Erzeugung ist der Erzeugung des Sohnes Gottes ähnlich; es gibt ja auch keinen anderen Sohn Gottes. Denn wenn auch der heilige Geist vom Vater ausgeht, aber nicht zeugungs-, sondern hervorgangs-weise. Eine andere Art von Existenz ist dieß, unbegreiflich und unerkennbar, wie auch die Erzeugung des Sohnes. Darum ist auch Alles, was der Vater hat, sein, ausgenommen die Ungezeugtheit, welche jedoch keinen Unterschied der Wesenheit bezeichnet, noch eine Würde, sondern eine Existenzweise,[3] wie auch Adam, der ungezeugt ist, denn er ist ein Gebilde Gottes, und Seth, der gezeugt ist, denn er ist ein Sohn Adams, und die Eva, die aus der Rippe Adams hervorging, denn sie wurde nicht gezeugt, nicht der Natur nach sich von einander unterscheiden, denn sie sind Menschen, sondern durch die Existenzweise.[4]

Man muß nämlich wissen, daß das „Ungeworden" (ἀγένητον mit einem ν geschrieben) das Ungeschaffensein

---

1) Greg. v. Naz. Rede 36.
2) Das. Rede 23, 37 u. 39.
3) Basilius lib. I u. IV.
4) Greg. v. Naz. Rede 36, 37.

ober das Nicht-Gewordensein bezeichnet; das „Ungezeugt" aber (ἀγέννητον mit zwei νν geschrieben) das Nicht-Gezeugtsein bedeutet. Nach der ersten Bezeichnung nun unterscheidet sich Wesenheit von Wesenheit; denn eine andere ist die ungeschaffene oder ungewordene Wesenheit und eine andere die gewordene oder geschaffene. Nach der zweiten Bezeichnung aber unterscheidet sich nicht Wesenheit von Wesenheit. Denn von jeder Art lebendiger Wesen ist die erste Subsistenz ungezeugt, aber nicht ungeworden. Denn sie wurden geschaffen von dem Schöpfer, durch sein Wort zur Entstehung gebracht; aber sie wurden nicht erzeugt, da vorher kein anderes Gleichartiges da war, von dem sie erzeugt wären.

Nach der ersten Bezeichnung also kommen die drei übergöttlichen Subsistenzen der heiligen Gottheit überein;[1]) denn sie sind wesensgleich und ungeschaffen.[2]) Nach der zweiten Bezeichnung aber keineswegs, denn nur der Vater ist ungezeugt.[3]) Denn er hat das Sein aus keiner anderen Subsistenz. Und nur der Sohn ist gezeugt, denn er ist anfangs- und zeitlos aus der Wesenheit des Vaters gezeugt. Und nur der heilige Geist geht von der Wesenheit des Vaters aus, da er nicht gezeugt wird, sondern ausgeht, indem so die heilige Schrift lehrt,[4]) die Weise der Zeugung und des Ausgangs aber unbegreiflich ist.

Auch das aber ist zu wissen, daß nicht von uns der Name der Vaterschaft, Sohnschaft und des Ausgehens auf die Gottheit übergetragen ist, sondern im Gegentheil von dorther auf uns übergegangen, wie der heilige Apostel sagt:[5]) „Darum beuge ich meine Kniee vor dem Vater, von dem alle Vaterschaft ist im Himmel und auf Erden."

---

1) Max. Dialog. cont Arian.
2) Cyrill, thes. assert. 1.
3) Greg. v. Naz. Rede 35.
4) Joh 15, 26.
5) Ephes. 5, 14. Cyrill, **thes. assert. 32.** Dionys c. 1. von den göttlichen Namen.

(Wie der Vater größer ist als der Sohn. Das Wort ist kein Werkzeug des Vaters.)

Wenn wir aber sagen, der Vater sei Prinzip des Sohnes und größer, so zeigen wir damit nicht an, daß er dem Sohne der Zeit oder Natur nach vorgehe[1]) (denn durch ihn hat er die Zeiten gemacht),[2]) noch auch nach etwas Anderem, ausser dem Grunde nach, d. h. daß der Sohn aus dem Vater gezeugt ist, und nicht der Vater aus dem Sohne, und daß der Vater auf natürliche Weise Princip des Sohnes ist, gleichwie wir nicht sagen, aus dem Lichte gehe das Feuer hervor, sondern vielmehr das Licht aus dem Feuer. Wenn wir also hören, der Vater sei Prinzip des Sohnes und größer, so müssen wir denken, weil er Grund ist. Und wie wir nicht sagen, von anderer Wesenheit sei das Feuer und von anderer das Licht, so kann man nicht sagen, von anderer Wesenheit sei der Vater und von anderer der Sohn, sondern von einer und derselben.[3]) Und wie wir sagen, durch das von ihm ausgehende Licht scheine das Feuer, und nicht behaupten, ein dienendes Werkzeug des Feuers sei das Licht aus ihm, sondern vielmehr eine natürliche Kraft, so sagen wir, der Vater mache Alles, was er macht, durch seinen eingebornen Sohn, nicht als durch ein dienstleistendes Werkzeug, sondern durch seine natürliche und subsistirende Macht.[4]) Und wie wir sagen, das Feuer leuchte, und wieder sagen, das Licht des Feuers leuchte, so „thut Alles, was der Vater thut, auf gleiche Weise auch der Sohn."[5]) Allein das Licht besitzt keine eigene Subsistenz neben dem Feuer, der Sohn aber ist eine vollkommene Subsistenz, von der väterlichen Subsistenz ungetrennt, wie wir vorher gezeigt haben. Denn unmöglich kann man in der Schöpfung ein ganz gleiches Bild finden, das die

---

1) Joh. 15, 28. — 2) Hebr. 1, 26.
3) Greg. v. Naz. Rede 37. Athan. lib. 1. cont. Arian.
4) Greg. v. Naz. Rede 13, 31 u. 37.
5) Joh. 5, 19.

Weise der heiligen Dreieinigkeit darstellte. Denn was geschaffen, zusammengesetzt, fließend, wandelbar und begrenzt ist und eine Gestalt hat und vergänglich ist, wie soll dieses die von alle dem freie überseiende göttliche Wesenheit darstellen? Jedes Geschöpf aber ist offenbar mit Mehrerem von diesen behaftet und jedes unterliegt seiner eigenen Natur nach der Vergänglichkeit.

(Vom hl. Geiste. Wir wissen nicht, wie sich in Gott Zeugung und Ausgang unterscheiden.)

Gleicherweise glauben wir an **einen** heiligen Geist, der Herr ist und lebendig macht, der vom Vater ausgeht und im Sohne ruht, der zugleich mit dem Vater und Sohne angebetet und verehrt wird als wesensgleich und gleichewig;[1] den Geist aus Gott, den rechten, fürstlichen, die Quelle der Weisheit, des Lebens und der Heiligung, der zugleich mit dem Vater und dem Sohne Gott ist und genannt wird; ungeschaffen, voll, Schöpfer, allherrschend, allwirksam, allmächtig, unumschränkt, alle Geschöpfe beherrschend, nicht beherrscht,[2] vergottend [vergöttlichend], nicht vergottet, erfüllend, nicht erfüllt, Theil nehmen lassend, nicht Theil habend, heiligend, nicht geheiligt, Anwalt, der die Anrufungen Aller aufnimmt, in Allem gleich dem Vater und dem Sohne, der vom Vater ausgeht und durch den Sohn mitgetheilt und von jedem Geschöpfe empfangen wird, der durch sich selbst schafft und Alles zu Wesen macht und heiligt und zusammenhält; der subsistirt und in eigener Subsistenz ist, ohne sich vom Vater und Sohne zu trennen und zu entfernen, der Alles hat, was der Vater und Sohn hat ausser das Ungezeugtsein und das Gezeugtsein. Denn der Vater ist grundlos und ungezeugt; er ist nämlich aus Keinem, denn er hat das Sein aus sich selbst; auch hat er Nichts von Allem, was er hat, von einem Andern, sondern

---

1) Greg. v. Naz. Rede 37.
2) Das. Rede 49.

er ist vielmehr selbst für Alles Grund und Ursache des natürlichen Wieseins. Der Sohn aber ist aus dem Vater durch Zeugung, auch der heilige Geist selbst aber ist aus dem Vater, aber nicht zeugungs-, sondern hervorgangs-weise. Und zwar, daß ein Unterschied ist zwischen Zeugung und Ausgang, haben wir gelernt, welches aber die Art des Unterschiedes sei, keineswegs. Zugleich aber ist sowohl die Erzeugung des Sohnes aus dem Vater, als der Hervorgang des heiligen Geistes.

(Die Eigenthümlichkeiten oder Merkmale der Personen.)

Alles also, was der Sohn hat und der Geist, hat er vom Vater, auch das Sein selbst;[1]) und wenn der Vater nicht ist, ist auch der Sohn und der Geist nicht, und wenn der Vater Etwas nicht hat, hat es auch der Sohn und der Geist nicht; und durch den Vater, d. h. dadurch, daß der Vater ist, ist der Sohn und der Geist;[2]) und durch den Vater hat der Sohn und der Geist Alles, was er hat, d. h. dadurch, daß der Vater es hat, ausgenommen die Ungezeugtheit, das Gezeugtsein und den Hervorgang.[3]) Denn nur in diesen persönlichen Eigenheiten unterscheiden sich die heiligen drei Personen, die nicht durch die Wesenheit, sondern durch das Merkmal der eigenen Subsistenz [Persönlichkeit] unverschieden verschieden sind.

(Dreiheit ohne Zusammensetzung.)

Wir sagen aber, Jeder von den Dreien habe eine vollkommene Subsistenz, damit wir nicht aus drei unvollkommenen eine zusammengesetzte vollkommene Natur annehmen, sondern eine in drei vollkommenen Subsistenzen einzige, einfache, übervollkommene und mehr als vollendete Wesenheit.[4]) Denn alles aus Unvollkommenem [Theilen] Bestehende ist

---

1) Greg. v. Naz. Rede 25.
2) Das. Rede 23. — 3) Das. Rede 23.
4) Greg. v. Naz. Rede 13 u. 29. Athan. Rede gegen die Arianer.

gewiß zusammengesetzt. Aus vollkommenen Subsistenzen aber kann unmöglich eine Zusammensetzung bestehen. Daher sagen wir auch nicht, die Wesensform (εἶδος) bestehe aus [drei] Subsistenzen, sondern in Subsistenzen.¹) Aus unvollkommenen Theilen aber, sagen wir, bestehe Etwas, wenn diese die Wesensform der aus ihnen bestehenden Sache nicht behalten. Ein Stein nämlich und Holz und Eisen ist jedes an sich vollkommen in seiner Natur; in Vergleich aber mit dem aus ihnen bestehenden Gebäude ist jedes unvollkommen; es ist ja auch nicht jedes von ihnen an sich ein Haus.

(Warum die drei Personen ein Gott sind.)

Vollkommen also nennen wir die Subsistenzen, damit wir nicht an eine Zusammensetzung denken bei der göttlichen Natur; denn Zusammensetzung ist der Grund von Trennung. Und wieder sagen wir, die drei Subsistenzen seien in einander, damit wir nicht eine Menge und ein Volk von Göttern einführen.²) Durch die drei Subsistenzen bezeichnen wir das Nicht-Zusammengesetzte und Unvermischte; durch die Wesensgleichheit aber und das Ineinandersein der Personen und die Identität des Willens, der Wirksamkeit, der Macht, der Herrschaft und der Thätigkeit, sozusagen, die Untrennbarkeit und die Einheit der Gottheit. Denn ein wahrhaftiger Gott ist Gott, das Wort und der heilige Geist.

(Vom Unterschiede der Personen. Sachliche und logische Betrachtung.)

Man muß aber wissen, daß etwas Anderes ist die sachliche Betrachtung und etwas Anderes die logische und in Gedanken. Bei allen Geschöpfen nun wird der Unterschied der Personen [Subsistenzen] sachlich betrachtet; denn Petrus wird von Paulus als der Sache nach getrennt betrachtet.

---

1) Basil. orat. cont. Sabell. Ar. et Eunom.
2) Greg. v. Naz. Rede 29, 34, 40.

Die Gemeinsamkeit aber, die Zusammengehörigkeit und Einheit wird logisch und begrifflich angeschaut; denn wir denken mit dem Verstande, daß Petrus und Paulus derselben Natur sind und eine gemeinsame Natur haben.[1] Denn Jeder von ihnen ist ein vernünftiges, sterbliches Lebewesen, und Jeder ist Fleisch, beseelt durch eine vernünftige und denkende Seele.[2] Diese gemeinsame Natur also ist begrifflich betrachtet. Denn die Personen sind auch nicht in einander, denn jede ist eigens und besonders, oder für sich getrennt, da sie sehr Vieles hat, was sie von der anderen scheidet. Denn sowohl örtlich sind sie getrennt, als der Zeit nach verschieden, und getheilt durch Gesinnung, Kraft, Form oder Gestalt, durch Haltung, Temperament, Würde, Lebensart und alle charakteristischen Eigenthümlichkeiten, vor Allem aber dadurch, daß sie nicht in einander, sondern getrennt sind. Daher sagt man auch zwei und drei Menschen und viele.

(Einheit der göttlichen Natur; die Personen der Trinität sind ungetrennt. Der Sohn und der heilige Geiste führen sich auf ein Prinzip zurück.)

Das ist bei der ganzen Schöpfung zu sehen. Bei der heiligen, überwesentlichen, über Alles erhabenen und unerfaßbaren Dreieinigkeit aber ist es umgekehrt. Denn dort wird das Gemeinsame und Eine sachlich betrachtet wegen der Gleichewigkeit und Identität der Wesenheit, der Wirksamkeit und des Willens und der Uebereinstimmung der Denkweise und der Identität der Herrschaft, Macht und Güte. Ich sage nicht Aehnlichkeit, sondern Identität und Einheitlichkeit der Bewegung.[3] Denn eine Wesenheit, eine Güte, eine Macht, ein Wille, eine Wirksamkeit, eine Hoheit, eine und dieselbe, nicht drei einander ähnliche, sondern eine und dieselbe Bewegung [Thätigkeit] der drei

---

1) Greg. v. Naz. Rede 37.
2) Das. Rede 32. — 3) Das. Rede 40.

Personen. Denn eine jede von ihnen hängt an der andern, nicht minder als an sich selbst, das heißt: der Vater, der Sohn und der heilige Geist sind in Allem Eins, ausgenommen die Ungezeugtheit, das Gezeugtsein und den Hervorgang, in Gedanken aber sind sie geschieden.[1]) Denn wir erkennen einen Gott; in den bloßen Eigenheiten aber der Vaterschaft, Sohnschaft und des Hervorgangs und nach Prinzip und Prinzipiat und nach der Vollkommenheit der Subsistenz oder der Existenzweise denken wir den Unterschied.[2]) Denn auch nicht eine örtliche Trennung, wie bei uns, können wir von der unbegrenzten Gottheit aussagen; denn die Personen sind in einander, nicht so, daß sie sich vermischen, sondern so, daß sie zusammenhängen, gemäß dem Worte des Herrn, welcher sagt:[3]) „Ich bin im Vater, und der Vater in mir." Auch nicht einen Unterschied des Willens oder der Gesinnung, oder Wirksamkeit oder Macht oder sonst von Etwas, dergleichen bei uns die sachliche und gänzliche Trennung erzeugt. Darum nennen wir nicht drei Götter den Vater, Sohn und heiligen Geist, sondern vielmehr einen Gott die heilige Dreiheit, da Sohn und Geist sich auf ein Prinzip zurückführen, nicht sich zusammensetzen oder verfließen gemäß der Zusammenziehung des Sabellius (denn sie sind Eins, wie gesagt, nicht so, daß sie sich vermischen, sondern so, daß sie an einander hängen, und haben das Ineinandersein ohne alle Vermengung und Verschmelzung); noch auch ausser einander oder der Wesenheit nach getheilt sind sie gemäß der Trennung des Arius[4]); denn ungetheilt in Getheilten, wenn man es kurz sagen soll, ist die Gottheit und gleichsam in drei zusammenhängenden und ungetrennten Sonnen eine Verbindung und Einheit des Lichtes. Wenn wir also zur Gottheit aufblicken und

---

1) Greg. v. Naz. Rede 37. Greg. v. Nyssa Brief an Ablab. u. Rede 32.
2) Basil. Brief 43. — 3) Joh. 14, 11.
4) Greg. Rede 29. Dionys. c. 2. von den göttlichen Namen.

zu dem ersten Grunde und der Alleinherrschaft und zu dem einen und demselben, sozusagen, Bewegen und Wollen der Gottheit und zur Identität der Wesenheit, Macht, Wirksamkeit und Herrheit, so ist Eines das, was wir uns vorstellen;[1] wenn aber zu dem, worin die Gottheit ist, oder, genauer zu sprechen, was die Gottheit ist und auf das aus dem ersten Grunde zeitlos, gleichherrlich und ungetrennt daselbst Entspringende, d. h. die Subsistenzen des Sohnes und Geistes, so sind es drei, die wir anbeten.[2] Denn ein Vater ist der Vater und anfangslos d. h. grundlos, denn er ist aus Keinem; ein Sohn ist der Sohn und nicht anfangslos d. h. grundlos, denn er ist aus dem Vater; wenn man aber „Anfang" von der Zeit nimmt, dann ist er auch anfangslos, denn er ist Gründer der Zeiten und nicht unter der Zeit; ein Geist ist der heilige Geist, der vom Vater ausgeht, aber nicht wie der Sohn, sondern hervorgangsweise; indem weder der Vater der Ungezeugtheit ermangelt, weil er gezeugt hat, noch der Sohn der Erzeugung, weil er aus dem Ungezeugten gezeugt ist (wie denn auch?), noch der Geist entweder in den Vater oder in den Sohn hinüberfällt, weil er ausgeht und Gott ist; denn die Eigenthümlichkeit ist unbeweglich; oder wie sollte sie Eigenthümlichkeit bleiben, wenn sie sich bewegt und übergeht? Denn wenn der Vater Sohn ist [oder wird], ist er nicht ausschließlich Vater; denn Einer ist ausschließlich Vater; und wenn der Sohn Vater ist, ist er nicht ausschließlich Sohn, denn Einer ist ausschließlich Sohn und Einer heil. Geist.

Man muß aber auch wissen, daß wir nicht sagen, der Vater sei aus Einem, wir sagen aber, er sei Vater des Sohnes; den Sohn nennen wir nicht Grund noch Vater, wir sagen aber, er sei aus dem Vater und der Sohn des Vaters; der heilige Geist aber, sagen wir, sei aus dem

---

1) Greg. v. Naz. Rede 37.
2) Das. Rede 19, 29.

Vater, und nennen ihn Geist des Vaters. Aus dem Sohne aber, sagen wir nicht, daß der Geist sei,¹) nennen ihn jedoch Geist des Sohnes. Denn „wenn Jemand den Geist Christi nicht hat", sagt der göttliche Apostel,²) „der ist nicht sein." Auch daß er durch den Sohn uns kund gemacht und mitgetheilt werde, bekennen wir, denn „er hauchte", heißt es,³) „seine Jünger an und sprach zu ihnen: Empfanget den heiligen Geist;" wie aus der Sonne der Strahl und der Glanz ist [sie selbst nämlich ist die Quelle des Strahles und des Glanzes], und durch den Strahl uns der Glanz überbracht wird und dieser es ist, der uns erleuchtet und von uns empfangen wird. Vom Sohne aber sagen wir weder, er sei des Geistes, noch auch, aus dem Geiste.⁴)

9. Von den Prädikaten Gottes.

Die Gottheit ist einfach und unzusammengesetzt; das aus Vielem und Verschiedenem Bestehende aber ist zusammengesetzt. Wenn wir also das Ungeschaffensein, die Anfangslosigkeit, die Unkörperlichkeit, Unsterblichkeit, Ewigkeit, Güte, Schöpfermacht und Dergleichen als wesenhafte Unterschiede in Gott nehmen, als bestände er aus so Vielem, so wird er nicht einfach sein, sondern zusammengesetzt, was höchst gottlos ist. Man muß also glauben, ein jedes der Prädikate Gottes bedeute nicht, was er der Wesenheit nach ist, sondern bezeichne entweder, was er nicht ist, oder ein Verhältniß zu etwas von ihm Verschiedenem oder etwas seine Natur Begleitendes oder eine Wirksamkeit.

---

1) Maxim. epist. ad Marin. Von diesem Irrthum sagt Thomas Aqu.: hunc errorem secutus est Theodoritus Nestorianus et plures post ipsum, inter quos fuit etiam Damascenus; unde in hoc hujus sententiae non est standum.
2) Röm. 8, 9. — 3) Joh. 20, 29.
4) Greg. v. Naz. Rede 37.

("Der Seiende" ist der Gott am meisten angemessene Name.)

Es scheint also von allen Namen, die von Gott ausgesagt werden, am meisten ihm eigenthümlich zu sein „der Seiende", wie er selbst sich dem Moses auf dem Berge nannte, da er sprach:¹) „Sage den Söhnen Israels: der Seiende hat mich gesandt;" denn er hat das ganze Sein in sich zusammengefaßt, wie ein unendliches und grenzenloses Meer von Wesenheit; ²) wie aber der heilige Dionysius sagt:³) „der Gute"; denn man kann bei Gott nicht sagen, zuerst das Sein und dann die Güte.

Ein zweiter Name ist $\vartheta\varepsilon\acute{o}\varsigma$ (Gott), welcher von $\vartheta\acute{\varepsilon}\varepsilon\iota\nu$ (laufen) und Alles Umkreisen kommt, oder von $a\ddot{\iota}\vartheta\varepsilon\iota\nu$ (Glühen) d. h. Brennen; denn Gott ist eine alle Schlechtigkeit verzehrendes Feuer; ⁴) oder von $\vartheta\varepsilon\tilde{a}\sigma\vartheta ai$ (Sehen), weil er Alles sieht; ⁵) denn nicht zu hintergehen ist er und Beobachter von Allem. (Denn er sieht Alles, bevor es geschieht, ⁶) es zeitlos bedenkend, und Jedes geschieht gemäß seinem Willensbeschlusse, welche Vorherbestimmung und Vorbild und Muster ist, in der vorherbestimmten Zeit.) ⁷)

Der erstere Name also bezeichnet das Sein selbst und das Wassein, ⁸) der zweite aber eine Thätigkeit; die Anfangslosigkeit aber und Unvergänglichkeit, das Ungewordenoder Ungeschaffensein, die Unkörperlichkeit, Unsichtbarkeit und dergleichen zeigt an, was er nicht ist, nämlich, daß er nicht zu sein anfing, nicht vergeht, nicht geschaffen, kein Körper, nicht sichtbar ist; ⁹) die Güte aber, Gerechtigkeit,

---

1) Exod. 5, 14.
2) Greg. v. Naz. Rede 36.
3) Dionys. c. 2, 3 u. 4 von den göttlichen Namen.
4) Deut. 5, 24. — 5) II. Mach. 10, 5. — 6) Dan. 13, 42.
7) Das Eingeklammerte fehlt in einigen Handschriften und ist, wie es scheint, nur eine Glosse.
8) Καὶ τοῦ τί εἶναι. Die lateinische Übersetzung aber hat: at non item, quid sit.
9) Dionys. c. 5 von den göttlichen Namen. — Greg. v. Naz. Rede 37 u. 45. — Greg. Nyss. epist. ad Ablab.

Heiligkeit und dergleichen zeigt an, was die Natur begleitet, nicht aber die Wesenheit selbst; die Namen „Herr" aber und König und dergleichen bezeichnen ein Verhältniß zu dem ihm Gegenüberstehenden. Von den Beherrschten aber heißt er Herr, und von den Unterthanen König, und von den Geschaffenen Schöpfer, und von den Gehüteten Hirt.

10. Von der göttlichen Einheit und Unterscheidung.

Alles Dieses nun ist gemeinsam von der ganzen Gottheit zu nehmen und gleichmäßig, einfach, theillos und einheitlich; unterschiedsweise aber der Name Vater, Sohn und Geist, und grundlos und begründet, ungezeugt und gezeugt und ausgehend, welche Namen nicht die Wesenheit bezeichnen, sondern das wechselseitige Verhältniß und die Existenzweise.[1]

(Gott und sein Wirken sind einig und einfach.)

Da wir nun Dieses wissen und hieburch zur göttlichen Wesenheit hingeleitet werden, so erfassen wir nicht die Wesenheit selbst, sondern was um sie herum ist, gleichwie wir, wenn wir erkennen, daß die Seele ohne Körper, ohne Quantität und Gestalt ist, nicht auch schon ihre Wesenheit erfaßt haben, noch auch die des Körpers, wenn wir erkennen, daß er weiß oder schwarz ist, sondern was um die Wesenheit herum ist. Die wahre Lehre aber lehrt, daß die Gottheit einfach sei und eine einige einfache Wirksamkeit habe, die gut ist und in Allen Alles wirkt, gleich dem Strahle der Sonne, der Alles erwärmt und in Jedem nach seiner natürlichen Empfänglichkeit und Aufnahms-Fähigkeit wirkt, indem er von dem schaffenden Gott diese Wirksamkeit empfangen hat.

---

[1] Dionys. c. 2 von den göttlichen Namen. — Greg. v. Naz. Rede 37 und 45.

(Was zur Menschwerdung gehört, ist unterschieden, und nur Sache des Sohnes.)

Unterschieden aber ist Alles, was zur göttlichen und menschenfreundlichen Fleischwerdung des göttlichen Wortes gehört. Denn hieran hat weder der Vater noch der Geist irgendwie einen Antheil, ausser in Bezug auf das Wohlgefallen und die unaussprechliche Wunderwirkung, welche auch der uns gleich gewordene Gott das Wort vollbracht hat als unwandelbarer Gott und Sohn Gottes.[1]

II. Von den körperlichen Ausdrucksweisen bei Gott.

Da wir aber in der heiligen Schrift sehr Vieles von Gott auf körperliche Weise symbolisch gesagt finden, so muß man wissen, daß wir, die wir Menschen sind und mit diesem groben Fleische bekleidet sind, die göttlichen, erhabenen und immateriellen Thätigkeiten der Gottheit nicht denken oder sagen können, wenn wir nicht uns angemessener Bilder, Typen und Symbole bedienen.[2] Was immer also von Gott körperhaft gesagt ist, ist symbolisch gesprochen, es hat aber einen höheren Sinn; denn einfach ist die Gottheit und gestaltlos. Unter den Augen Gottes also und den Wimpern und dem Gesichte müssen wir seine Alles übersehende Kraft und die Untrüglichkeit seiner Erkenntniß verstehen, weil nämlich bei uns durch diesen Sinn eine vollkommenere Erkenntniß und Bezeugung stattfindet; unter den Ohren und dem Gehör seine Erbarmung und das Aufnahms-Vermögen unseres Flehens. Denn auch wir sind Denen, die uns anflehen, durch diesen Sinn wohlwollend, freundlich ihnen das Ohr zuneigend; unter dem Mund und

---

1) Greg. v. Naz. Rede 24. Dionys. c. 2 von den göttlichen Namen.
2) Dionys. c. 1 von den göttlichen Namen und c. 15 von der himmlischen Hierarchie.

dem Reden den Ausdruck seines Willens, weil bei uns durch Mund und Reden die Gedanken des Herzens ausgedrückt werden; unter Speise und Trank unsere Uebereinstimmung mit seinem Willen; denn auch wir sättigen durch den Geschmackssinn das nothwendige Begehren der Natur; unter Geruch die Wahrnehmung des Andenkens und der Hingebung[1]) an ihn, da bei uns durch diesen Sinn die Wahrnehmung des Wohlgeruchs geschieht; unter Angesicht die Kundgebung und Aufweisung seiner Werke, weil unsere Aufweisung durch das Angesicht geschieht; unter den Händen das Vollziehende seiner Wirksamkeit, denn auch wir vollbringen das Nützliche und besonders Kostbare mit unseren Händen; unter der Rechten seine Hilfe zu rechter Zeit, weil auch wir besonders bei Dem, was anständiger und geehrter ist und größerer Kraft bedarf, uns der Rechten bedienen; unter der Betastung seine genaueste Erkenntniß und Betreibung der sehr feinen und verborgenen Dinge, weil bei uns Diejenigen, die wir betasten, Nichts in sich verbergen können; unter den Füßen und dem Schreiten seine Ankunft und Erscheinung zur Hilfe der Bedürftigen oder zur Bestrafung der Feinde oder einer andern Handlung, weil bei uns das Herzukommen durch den Gebrauch der Füße stattfindet; unter seinem Schwure die Unveränderlichkeit seines Rathschlusses, weil bei uns die gegenseitigen Verträge durch einen Schwur befestigt werden; unter Zorn und Unmuth seine Feindschaft und Abneigung gegen das Böse, denn auch wir zürnen aus Haß gegen das unserer Gesinnung Entgegengesetzte;[2]) unter Vergessenheit, Schlaf und Schlummer die Verzögerung der Bestrafung der Feinde und den Aufschub der gewohnten Hilfe gegen die Seinigen; und um es kurz zu sagen, Alles, was auf körperliche Weise von Gott gesagt ist, hat einen verborgenen Sinn, der uns durch Das,

---

1) Statt $\alpha\pi o\delta\varepsilon\iota\varkappa\tau\iota\varkappa\grave{o}\nu$ $\tau\tilde{\eta}\varsigma$ $\dot{\varepsilon}\nu\nu o\iota\alpha\varsigma$ $\varkappa\alpha\grave{\iota}$ $\varepsilon\grave{\upsilon}\nu o\iota\alpha\varsigma$ wird es wohl heissen sollen $\alpha\pi o\delta\varepsilon\varkappa\tau\iota\varkappa\grave{o}\nu$ $\tau\tilde{\eta}\varsigma$ $\dot{\varepsilon}\nu\nu$. $\varkappa$. $\varepsilon\grave{\upsilon}\nu o\iota\alpha\varsigma$.

2) Greg. v. Naz. Rede 37.

was uns gemäß ist. Das lehrt, was über uns ist, wenn nicht Etwas von dem körperlichen Erdenwandel Gottes des Wortes gesagt ist. Denn er hat den ganzen Menschen unseres Heiles wegen angenommen, eine denkende Seele und einen Leib und die Eigenheiten der menschlichen Natur und die natürlichen und untadelhaften Affekte.

12. Über das Nämliche.

(Die von den Geschöpfen hergenommenen Namen Gottes.)

Das also lernen wir aus den heiligen Aussprüchen, wie Dionysius der Areopagite sagt,[1] daß Gott der Grund und Anfang von Allem ist, die Wesenheit der Wesen, das Leben der Lebendigen, die Vernunft der Vernünftigen, der Verstand der Verständigen, der von ihm Abgefallenen Zurückrufung und Auferstehung, der das Naturgemäße Verderbenden Erneuerung und Umbildung, der von einem unheiligen Treiben Bewegten heilige Festigkeit, der Stehenden Sicherheit und der zu ihm sich Erhebenden Weg und emporleitende Führung; ich will aber hinzusetzen: auch der von ihm Geschaffenen Vater; denn im höheren Sinne ist Gott unser Vater, der uns aus dem Nichtsein in's Dasein rief, als unsere Erzeuger, die von ihm sowohl das Sein als das Zeugen empfangen haben;[2] der ihm Folgenden und von ihm Geweideten Hirt, der an's Licht [zur Taufe] Kommenden Erleuchtung; derer, die eingeweiht werden, Weihungsgrund; derer, die vergottet werden, Grund der Vergottung; der Entzweiten Friede; der einfach Werdenden Einfachheit, der sich Einigenden Einigkeit; alles Anfangs überwesentlicher, weil überanfänglicher Anfang; und seines Verborgenen oder seiner Erkenntniß, wie es für Jeden recht und erreichbar ist, gütige Mittheilung.

---

1) Dionys. c. 1 von den göttlichen Namen.
2) Athan. orat. 2. contra Arianos. — Cyrill. thes. assert. 13.

Weiteres über die göttlichen Namen genauer.[1])

(Die Wesenheit Gottes an sich ist uns unbekannt und unnennbar, die Namen Gottes von den Geschöpfen her.)

Da die Gottheit unbegreiflich ist, wird sie gewiß auch namenlos sein. Da wir also ihre Wesenheit nicht kennen, so wollen wir auch nicht fragen nach dem Namen ihrer Wesenheit. Denn die Namen bezeichnen die Sachen;[2]) aber Gott, der gut ist und zur Mittheilung seiner Güte uns aus dem Nichtsein in's Dasein rief und uns Erkenntniß verlieh, gab uns, wie keinen Antheil an seiner Wesenheit, so auch keinen an der Erkenntniß seiner Wesenheit. Denn unmöglich kann eine Natur die über Alles erhabene Natur vollkommen erkennen.[3]) Wenn es aber auch Erkenntnisse des Seienden gibt, wie soll das Überseiende erkannt werden? Aus unsäglicher Güte nun gefiel es ihm, nach Dem, was uns gemäß ist, sich nennen zu lassen, damit wir seiner Erkenntniß nicht gänzlich untheilhaftig seien, sondern ein, wenn auch dunkles Verständniß von ihm haben. Sofern er also unbegreiflich ist, ist er auch unbenennbar; sofern er aber Ursache von Allem ist und die Begriffe und Ursachen alles Seienden in sich faßt, wird er nach Allem, was ist, benannt, auch nach dem Entgegengesetzten, wie z. B. nach Licht und Finsterniß, Wasser und Feuer, damit wir wissen, daß er das nicht der Wesenheit nach ist, sondern er ist überwesentlich und unaussprechlich; als Ursache aber alles Seienden wird er nach allem Verursachten benannt.

(Die verneinenden und bejahenden Namen. Welche Namen passender sind. Das Schlechte ist nichtseiend, das Gute

---

1) Das Folgende, obwohl unzweifelhaft ächt, findet sich in den älteren Handschriften nicht, in einigen auch an anderer Stelle, nämlich nach dem 2. Kapitel des 2. Buches oder nach dem 9. Kapitel des 4. Buches.
2) Greg. v. Naz. Rede 36.
3) Dionys. c. 1 von den göttlichen Namen.

seiend. Gemischte Namen Gottes. Bejahung mit der Bedeutung einer überschwenglichen Verneinung.)

Daher werden von den göttlichen Namen die einen verneinend ausgesagt, das Ueberwesenheitliche bezeichnend, wie unwesenheitlich, zeitlos, anfangslos, unsichtbar, nicht als ob er geringer wäre als Etwas oder als ob ihm Etwas fehlte; denn sein ist Alles und aus ihm und durch ihn geworden und in ihm besteht es;[1] sondern weil er über alle Wesen überschwenglich erhaben ist; denn er ist Nichts von Dem, was ist, sondern über Allem. Die bejahend gesagten aber werden von ihm ausgesagt als der Ursache von Allem. Als Ursache nämlich alles Seienden und aller Wesenheit heißt er auch „seiend" und Wesenheit; und als Ursache aller Vernunft und Weisheit, alles Vernünftigen und Weisen heißt er auch Vernunft und vernünftig und Weisheit und weise, desgleichen Verstand und verständig, Leben und lebendig, Macht und mächtig und ebenso auch in allem Uebrigen; vielmehr aber wird er nach dem Höheren und ihm näher Stehenden angemessener benannt. Höher aber ist das Immaterielle als das Materielle, das Reine als das Schmutzige, das Heilige als das Fluchbeladene, und steht ihm näher, da es auch mehr an ihm Theil hat. Angemessener also wird er vielmehr Sonne und Licht genannt werden als Finsterniß, und Tag als Nacht, und Leben als Tod, und Feuer, Luft und Wasser (als zum Leben gehörig) als Erde, und vor Allem mehr Güte als Schlechtigkeit, oder, was Dasselbe ist, mehr seiend als nicht seiend; denn das Gute ist Existenz und Existenzgrund, das Böse aber Beraubung [Mangel] an Güte oder Existenz. Das nun sind die Verneinungen und Bejahungen; am lieblichsten aber ist auch die Verbindung aus beiden, wie z. B. die überwesenheitliche Wesenheit, die übergöttliche Gottheit, der überanfängliche Anfang und dergleichen. Es gibt aber auch gewisse bejahende Aussagen von Gott, welche die Bedeutung einer überschweng-

---

[1] Koloss. 1, 17.

lichen Verneinung haben, wie z. B. Finsterniß, nicht als ob Gott Finsterniß wäre, sondern weil er kein Licht ist, sondern über dem Lichte.

(Die gemeinsamen und die jeder Person eigenthümlichen Namen.)

Es wird also Gott Verstand genannt und Wort und Geist und Weisheit und Macht, als Ursache von diesen und als immateriell und als allwirksam und allmächtig.[1]) Und Dieses wird gemeinsam ausgesagt von der ganzen Gottheit, sowohl die Verneinungen als die Bejahungen, und von jeder der Personen der heiligen Dreieinigkeit gleichmäßig und auf dieselbe Weise und ohne Unterschied. Denn wenn ich an eine der Personen denke, so weiß ich, daß sie vollkommener Gott ist, vollkommene Wesenheit; wenn ich aber die drei zusammenfasse und zusammenzähle, so weiß ich sie als einen vollkommenen Gott. Denn nicht zusammengesetzt ist die Gottheit, sondern in drei Vollkommenen ein ungetheiltes und unzusammengesetztes Vollkommenes. Wenn ich aber an das wechselseitige Verhältniß der Personen denke, so weiß ich, daß der Vater überwesentliche Sonne ist, Quelle der Güte, Abgrund von Wesenheit, Begriff [Wort], Weisheit, Macht, Licht, Gottheit; erzeugende und hervorbringende Quelle des in ihr verborgenen Guten. Er ist also Verstand, Abgrund von Vernunft (λόγου), Erzeuger des Wortes und durch das Wort Hervorbringer des offenbarenden Geistes, und, um nicht Vieles zu sagen, nichts Anderes ist Wort, Weisheit, Macht, Wille des Vaters außer der Sohn, welcher die einzige Macht des Vaters ist, die der Erschaffung von Allem vorangeht, die so als vollkommene Person aus einer vollkommenen Person gezeugt ist, wie er selbst es weiß, welcher Sohn ist und heißt. Der heilige Geist aber ist die das Verborgene der Gottheit offenbarende Macht des Vaters, die aus dem Vater durch

---

1) Dionys. von den göttlichen Namen c. 5.

den Sohn hervorgeht, wie er selbst es weiß, nicht zeugungsweise; darum ist auch der heilige Geist der Vollender der Erschaffung von Allem. Was immer nun auf den Vater, den Urgrund, die Quelle, den Erzeuger paßt, ist dem Vater allein zuzuschreiben; was immer aber auf das Begründete, das Erzeugte, den Sohn, das Wort, die vorangehende Macht, den Willen, die Weisheit — dem Sohne; was immer aber auf die begründete, ausgehende, offenbarende, vollendende Macht — dem heiligen Geiste. Der Vater ist Quelle und Grund des Sohnes und heiligen Geistes, Vater aber nur des Sohnes und Hervorbringer des heiligen Geistes. Der Sohn ist Sohn, Wort, Weisheit, Macht, Bild, Abglanz, Ebenbild des Vaters und aus dem Vater. Nicht Sohn aber des Vaters ist der heilige Geist, sondern Geist des Vaters, als vom Vater ausgehend; denn keine Bethätigung ist ohne den heiligen Geist; aber auch des Sohnes Geist ist er, nicht als aus ihm,[1] sondern als durch ihn vom Vater ausgehend. Denn Grund ist nur der Vater.

13. Über den Ort Gottes, und daß Gott allein unbegrenzt ist.

(Der Ort ist körperlich.)

Der Ort ist körperlich, Grenze des Umgebenden, sofern das Umgebene umgeben wird;[2] wie z. B. die Luft umgibt, der Körper aber umgeben wird; nicht ganz aber ist die umgebende Luft, Ort des umgebenen Körpers, sondern das Ende der umgebenden Luft, welches den umgebenen Körper berührt. Jedenfalls aber ist das Umgebende nicht in dem Umgebenen.

(Geistiger Ort. Gott ist nicht an einem Orte. Der Ort Gottes ist bildlich.)

Es gibt aber auch einen geistigen Ort, wo die unkör-

---

1) S. oben S. 54 Anmerkung 1.
2) Aristot. 4. B. der Physik c. 4.

perliche Natur gedacht wird und ist, wo sie nämlich zugegen ist und wirkt, nicht körperlich umgeben wird, sondern geistig. Denn sie hat keine Gestalt, um körperlich umfaßt zu sein. Gott also ist, da er immateriell ist und unbeschränkt, nicht an einem Orte; denn er selbst ist sein Ort, da er Alles erfüllt und über Allem ist und er selbst Alles zusammenhält.[1]) Man sagt aber auch, er sei an einem Orte, und Ort Gottes heißt der, wo seine Wirksamkeit offenbar wird. Denn er selbst durchdringt Alles ohne Vermischung und theilt Allem von seiner eigenen Wirksamkeit mit, nach der Empfänglichkeit und Aufnahmsfähigkeit eines Jeden, nämlich nach der natürlichen sowohl als der Willens-Reinheit. Denn reiner ist das Immaterielle als das Materielle und das Tüchtige als das mit Schlechtigkeit Behaftete. Ort Gottes wird also der genannt, welcher mehr Theil-hat an seiner Wirksamkeit und Gnade. Darum ist der Himmel sein Thron. Denn in ihm sind die seinen Willen thuenden und ihn allzeit preisenden Engel;[2]) da ist seine Ruhestätte, die Erde aber ist der Schemel seiner Füße,[3]) denn auf ihr ist er im Fleische mit den Menschen verkehrt.[4]) Fuß Gottes aber ist sein heiliges Fleisch genannt. Es heißt aber auch die Kirche Ort Gottes; denn diesen haben wir zu seiner Lobpreisung als ein Heiligthum ausgesondert, an welchem wir auch unser Flehen an ihn richten. Deßgleichen werden auch Orte, an welchen uns seine Wirksamkeit offenbar wird, sei es im Fleische, sei es ohne Körper, Orte Gottes genannt.

Man muß aber wissen, daß die Gottheit untheilbar ist so daß sie ganz auf ganze Weise überall ist und nicht ein Theil theilweise auf körperliche Art getrennt ist, sondern ganz in Allem und ganz über Allem.

(Vom Orte des Engels und der Seele. Vom Umschriebensein.)

Der Engel aber ist zwar nicht körperlich in einem Orte

---

1) Greg. v. Naz. Rede 34.
2) Isai. 6, 1 u. f. — 3) Isai. 66, 1. — 4) Baruch 3, 38.

enthalten, so daß er Figur und Gestalt hätte; dennoch sagt man, er sei an einem Orte, weil er geistig zugegen ist und wirkt gemäß seiner Natur, und er sei nicht anderswo, sondern werde da geistig umschrieben, wo er auch wirkt. Er kann nämlich nicht zugleich an verschiedenen Orten wirken, denn nur Sache Gottes ist es, allenthalben zugleich zu wirken. Denn der Engel wirkt durch die Schnelligkeit seiner Natur und durch den raschen oder schnellen Uebergang an verschiedenen Orten, die Gottheit aber, die allenthalben ist und über Allem, wirkt zugleich auf verschiedene Weise durch eine einzige und einfache Thätigkeit.

Die Seele aber ist mit dem ganzen Leibe verbunden und nicht ein Theil theilweise; und sie wird nicht von ihm umfaßt, sondern umfaßt ihn, wie Feuer das Eisen, und wirkt als in ihm seiend ihre eigenen Thätigkeiten.

(Gott allein ist unumschrieben.)

Umschrieben ist, was von Ort, Zeit oder Begriff umfaßt ist; unumschrieben aber, was in keinem von diesen enthalten ist. Unumschrieben ist also nur die Gottheit, da sie ohne Anfang und Ende ist und Alles umfaßt und von keinem Begriffe umfaßt wird;[1] denn sie allein ist unbegreiflich und undefinirbar und von Niemand erkannt, nur sie selbst aber erkennt sich. Der Engel aber ist sowohl von der Zeit umschrieben, denn er hat zu sein angefangen, als vom Orte, wenn auch geistig, wie vorher gesagt, als vom Begriffe; denn sie kennen doch wohl die Natur von einander und werden auch vollkommen von dem Schöpfer begrenzt; die Körper aber sowohl durch Anfang und Ende als körperlichen Ort und Begriff.

(Folgerungen von Gott dem Vater, dem Sohne und heiligen Geiste.)

Unwandelbar also durchaus ist die Gottheit und unver-

---

1) Greg. v. Naz. Rede 44.

änderlich. Denn Alles, was nicht bei uns steht, hat sie durch die Vorsehung vorherbestimmt, jedes nach seiner eigenen und angemessenen Zeit und dem Orte. Und demnach „richtet der Vater Niemand, sondern alles Gericht übergab er dem Sohne".[1]) Es richtet nämlich der Vater natürlich und der Sohn als Gott, und auch der heilige Geist; der Sohn aber wird selbst als Mensch körperlich herabkommen und sitzen auf dem Throne der Herrlichkeit; denn Sache eines umschriebenen Körpers ist das Herabkommen und der Thronsitz, und er wird die ganze Welt richten in Gerechtigkeit.

Alles steht ferne von Gott, nicht dem Orte, sondern der Natur nach. Bei uns kommen und gehen Besonnenheit, Weisheit und Rath als eine Beschaffenheit ($ἕξις$), nicht aber bei Gott, denn bei ihm entsteht und vergeht Nichts; denn er ist unveränderlich und unwandelbar; und man kann bei ihm von keinem Accidens reden; denn die Güte ist mit seinem Wesen verbunden. Wer allzeit nach Gott verlangt, der sieht ihn; denn in Allem ist Gott; denn an dem Seienden hängt das Seiende, und es kann Nichts sein, wenn es nicht in dem Seienden das Sein hat. Mit allen Dingen ist Gott verbunden, als ihre Natur zusammenhaltend, mit seinem heiligen Fleische aber ist Gott das Wort hypostatisch geeint und ohne Vermischung mit dem unsrigen verbunden.

Niemand sieht den Vater ausser der Sohn und der Geist.[2])

Wille und Weisheit und Macht des Vaters ist der Sohn; denn man darf bei Gott von keiner Beschaffenheit [Qualität] reden, damit wir ihn nicht zusammengesetzt nennen aus Wesenheit und Beschaffenheit.

Der Sohn ist aus dem Vater, und Alles, was er hat, hat er von ihm; darum kann er auch von sich selbst Nichts

---

1) Joh. 5, 22. — 2) Joh. 6, 46.

thun;"¹) denn er hat keine besondere Thätigkeit neben dem Vater.²)

Daß aber Gott, obwohl er seiner Natur nach unsichtbar ist, sichtbar wird durch seine Wirksamkeiten, erkennen wir aus dem Bestande und der Regierung der Welt.³)

Bild des Vaters ist der Sohn und des Sohnes der Geist, durch welchen Christus durch seine Einwohnung im Menschen ihm die Ebenbildlichkeit verleiht.⁴)

Der heilige Geist ist Gott, in der Mitte stehend zwischen dem Ungezeugten und Gezeugten, und durch den Sohn mit dem Vater verbunden. Er heißt Geist Gottes, Geist Christi, Verstand Christi, Geist des Herrn, selbst Herr, Geist der Adoption, der Wahrheit, der Freiheit; denn er ist der Bewirker von all Diesem, der Alles durch seine Wesenheit erfüllt, Alles zusammenhält, die Welt erfüllt der Wesenheit nach, der Welt unzugänglich ist der Macht nach.

Gott ist ewige und identische Wesenheit, Schöpfer der Dinge, in frommer Betrachtung angebetet.

Gott der Vater, der immer Seiende, ist ungezeugt, als von Keinem gezeugt, zeugend aber den gleichewigen Sohn; Gott ist auch der Sohn, der immer zugleich mit dem Vater Seiende, zeitlos, ewig, ohne Fluß und Leiden und Trennung von ihm gezeugt. Gott ist auch der heilige Geist, die heiligende, in sich bestehende Macht, vom Vater ohne Trennung ausgehend und im Sohne ruhend, wesensgleich mit dem Vater und Sohne.

(Verschiedene Bedeutungen des „Wortes".)

„Wort" ist der wesenhaft mit dem Vater immer zugleich Seiende. „Wort" ist dann auch die natürliche Thätigkeit des Verstandes, wonach er thätig ist und denkt und urtheilt,

---

1) Joh. 5, 30.
2) Greg. v. Naz. Rede 36.
3) Weish. 12, 5.
4) Basil. lib. V. cont. Eunom.
5) Greg. v. Naz. Rede 37.

indem es gleichsam sein Licht und Abglanz ist. „Wort" ist ferner das innerliche, im Herzen gesprochene. Und wieder ist „Wort" (das geäusserte) der Bote des Gedankens. Gott das Wort also ist wesenhaft und persönlich [subsistirend], die übrigen drei „Worte" aber sind Kräfte der Seele, ohne eigene Subsistenz, von welchen das erste ein natürliches Erzeugniß des Verstandes ist, auf natürliche Weise immer aus ihm quellend; das zweite heißt innerliches, das dritte aber ausgesprochenes.

(Verschiedene Bedeutungen von „Geist".)

Geist aber wird verschiedentlich verstanden: erstens der heilige Geist; es heissen aber auch die Kräfte des heiligen Geistes Geister. Geist ist auch der gute Engel, Geist auch der Dämon, Geist auch die Seele; bisweilen wird auch der Verstand Geist genannt, Geist auch der Wind, Geist auch die Luft.

14. Von den Eigenschaften der göttlichen Natur.

Das Ungeschaffensein, die Anfangslosigkeit, Unsterblichkeit, Unendlichkeit, Ewigkeit, Immaterialität, Güte, Schöpferkraft, Gerechtigkeit, Lichtspendung, Unwandelbarkeit, Leidenslosigkeit, Unumschriebenheit, Unzugänglichkeit, Unumschränktheit, Unbegrenztheit, Unsichtbarkeit, Unausdenkbarkeit, Bedürfnißlosigkeit, Selbstherrlichkeit und Freiheit, Allbeherrschung, Lebensspendung, Allmacht, Machtvollkommenheit, Heiligung und Mittheilung, die Umfassung und Zusammenhaltung von Allem und die Vorsehung über Alles — all Das und Dergleichen hat die Gottheit von Natur, indem sie es nicht anderswoher bekömmt, sondern selbst ihren Geschöpfen alles Gute mittheilt nach der Aufnahmsfähigkeit eines jeden.

Die Personen weilen und wohnen in einander, denn sie sind unzertrennlich und gehen nicht auseinander, da sie ohne Vermischung einander durchdringen, nicht so, daß sie verfließen und sich vermischen, sondern so, daß sie zusammenhängen; denn der Sohn ist im Vater und Geiste, und der Geist ist im Vater und Sohne, und der Vater im Sohne und Geiste, ohne daß eine Zerfließung, Verschmelzung oder Vermischung stattfände.¹) Und Eins und identisch ist ihre Bewegung, denn die Erhebung und Bewegung der drei Personen ist eine einzige, was man an der geschaffenen Natur nicht bemerken kann.

So bleibt auch die göttliche Erleuchtung und Wirksamkeit, als einzig, einfach und ungetheilt, auch wenn sie in den getheilten Dingen verschiedentliche Güter wirkt und allen Das zutheilt, was ihre eigene Natur constituirt, einfach, indem sie ungetheilt in den getheilten sich vervielfältigt und das Getheilte zu seiner eigenen Einfachheit versammelt und hinwendet.²) Denn Alles verlangt nach ihr und hat in ihr seine Existenz, und sie verleiht Allem, so wie es seine Natur ist, das Sein; und sie selbst ist das Sein der Seienden, das Leben der Lebendigen, die Vernunft der Vernünftigen und die Intelligenz der Intelligirenden, während sie selbst über Verstand, über Vernunft, über dem Leben und über dem Sein ist.

(Alles ist Gott gegenwärtig.)

Ferner aber auch geht sie ohne Vermischung durch Alles hindurch, durch sie aber Nichts; auch erkennt sie Alles in einfacher Erkenntniß und sieht mit ihrem göttlichen allschauenden und immateriellen Auge auf einfache Weise Alles, das Gegenwärtige, das Vergangene und Künftige, bevor es geschieht.³) Sie ist ohne Sünde und erläßt Sünden und rettet; und sie kann Alles, was sie will, nicht aber will sie Alles, was sie kann; denn sie kann die Welt verderben, will es aber nicht.⁴)

---

1) Greg. v. Naz. Rede 1, 13, 40.
2) Dionys. c. 5 von den göttlichen Namen.
3) Dan. 12, 42.
4) Greg. v. Naz. Rede 40.

Zweites Buch.

1. Vom Aeon.¹)

(Zeitalter, Weltalter, Ewigkeit.)

Der hat die Weltalter (Aeonen) gemacht, welcher vor den Weltaltern existirt, zu welchem der göttliche David sagt:²) „Von Ewigkeit (Aeon) bis in Ewigkeit bist du" und der göttliche Apostel:³) „Durch ihn hat er auch die Weltalter gemacht."

Man muß also wissen, daß der Name Aeon mehrdeutig ist, denn er bedeutet vielerlei. Aeon (Lebensalter) nämlich heißt auch das Leben eines jeden der Menschen; ferner heißt Aeon die Zeit von tausend Jahren;⁴) wiederum heißt Aeon das ganze gegenwärtige Leben, der künftige Aeon aber das endlose Leben nach der Auferstehung;⁵) ferner

---

1) Da „Aeon" vieldeutig ist, wie sogleich erklärt wird, müssen wir im Deutschen die Ausdrücke wechseln, wo im Griechischen immer derselbe ist.
2) Pf. 89, 2. — 3) Hebr. 1, 2.
4) Aristot. lib. I. de coelo, text. 100.
5) Matth. 12, 32; Luk. 29, 34.

heißt Aeon nicht eine Zeit oder ein durch den Umschwung und Lauf der Sonne gemessener und aus Tagen und Nächten bestehender Zeittheil, sondern die in die Ewigkeit sich erstreckende gleichsam zeitliche Bewegung und Ausdehnung.[1]) Denn was für das unter die Zeit Fallende die Zeit, das ist für das ewig Dauernde der Aeon.

Man zählt nun sieben Weltalter dieser Welt, d. h. von Erschaffung des Himmels und der Erde bis zur allgemeinen Vollendung und Auferstehung der Menschen. Eine theilweise Vollendung nämlich ist der Tod eines Jeden, es gibt aber auch eine allgemeine, wann die allgemeine Auferstehung der Menschen stattfinden wird. Das achte Weltalter aber ist das künftige (vom Weltende in alle Ewigkeit).

Vor der Gründung der Welt aber, als auch noch keine Tag und Nacht unterscheidende Sonne war, war kein meßbares Weltalter,[2]) sondern eine mit dem Ewigen gleichlaufende gleichsam zeitliche Bewegung und Dauer; und in dieser Hinsicht gibt es nur einen Aeon [Ewigkeit], wonach auch Gott weltalterlich, aber auch vorweltalterlich genannt wird, denn er hat das Weltalter selbst gemacht. Denn da Gott allein anfangslos ist, ist er selbst der Urheber von Allem, der Weltzeiten und aller Dinge. Wenn ich aber „Gott" sage, so meine ich natürlich den Vater und seinen eingebornen Sohn, unsern Herrn Jesum Christum und seinen allheiligen Geist, als unseren alleinigen Gott.

Man spricht aber auch von Weltaltern der Weltalter ($\alpha i\tilde{\omega}\nu\varepsilon\varsigma$ $\alpha i\acute{\omega}\nu\omega\nu$ = saecula saeculorum), inwiefern auch die sieben Weltalter der gegenwärtigen Welt viele Weltalter oder Menschenleben umfassen und der eine Aeon alle Aeonen in sich faßt; und Weltalter des Weltalters heißt sowohl das gegenwärtige als das künftige. Ewiges Leben aber und ewige Strafe bezeichnet die Endlosigkeit des künftigen Weltalters. Es wird ja auch nach der Auferstehung

---

1) Greg. v. Naz. Rede 35, 38 und 42.
2) Das. Rede 44.

die Zeit nicht nach Tagen und Nächten gerechnet, sondern es wird vielmehr ein Tag ohne Abend sein, da die Sonne der Gerechtigkeit den Gerechten hell leuchtet; für die Sünder aber wird eine endlose tiefe Nacht sein. Wie also wird die tausendjährige Zeit der Origenistischen Wiederbringung gezählt werden? Aller Weltalter alleiniger Urheber also ist Gott, der auch Alles geschaffen hat und vor den Weltaltern existirt.

2. Von der Erschaffung.

(Grund der Schöpfung die Güte Gottes. Das Schaffen ein göttliches Denken.)

Da also der gute und übergute Gott nicht genug hatte an der Anschauung seiner selbst, sondern aus Überfluß der Güte wollte, daß Etwas werde, dem er wohl thue, und das an seiner Güte theilnehmen könnte, bringt er Alles aus dem Nichtsein in das Sein hervor und schafft es, das Unsichtbare und Sichtbare und den aus Sichtbarem und Unsichtbarem zusammengesetzten Menschen. Er schafft aber, indem er denkt, und der Gedanke subsistirt als Werk, durch das Wort vollbracht und durch den Geist vollendet.[1]

3. Von den Engeln.

(Erschaffung und Natur der Engel.)

Er selbst ist der Urheber und Schöpfer der Engel, der sie aus dem Nichtsein ins Sein rief und sie nach seinem Bilde schuf, eine unkörperliche Natur, wie ein Wind [Geist] und stoffloses Feuer, wie der göttliche David sagt:[2] „Der seine Engel zu Winden macht und seine Diener zur Feuerflamme," indem er die Leichtigkeit, Feurigkeit, Hitze, Rasch-

---

[1] Greg. theolog. Rede 38, 42; Dionys. c. 4 von der kirchlichen Hierarchie.
[2] Pj. 103, 4.

beit und Schnelligkeit im göttlichen Auftrag und Dienste beschreibt, sowie ihr Emporstreben und ihre Freiheit von aller Stofflichkeit.¹)

(Der Engel ist unkörperlich.)

Der Engel ist also eine denkende, allzeit thätige, mit freiem Willen begabte, unkörperliche Wesenheit, die Gott dient und in ihrer Natur die Unsterblichkeit aus Gnade empfangen hat, deren Wesens- und Formbestimmtheit der Schöpfer allein kennt. Er heißt aber unkörperlich und immateriell im Vergleich mit uns; denn verglichen mit Gott, dem allein unvergleichlichen, wird Alles als grob und materiell erfunden, denn wahrhaft immateriell und unkörperlich ist nur die Gottheit.

(Der Engel hat freien Willen.)

Er ist also eine vernünftige, denkende, frei wollende und in Gesinnung oder Willen wandelbare Natur. Denn alles Geschaffene ist wandelbar, nur das Ungeschaffene ist unwandelbar. Und alles Vernünftige hat freien Willen; als eine vernünftige und denkende Natur also hat er freien Willen; als geschaffen aber ist er wandelbar und steht es in seiner Macht, sowohl im Guten zu bleiben und zuzunehmen als zum Bösen sich hinzuwenden.

(Der Engel ist der Bekehrung unfähig.)

Unfähig ist er der Bekehrung,²) weil er auch unkörperlich ist. Der Mensch nämlich hat wegen der Schwäche des Leibes [die Gnade der] Bekehrung erlangt.

(Der Engel ist nicht von Natur unsterblich, sondern durch Gnade.)

Unsterblich ist er nicht von Natur, sondern durch Gnade.

---

1) Greg. v. Naz. Rede 38.
2) Nemesius, de natura homin. c. 1.

Denn Alles, was angefangen hat, hat auch naturgemäß ein Ende. Nur Gott ist immer oder vielmehr sogar über dem „Immer". Denn nicht unter, sondern über der Zeit ist der Urheber der Zeiten.

(Die Engel sind Lichter.)

Die Engel sind secundäre geistige Lichter, die von dem ersten und anfangslosen Lichte erleuchtet werden und nicht der Sprache noch des Gehörs bedürfen, sondern ohne ausgesprochenes Wort einander ihre Gedanken und Willensbeschlüsse mittheilen.[1]

Durch das Wort also wurden alle Engel geschaffen und vom hl. Geiste durch die Heiligung vollendet, indem sie je nach ihrer Würde und ihrem Range der Erleuchtung und Gnade theilhaftig wurden.[2]

Sie sind umschrieben; denn wenn sie im Himmel sind, sind sie nicht auf der Erde; und wenn sie von Gott auf die Erde geschickt werden, bleiben sie nicht im Himmel; sie werden aber nicht beschränkt durch Mauern und Thüren, Schlösser und Siegel; denn sie sind unumschränkt. Unumschränkt aber nenne ich sie; denn nicht nach Dem, was sie sind, erscheinen sie den Würdigen, denen Gott sie erscheinen lassen will, sondern in anderer Gestalt, wie die Sehenden sie sehen können; denn unbeschränkt von Natur aus und im eigentlichen Sinn ist nur das Ungeschaffene. Denn jedes Geschöpf ist von Gott, der es geschaffen hat, beschränkt.

Die Heiligung haben sie von aussen her durch den heiligen Geist, da sie durch die göttliche Gnade prophezeien.[3] Eine Ehe haben sie nicht, da sie nicht sterblich sind.

Da sie aber Geister sind, sind sie auch an geistigen Orten, ohne körperlich umschrieben zu sein (denn sie haben

---

1) Greg. v. Naz. Rede 38.
2) Das. Rede 34.
3) Theodoret. epist. div. decr. c. 8.

ihrer Natur nach keine körperliche Gestalt noch Ausdehnung nach drei Dimensionen); sondern weil sie da, wo sie beauftragt sind, geistig zugegen sind und wirken und nicht zugleich da und dort sein und wirken können.

Ob sie in ihrer Wesenheit einander gleich oder verschieden sind, wissen wir nicht; das ist nur Gott bekannt, der sie geschaffen hat, der auch Alles weiß. Verschieden aber sind sie von einander an Licht und Stand, sei es, daß sie je nach dem Lichte ihren Stand haben oder je nach ihrem Stande am Lichte Theil haben; auch erleuchten sie einander wegen der Ueberordnung des Ranges oder der Natur.[1]) Natürlich aber theilen die Höheren den Untergeordneten das Licht und die Erkenntniß mit.

(Die Engel sind Beschützer der Menschen.)

Tüchtig und bereit sind sie zur Erfüllung des göttlichen Willens, und rasch von Natur finden sie sich überall schnell ein, wo der göttliche Wink es befiehlt, und bewachen die Theile der Erde; sie stehen Völkern und Orten vor, wie es ihnen vom Schöpfer befohlen ist, und besorgen unsere Angelegenheiten und helfen uns. Gewiß aber stehen sie nach dem göttlichen Willen und Befehl über uns und sind immer um Gott herum.[2])

Schwer beweglich sind sie zum Bösen, doch nicht unbeweglich; jetzt aber auch unbewegt nicht von Natur, aber durch Gnade und durch ihr Festhalten von dem allein Guten.[3])

(Die Speise der Engel.)

Sie schauen Gott, soweit es ihnen möglich ist, und das ist ihre Nahrung.

---

1) Dionys., von der kirchlichen Hierarchie c. 3. Greg. v. Naz. Rede 34.
2) Dionys. a. a. O. c. 9; Greg. v. Naz. Rede 34.
3) Greg. v. Naz. Rede 38.

Sie sind über uns, als unkörperlich und frei von aller körperlichen Leidenheit, doch nicht ganz leidenslos, denn nur die Gottheit ist leidenslos.

(Engelerscheinungen.)

Sie gestalten sich aber um zu Allem, was Gott der Herr befiehlt, und so erscheinen sie den Menschen und enthüllen ihnen die göttlichen Geheimnisse.

Sie weilen im Himmel und haben es als eine Arbeit, Gott zu preisen und seinem göttlichen Willen zu dienen.

(Rangstufen der Engel.)

Wie aber der höchst heilige und ehrwürdige und große Gottesgelehrte Dionysius der Areopagite sagt,[1]) die ganze Lehre von Gott oder die heilige Schrift hat neun himmlische Wesenheiten genannt. Diese unterscheidet der göttliche Religionslehrer in drei dreitheilige Rangstufen. Und die erste, sagt er, sei die immer um Gott seiende und nahe und unmittelbar mit ihm verbundene der sechsflügeligen Seraphim, der vieläugigen Cherubim und der hochheiligen Throne; die zweite die der Herrschaften, Mächte und Gewalten, die dritte und letzte aber die der Fürstenthümer, Erzengel und Engel.

(Wann die Engel geschaffen wurden.)

Einige nun meinen, daß sie vor aller Schöpfung wurden, wie Gregor der Theologe sagt:[2]) „Zuerst denkt er die englischen und himmlischen Mächte, und der Gedanke war ein Werk;" Andere aber, nach der Entstehung des ersten Himmels; daß aber vor der Bildung des Menschen, darin stimmen Alle überein. Ich aber schließe mich dem Theologen an. Es ziemte sich nämlich, daß zuerst die geistige Wesenheit geschaffen wurde, dann die sinnliche und zuletzt der aus beiden bestehende Mensch.

---

1) Dionys., von der göttlichen Hierarchie c. 6.
2) Greg. Rede 2.

(Die Engel sind nicht Schöpfer — gegen die Gnostiker.)

Diejenigen aber, welche sagen, die Engel seien Schöpfer von was immer für einer Wesenheit, sind ein Mund ihres Vaters, des Teufels. Denn da sie Geschöpfe sind, sind sie keine Schöpfer. Urheber aber und Vorseher und Erhalter von Allem ist Gott, der allein ungeschaffen ist, der im Vater, Sohne und heiligen Geist gepriesen und verherrlicht wird.

4. Vom Teufel und den Dämonen.

(Die Dämonen sind aus der niedersten Klasse der Engel. Das Böse ist Beraubung — gegen die Manichäer.)

Aus diesen englischen Mächten hat der Fürst der die Erde umgebenden Rangclasse, dem von Gott die Bewachung der Erde übergeben war, obwohl er von Natur nicht böse war, sondern gut und zum Guten geschaffen, und vom Schöpfer durchaus keine Spur von Schlechtigkeit in sich hatte, da er das Licht und die Ehre, die ihm der Schöpfer verliehen hatte, nicht bewahrte, durch freie Wahl aus der Naturgemäßheit sich in das Widernatürliche verkehrt und gegen seinen Schöpfer erhoben, um sich ihm zu widersetzen; und da er zuerst vom Guten abfiel, wurde er böse.[1] Denn das Böse ist nichts Anderes als eine Beraubung des Guten, wie auch die Finsterniß eine Beraubung des Lichtes ist. Denn das Gute ist ein geistiges Licht; ebenso ist auch das Böse eine geistige Finsterniß. Als Licht also von dem Schöpfer geschaffen und gut geworden (denn[2] Gott sah Alles, was er gemacht hatte, und sieh, es war sehr gut), ist er durch freien Willen böse geworden. Zugleich aber mit ihm riß sich los und folgte ihm und fiel mit ihm eine zahllose Menge der ihm untergeordneten Engel. Während sie also von derselben Natur sind wie die Engel, sind sie böse ge

---

[1] Greg. v. Nyss. Katech. c. 6.
[2] Gen. 1, 31.

worden, indem sie den Willen freiwillig vom Guten zum Bösen hinneigten.¹)

(Die Dämonen vermögen Nichts ohne Zulassung Gottes.)

Sie haben daher keine Gewalt gegen Jemand, noch eine Macht, wenn sie ihnen nicht von Gott heilsordnungsgemäß eingeräumt wird, wie von Job²) und wie von den Schweinen im Evangelium³) geschrieben steht. Wenn ihnen aber von Gott Erlaubniß gegeben wird, dann sind sie mächtig und verwandeln und verstalten sich, in welche Gestalt sie wollen, je nach Belieben.

(Wie die Engel das Künftige vorhersagen.)

Auch das Künftige wissen weder die Engel Gottes noch die Dämonen; dennoch sagen es die Engel voraus, wenn Gott es ihnen enthüllt und vorherzusagen befiehlt, weßhalb, was sie sagen, eintrifft; es sagen aber auch die Dämonen vorher, theils weil sie das weit Entfernte schauen, theils weil sie es vermuthen, weßhalb sie auch häufig lügen; und man darf ihnen nicht glauben, wenn sie auch oft auf die genannte Weise die Wahrheit sagen. Sie kennen aber auch die hl. Schriften.

(Sie können dem Menschen keine Gewalt anthun.)

Jegliche Bosheit nun ist von ihnen erdacht worden und die unreinen Affekte. Und es wurde ihnen zwar gestattet, dem Menschen zuzusetzen, zwingen aber können sie Niemand; denn an uns ist es, den Angriff aufzunehmen oder nicht.⁴) Darum ist dem Teufel und seinen Dämonen das unauslöschliche Feuer bereitet und die ewige Strafe,⁵) und ebenso Denen, die ihm folgen.

---

1) Quaest. ad Antioch. qu. 10.
2) Job 1, 12. — 3) Mark. 5, 13.
4) Siehe Jambl. de myst. sect. IV. c. 11.
5) Matth. 25, 41.

(Was für den Menschen der Tod, das ist für den Engel der Fall.)

Man muß aber wissen, daß, was für die Menschen der Tod ist, das für die Engel der Abfall ist. Denn nach dem Abfall gibt es für sie keine Buße, wie auch nicht für die Menschen nach dem Tode.¹)

5. Von der sichtbaren Schöpfung.

Unser Gott selbst, der in Dreiheit und Einheit gepriesen wird, hat den Himmel und die Erde geschaffen und Alles, was in ihnen ist,²) indem er Alles aus dem Nichtsein in das Sein hervorbrachte, das Eine nicht aus einer vorhandenen Materie, wie Himmel, Erde, Luft, Feuer, Wasser, das Andere aber aus diesen, die er selbst geschaffen hat, wie Thiere, Pflanzen, Samen. Denn diese sind aus Erde, Wasser, Luft und Feuer auf den Befehl des Schöpfers geworden.

6. Vom Himmel.

Der Himmel ist die Umfassung der sichtbaren und unsichtbaren Geschöpfe. Denn in ihm sind die geistigen Mächte der Engel und alle sinnlichen Dinge eingeschlossen und enthalten. Nur die Gottheit aber ist unumschrieben, Alles erfüllend, Alles umfassend und Alles umgrenzend, da sie über Allem ist und Alles geschaffen hat.

(Meinungen über die Natur des Himmels.)

Weil nun die Schrift von einem Himmel spricht und von einem Himmel des Himmels³) und von Himmeln der Himmel,⁴) und der selige Paulus sagt,⁵) er sei bis in den

---

1) Nemes. de nat. hom. c. 1.
2) Pj. 145, 6. — 3) Pj. 113, 16. — 4) Pj. 148, 4.
5) II. Kor. 15, 2.

dritten Himmel entrückt worden, so sagen wir, daß wir bei der Entstehung des Weltalls unter der Erschaffung des Himmels denjenigen verstehen, den die heidnischen Weisen, die Lehren des Moses sich aneignend, die sternlose Sphäre nennen. Ferner aber nannte Gott auch das Firmament Himmel,¹) den er in Mitte des Wassers entstehen ließ, indem er ihn bestimmte, die Grenze zu machen zwischen dem Wasser oberhalb des Firmamentes und zwischen dem Wasser unterhalb des Firmamentes. Die Natur von diesem [Himmel] nennt der heilige Basilius,²) durch die heilige Schrift belebrt,³) fein wie Rauch, Andere aber wässerig, als in der Mitte von Gewässern befindlich, Andere aus den vier Elementen bestehend, Andere einen fünften und von den vier [Elementen] verschiedenen Körper.⁴)

(Der Himmel kugelförmig.)

Einige nun nahmen an, der Himmel umfasse das All im Kreise und sei kugelförmig und sei ringsum der oberste Theil, das Mittel aber des von ihm umfaßten Raumes sei der unterste Theil, und die leichten und flüchtigen Körper hätten vom Schöpfer den oberen Platz bekommen, die schweren und niedersinkenden aber den unteren Raum, welcher in der Mitte ist. Das leichtere und emporsteigende Element nun ist das Feuer, von dem sie sagen, es sei gleich nach dem Himmel placirt; dieses nennen sie Aether, nach welchem weiter abwärts die Luft kommt. Die Erde aber und das Wasser, als schwerer und niedersinkend, seien in der Mitte befestigt, so daß einander gegenüber, unten die Erde und das Wasser ist (das Wasser aber ist leichter als die Erde, weßhalb es beweglicher ist als diese), oben aber ringsum im Kreise, wie ein Umwurf, die Luft, und ringsherum um die Luft der Aether, ausserhalb Allem aber im Umkreise der Himmel.

---

1) Gen. 1, 8.
2) Hom. 1. in Hexaëmer.
3) Js. 40, 22.
4) Basil. a. a. O.
5) Basil. hom. 3. in Hexaëmeron.

(Kreisbewegung des Himmels.)

Im Kreise aber, sagen sie, bewege sich der Himmel und halte Das, was innerhalb ist, zusammen, und so bleibe es fest und falle nicht.

(Die sieben Planeten und ihre Kreise.)

Sieben aber, sagen sie, seien Gürtel [Ringe] des Himmels, der eine höher als der andere; und er selbst sei von ganz feiner Natur, wie Rauch, und in jedem Gürtel sei einer der Planeten. Denn sieben Planeten zählen sie: Sonne, Mond, Jupiter, Merkur, Mars, Venus und Saturnus. Die Venus aber, sagen sie, sei bald Morgen- bald Abendstern. Planeten aber heissen sie, weil sie eine dem Himmel entgegengesetzte Bewegung haben; denn während der Himmel und die übrigen Gestirne sich von Aufgang gegen den Untergang bewegen, haben diese allein ihre Bewegung von Untergang gegen Aufgang. Und Das erkennen wir aus dem Monde, der allabendlich ein wenig rückwärts geht.

(Die oberen und untersten Theile der Welt.)

Alle Diejenigen also, welche den Himmel für kugelförmig erklären, sagen, er sei gleich weit von der Erde entfernt, sowohl von oben als nach den Seiten und von unten. Von oben aber und nach den Seiten, sage ich, in Bezug auf unsere Sinnes-Wahrnehmung, da in Wahrheit der Himmel von allen Seiten den oberen Raum einnimmt und die Erde den unteren. Und sie sagen, der Himmel drehe sich im Kreise um die Erde und trage in seiner höchst schnellen Bewegung zugleich Sonne, Mond und Sterne mit herum, und wenn die Sonne über der Erde ist, dann sei es hier Tag und unter der Erde Nacht; wenn aber die Sonne unter die Erde hinabgeht, dann sei es hier Nacht und dort Tag.

---

1) Basil. hom. 3 in Hex.

(Der Himmel als Halbkugel gedacht.)

Andere aber stellten sich den Himmel als Halbkugel vor, weil der gotterleuchtete David sagt:¹) „Der den Himmel ausspannt wie ein Fell," was soviel heißt als Zelt, und der selige Isaias:²) „Der den Himmel befestigt wie ein Gewölbe," und weil Sonne, Mond und Sterne, wenn sie untergehen, vom Untergang gegen Norden zu die Erde umkreisen und so wieder zum Aufgange gelangen.³) Doch, sei es auf diese oder auf jene Weise, Alles ist durch den göttlichen Befehl geworden und festgestellt und hat den göttlichen Willen und Beschluß zur unerschütterlichen Grundlage: „Denn er sprach, und sie wurden; er befahl, und sie wurden geschaffen; er stellte sie fest auf die Weltdauer und auf die Weltzeit der Weltzeit; er setzte die Anordnung fest, und sie wird nicht vergehen."⁴)

(Drei Himmel.)

„Himmel des Himmels" ist also der erste Himmel, der ober dem Firmamente ist.⁵) Siehe da zwei Himmel; denn auch das Firmament nannte Gott Himmel.⁶) Es pflegt aber die heilige Schrift auch die Luft Himmel zu nennen, weil sie oben gesehen wird. Denn „Preiset ihn", heißt es,⁷) „alle Vögel des Himmels", d. h. der Luft. Denn die Luft ist der Aufenthalt der Vögel und nicht der Himmel. Sieh da drei Himmel, die der heilige Apostel erwähnte.⁸) Wenn du aber auch die sieben [Planeten-]Gürtel für sieben Himmel nehmen willst, so thut das dem Worte der Wahrheit keinen Eintrag. Es pflegt aber auch die hebräische Sprache den Himmel in der Mehrheit „die Himmel" zu nennen. Indem sie also von dem Himmel des Himmels

---

1) Pf. 103, 3. — 2) Jf. 40, 22.
3) Chrysost. hom. 14 u. 17 ad Hebr.
4) Pf. 148, 5.
5) Greg. v. Nyss. de opif. hom.
6) Gen. 1, 8. — 7) Dan. 3, 89. — 8) II. Kor. 12, 2.

sprechen will, sagt sie „Himmel der Himmel", was der Himmel des Himmels bedeutet,¹) der ober dem Firmament ist, und „die Gewässer ober den Himmeln", indem die Luft und das Firmament, oder die Gürtel des Firmamentes, oder das Firmament nach dem hebräischen Sprachgebrauche in der Mehrheit „Himmel" genannt wird.

(Die Natur des Himmels vergänglich.)

Alles also, was entstanden ist, unterliegt naturgemäß der Vergänglichkeit,²) auch die Himmel; durch die Gnade Gottes aber werden sie erhalten und bewahrt.³) Nur die Gottheit ist ihrer Natur nach sowohl ohne Anfang als ohne Ende.⁴) Darum heißt es auch:⁵) „Sie werden vergehen, du aber bleibst." Doch werden die Himmel nicht gänzlich vergehen; denn „sie werden altern, und wie eine Decke werden sie gefaltet werden und sich ändern, und es wird ein neuer Himmel sein und eine neue Erde."⁶)

Vielmal aber ist der Himmel größer als die Erde. sond nach der Wesenheit des Himmels muß man nicht urschen, da sie für uns unerkennbar ist.

(Die Himmel sind nicht beseelt.)

Niemand aber halte die Himmel oder die Lichter für beseelt, denn sie sind ohne Seele und Empfindung.⁷) Wenn daher auch die heilige Schrift sagt:⁸) „Freuen sollen sich die Himmel und frohlocken die Erde," so fordert sie die Engel im Himmel und die Menschen auf Erden zur Freude auf. Es weiß aber die Schrift zu personifiziren und von dem Unbeseelten wie von Beseelten zu sprechen, wie z. B.:⁹)

---

1) Pf. 148, 14.
2) Plato im Timäus.
3) Basil. hom. 1 u. 3 in Hex.
4) Just. quaest. 93.
5) Pf. 101, 27. — 6) Apocal. 21, 1.
7) Basil. hom. 13 in Hex.
8) Pf. 95, 3. — 9) Pf. 113, 3.

„Das Meer sah es und floh; der Jordan kehrte sich rückwärts," und:¹) „Was ist dir, o Meer, daß du flohest, und dir, o Jordan, daß du dich rückwärts kehrtest?" Auch Berge und Hügel werden gefragt um die Gründe ihrer Freude, wie auch wir zu sagen pflegen: Die Stadt versammelte sich, womit wir nicht die Häuser bezeichnen wollen, sondern die Bewohner der Stadt; und²) „die Himmel erzählen die Herrlichkeit Gottes", nicht indem sie eine den sinnlichen Ohren hörbare Stimme von sich geben, sondern durch ihre Größe uns die Macht des Schöpfers darstellen, deren Schönheit betrachtend wir den Werkmeister und Künstler preisen. ³)

7. Vom Lichte, dem Feuer, den Lichtern, Sonne, Mond und Sternen.

(Das Feuer ein Element. Das Licht = Feuer oder Äther. Die Finsterniß Beraubung des Lichtes.)

Das Feuer ist eines der vier Elemente, leicht und mehr als die übrigen emporstrebend, brennend zugleich und leuchtend, am ersten Tage von dem Schöpfer geschaffen. Es sagt nämlich die heilige Schrift:⁴) „Und Gott sprach: Es werde Licht, und es ward Licht." Nichts Anderes ist das Feuer als das Licht, wie Einige sagen; Andere aber sagen, es [das Licht] sei das kosmische Feuer über der Luft, das sie Aether nennen. Im Anfange also, oder am ersten Tage, machte Gott das Licht, die Zierde und den Schmuck der ganzen sichtbaren Schöpfung. Denn nimm das Licht weg, und Alles bleibt unerkannt in der Finsterniß, ohne seine Schönheit zeigen zu können. „Es nannte aber Gott das Licht Tag, die Finsterniß aber nannte er Nacht." ⁵) Finsterniß aber ist keine Wesenheit, sondern ein Accidens, denn

---

1) Pf. 113, 5. — 2) Pf. 18, 1.
3) Basil. hom. 1 u. 3 in Hex.
4) Gen. 1, 3. — 5) Gen. 1, 5.

sie ist Beraubung des Lichtes. Denn die Luft hat das Licht nicht in ihrer Wesenheit.[1]) Das des Lichtes Beraubtsein der Luft also nannte Gott Finsterniß; und nicht die Wesenheit der Luft ist Finsterniß, sondern die Beraubung des Lichtes, was vielmehr ein Accidens anzeigt als eine Wesenheit. Es wurde aber nicht zuerst die Nacht genannt, sondern der Tag; daher ist zuerst der Tag, und hernach die Nacht. Es folgt also die Nacht dem Tage, und vom Beginne des Tages bis zum anderen Tage ist ein Tag. Es sagt ja die Schrift: „Und es wurde Abend und wurde Morgen, ein Tag."[2])

(Die ersten drei Tage, wo die Sonne nicht war. Dienst des Mondes und der Sterne bei Nacht.)

In den drei Tagen also, da auf den göttlichen Befehl das Licht sich verbreitete und zusammenzog, wurde es Tag und Nacht.[3]) Am vierten Tage aber machte Gott das große Licht oder die Sonne, zum Beherrschen und Regieren des Tages (denn durch sie wird es Tag; denn Tag ist es, wenn die Sonne über der Erde ist, und eine Tagesdauer ist der Lauf der Sonne über der Erde vom Aufgang bis Untergang), und das kleinere Licht oder den Mond und die Sterne, zur Beherrschung und Regierung der Nacht, um sie zu erleuchten. Nacht aber ist es, wenn die Sonne unter der Erde ist, und eine Nachtdauer ist der Lauf der Sonne unter der Erde vom Untergang bis Aufgang. Der Mond also und die Sterne sind aufgestellt, die Nacht zu erleuchten, nicht als ob sie bei Tag immer unter der Erde wären (denn es sind auch bei Tag Sterne am Himmel über der Erde), aber die Sonne verbirgt diese sowohl als den Mond durch ihren helleren Glanz und läßt sie nicht erscheinen.

---

1) Basil. hom. 2 in Hex.
2) Gen. 1, 5.
3) Basil. hom. 2 in Hex.

(Das ursprüngliche Licht den Lichtern eingepflanzt.)

Diesen Leuchtern hat der Schöpfer das zuerst geschaffene Licht eingepflanzt, nicht als ob es eines anderen Lichtes bedurfte, sondern damit dieses Licht nicht unnütz bliebe. Denn „Leuchte" ist nicht das Licht selbst, sondern ein Lichtträger.[1]

(Die sieben Planeten.)

Zu diesen Leuchtern rechnet man die sieben Planeten, und diese sollen sich in einer dem Himmel entgegengesetzten Bewegung bewegen; darum hat man sie Planeten genannt. Denn der Himmel, sagt man, bewege sich von Auf- gegen Untergang, die Planeten dagegen von Unter- gegen Aufgang, der Himmel aber führe durch seine schnellere Bewegung die sieben Planeten mit sich. Die Namen aber der sieben Planeten sind diese: Mond, Merkur, Venus, Sonne, Mars, Jupiter, Saturn; es sei aber in jedem Gürtel des Himmels einer der sieben Planeten:

Im ersten, d. h. dem obersten, Saturn ♄
im zweiten Jupiter ♃
im dritten Mars ♂
im vierten die Sonne ☉
im fünften die Venus ♀
im sechsten Merkur ☿
im siebenten und untersten der Mond ☾

(Die vier Jahreszeiten. Die Welt im Frühling geschaffen.)

Sie laufen aber einen unaufhörlichen Lauf, den der Schöpfer ihnen bestimmte, und wie er sie gegründet hat, wie der göttliche David sagt:[2] „Den Mond und die Sterne, die du gegründet hast." Denn durch den Ausdruck: „Du hast begründet" bezeichnete er das Feste und Unveränder-

---

1) Basil. hom. 6 in Hex.
2) Ps. 8, 4.

liche der von Gott ihnen verliehenen Ordnung und Beständigkeit. Denn er bestimmte sie zu Zeiten und zu Zeichen, zu Tagen und zu Jahren. Durch die Sonne nämlich bestehen die vier Jahreszeiten; und die erste ist der Frühling; denn in ihm hat Gott Alles geschaffen,[1] und ein Beweis dafür ist, daß auch bis jetzt in ihm das Sprossen der Blüthen stattfindet. Und da ist die Tag- und Nachtgleiche, denn sie macht zwölf Stunden lang sowohl den Tag als die Nacht. Sie wird durch den mittleren Aufgang der Sonne bewirkt, ist gemäßigt, Blut mehrend, warm und feucht und macht die Mitte zwischen Winter und Sommer, wärmer und trockener als der Winter, kälter aber und feuchter als der Sommer. Es erstreckt sich aber diese Jahreszeit vom 21. März bis 24. Juni. Dann, wen nber Aufgang der Sonne gegen die nördlichen Theile sich erhebt, folgt die Sommerzeit, die zwischen dem Frühjahr und dem Herbste in der Mitte steht und vom Frühling die Wärme, vom Herbste aber die Trockene hat; denn sie ist warm und trocken und vermehrt die gelbe Galle. Sie hat den längsten Tag von fünfzehn Stunden und die kürzeste Nacht mit einer Dauer von neun Stunden. Sie erstreckt sich aber vom 24. Juni bis zum 25. September. Dann, wenn die Sonne wieder zum mittleren Aufgange zurückkehrt, löst der Herbst den Sommer ab, der gewissermaßen die Mitte hält zwischen Kälte und Wärme, Trockene und Feuchte, und den Sommer mit dem Winter vermittelt, da er vom Sommer die Trockenheit und vom Winter die Kälte hat. Denn er ist kalt und trocken und vermehrt die schwarze Galle. Das ist wieder die Zeit der Tag- und Nachtgleiche, die sowohl einen Tag als eine Nacht von zwölf Stunden hat; sie dauert aber vom 25. September bis 25. Dezember. Wenn aber die Sonne zum kleinsten und niedrigsten oder südlichen Aufgange hinabgeht, dann folgt die Winterszeit, die kalt und naß ist und zwischen Herbst und Frühling die

---

[1] Basil. hom. 6 in Hex.

Mitte einnimmt, da sie vom Herbste die Kälte hat, vom Frühling aber die Feuchtigkeit besitzt. Sie hat aber den kürzesten Tag von neun Stunden und die längste Nacht von fünfzehn Stunden, und vermehrt das Phlegma; sie dauert aber vom 25. Dezember bis 21. März. Denn weise hat der Schöpfer vorgesorgt, daß wir nicht durch den Uebergang von der höchsten Kälte oder Wärme oder Nässe oder Dürre zum höchsten Gegentheil in schwere Krankheiten verfallen. Denn als gefährlich erkennt die Vernunft die plötzlichen Uebergänge.

So vollendet also die Sonne die Jahreszeiten und durch sie das Jahr, aber auch die Tage und Nächte, jene, indem sie aufgeht und über der Erde steht, diese, indem sie unter die Erde hinabsinkt; und dann überläßt sie den anderen Lichtern, dem Monde und den Sternen, das Scheinen.

(Die zwölf Zeichen des Thierkreises.)

Sie sagen aber auch, es seien unter den Sternen zwölf Sternbilder am Himmel, die eine der Sonne und dem Monde und den fünf andern Planeten entgegengesetzte Bewegung haben, und durch die zwölf Sternbilder gingen die sieben [Planeten]. Die Sonne nun bleibt in jedem Sternbild einen Monat und durchschreitet in den zwölf Monaten die zwölf Sternbilder. Die Namen aber der zwölf Sternbilder und die Monate derselben sind diese:

Der Widder ♈ nimmt die Sonne auf am 21. März,
der Stier ♉ „ „ „ „ am 23. April,
die Zwillinge ♊ „ „ „ „ am 24. Mai,
der Krebs ♋ „ „ „ „ am 24. Juni,
der Löwe ♌ „ „ „ „ am 25. Juli,
die Jungfrau ♍ „ „ „ „ am 25. August,
die Wage ♎ „ „ „ „ am 25. Septbr.,
der Skorpion ♏ „ „ „ „ am 25. Oktober,
der Schütze ♐ „ „ „ „ am 25. Novbr.,
der Steinbock ♑ „ „ „ „ am 25. Dezember.

der Wassermann ♒ nimmt die Sonne auf am 25. Jan.,
die Fische ♓   „   „   „   „ am 24. Febr.

(Der Lauf des Mondes ist kürzer.)

Der Mond ☾ aber durchwandert in jedem Monate die zwölf Sternenbilder, weil er weiter herunten ist und sie schneller durchläuft. Denn wie, wenn du einen Kreis machst in einem anderen Kreise, der innere Kreis sich als kleiner finden wird, so ist auch der Lauf des Mondes, der weiter herunten ist, kleiner und wird schneller vollendet.

(Was die Gestirne anzeigen. Sie stehen der Freiheit nicht im Wege — gegen das Fatum.)

Die Hellenen [Heiden] nun sagen, durch dieser Gestirne, der Sonne und des Mondes Auf- und Untergang und Zusammentreffen würden alle unsere Angelegenheiten gelenkt (hiemit nämlich beschäftigt sich die Astrologie); wir aber sagen, daß sie zwar Regen und Regenlosigkeit, Kälte und Wärme, Feuchtigkeit und Trockene, Winde und dergleichen anzeigen,[1] unsere Handlungen aber keineswegs. Denn wir, die wir durch den Schöpfer freien Willens geworden sind, sind Herren unserer Handlungen. Denn wenn wir in Folge des Umschwunges der Sterne Alles thun, dann thun wir, was wir thun, mit Nothwendigkeit;[2] was aber mit Nothwendigkeit geschieht, ist weder Tugend noch Schlechtigkeit. Wenn wir aber weder Tugend noch Schlechtigkeit besitzen, dann verdienen wir weder Lob noch Strafe; es wird aber auch Gott als ungerecht erfunden werden, wenn er den Einen Gutes, den Andern Bedrängnisse zumißt. Aber auch keine Regierung und keine Vorsehung wird Gott über seine Geschöpfe haben, wenn Alles mit Nothwendigkeit geschieht und sich begibt. Auch die Erwägung aber ist über-

---

[1] Basil. hom. 6 in Hex.
[2] Nemes. de nat. hom. c. 34.

flüssig in uns: denn wenn wir von keiner Handlung die Herren sind, ist unser Ueberlegen überflüssig; die Vernunft ist uns aber gewiß der Ueberlegung wegen gegeben, weßhalb alles Vernünftige auch freien Willen hat.

Wir aber sagen: sie sind nicht Ursachen von irgend Etwas, was geschieht, weder von der Entstehung dessen, was entsteht, noch von dem Untergang dessen, was vergeht, sondern vielmehr Zeichen von Regen und Luftveränderung. Vielleicht aber sagt Einer, daß sie auch von Kriegen nicht Ursachen, aber Zeichen seien, aber auch die Beschaffenheit der Luft, die von Sonne, Mond und Sternen herrühre, bewirke bald so bald so verschiedene Temperamente, Neigungen und Bestimmungen.[1] Die Neigungen aber gehören zu dem, was von uns abhängt; denn sie stehen, wie sich gebührt, unter der Herrschaft und Leitung der Vernunft.

(Kometen. Der neue Stern bei der Geburt Christi.)

Es erscheinen aber oft auch Kometen, als Zeichen, die den Tod eines Königs bedeuten. Diese gehören nicht zu den von Anfang gewordenen Sternen, sondern entstehen durch den göttlichen Befehl zur selben Zeit und lösen sich wieder auf.[2] Es war ja auch der bei der um unsertwillen stattgehabten und menschenfreundlichen und heilbringenden fleischlichen Geburt des Herrn von den Magiern gesehene Stern keiner von den am Anfang gewordenen Sternen; und das erhellt daraus, daß er seinen Lauf bald von Aufgang nach Untergang nahm, bald aber von Norden nach Süden, und daß er bald verschwand, bald erschien. Denn Das liegt nicht in der Ordnung oder Natur der Sterne.

(Warum Gott wollte, daß der Mond sein Licht von der Sonne borge — gegen Muhammed.)

Man muß aber wissen, daß der Mond von der Sonne er-

---

1) Basil. hom. 6 in Hex.
2) Basil. in Christi nativit.

leuchtet wird, nicht weil Gott in Verlegenheit war, ihm ein eigenes Licht zu geben, sondern damit der Schöpfung Einklang und Ordnung der Herrschenden und Beherrschten gegeben würde und auch wir lernen möchten, einander zu borgen und mitzutheilen und unterthan zu sein, zuerst dem Schöpfer und Urheber, Gott dem Herrn, dann aber auch den von ihm aufgestellten Herrschern, und nicht zu grübeln: „Warum herrscht Dieser, ich aber nicht?" sondern Alles, was von Gott ist, dankbar und gutherzig anzunehmen.

(Ursache von Sonnen= und Monds=Verfinsterung.)

Es verfinstern sich aber die Sonne und der Mond, indem sie den Unverstand derer, welche die Schöpfung vor dem Schöpfer anbeten,[1] zurechtweisen und belehren, daß sie wandelbar und veränderlich seien. Alles Wandelbare aber ist nicht Gott, denn seiner Natur nach ist alles Wandelbare vergänglich.

(Größe der Sonne.)

Es verfinstert sich aber die Sonne, wenn der Mond= körper wie eine Wand dazwischen kommt und Schatten macht und sie ihr Licht uns nicht mittheilen läßt. Wie groß also der Mondkörper, der die Sonne verbirgt, sich zeigt, so groß wird auch die Verfinsterung. Wenn aber der Mondkörper kleiner ist, so wundere dich nicht; denn auch die Sonne wird von Einigen für viel größer erklärt als die Erde, von den heiligen Vätern aber für gleich der Erde, und oft verbirgt sie eine kleine Wolke oder ein kleiner Hügel oder eine Wand.

Die Verfinsterung des Mondes aber geschieht durch den Schattenwurf der Erde, wenn der Mond fünfzehn Tage alt ist und sich gerade gegenüber befindet, die Sonne unter der Erde, der Mond aber über der Erde. Denn die Erde macht einen Schatten, und es kann das Sonnenlicht den Mond nicht erleuchten, und darum wird er finster.

---

1) Röm. 1, 25.

(Mond- und Sonnen-Monate. Der Mond von Gott als voll geschaffen.)

Man muß aber wissen, daß der Mond von dem Schöpfer voll geschaffen wurde, oder wie er ist am fünfzehnten Tage; denn es geziemt sich, daß er vollkommen geschaffen wurde.¹) Am vierten Tage aber, wie gesagt, wurde die Sonne geschaffen. Er ist also der Sonne um elf Tage voraus; denn vom vierten Tage bis zum fünfzehnten sind elf. Darum haben auch die zwölf Mondmonate elf Tage weniger als die zwölf Sonnenmonate. Denn die Sonnenmonate haben 365¼ Tag; wenn man daher den viertel Tag zusammennimmt, so macht er in je vier Jahren **einen Tag** aus, welcher Schalttag heißt; und dieses Jahr hat dann 366 Tage. Die Mondjahre aber haben 354 Tage; denn der Mond wächst von seinem Anfang, d. h. vom Neumond an, bis er 14¾ Tage alt ist, und fängt an abzunehmen, bis er 29½ Tag hat, und wird dann ganz lichtlos. Wenn er dann die Sonne wieder aufnimmt, fängt er wieder an und erneuert sich, zum Andenken an unsere eigene Auferstehung. Jedes Jahr also gibt er die elf Tage an die Sonne ab; in je drei Jahren ist daher bei den Hebräern ein Schalt-Monat, und dieses Jahr hat wegen der Zusammenfassung der [dreimal] elf Tage dreizehn Monate.²)

Offenbar aber sind die Sonne, der Mond und die Sterne zusammengesetzt und unterliegen ihrer Natur nach der Vergänglichkeit. Ihre Natur aber kennen wir nicht. Einige nun sagen, das Feuer sei ausserhalb eines Stoffes unsichtbar, weßhalb es auch beim Erlöschen verschwinde. Andere aber sagen, wenn es erlösche, verwandle es sich in Luft.³)

---

1) Sever. Gabal. orat. 3. de opif. mundi.
2) Sever. Gabal. lib III. de opif. mundi.
3) Nemes. c. 5.

(Bewegung des Thierkreises.)

Der Thierkreis bewegt sich schief und wird in zwölf Abschnitte getheilt, welche Sternbilder heissen. Das Sternbild aber hat drei Zehntheile dreissig Grade, der Grad aber hat sechzig Minuten. Es hat also der Himmel 360 Grade, die Halbkugel ober der Erde 180, und die unter der Erde 180.

Wohnstätten der Planeten sind:

Widder und Skorpion des Mars, Stier und Wage der Venus,[1]) Zwillinge und Jungfrau des Merkur, Krebs des Mondes, Löwe der Sonne, Schütze und Fische des Jupiter, Steinbock und Wassermann des Saturn.

(Höhen.)

Der Widder hat die Höhe der Sonne, der Stier des Mondes, der Krebs des Jupiter, die Jungfrau des Mars, die Wage des Saturn, der Steinbock des Merkur, die Fische der Venus.

(Die Gestalten des Mondes.)

Ein Zusammentreffen ist, wenn er im selben Grade steht, in welchem die Sonne ist; er fängt an, wenn er fünfzehn Grade von der Sonne entfernt ist; er erhebt sich, wenn er sichelförmig erscheint, zweimal, wo er 60 Grade absteht; ist halbvoll zweimal, wenn er 90 Grade absteht; überhalbvoll zweimal, wenn er 120 Grade absteht; fast voll zweimal, wenn er 150 Grade, und Vollmond, wenn er 180 Grade absteht. „Zweimal" aber sagen wir, nämlich einmal beim Zunehmen und einmal beim Abnehmen. In $2^1/_2$ Tagen durchschreitet der Mond jedes Sternbild.

8. **Von der Luft und den Winden.**

(Beschreibung der Luft.)

Die Luft ist ein sehr feines Element, feucht und warm;

---

1) Porphyr. de antro Nymph.

schwerer als das Feuer, aber leichter als die Erde und die Gewässer; Ursache des Athemholens und der Stimme; farblos, d. h. von Natur aus ohne Farbe; durchsichtig, durchscheinig, denn sie nimmt das Licht auf; sie dient dreien unserer Sinne, denn durch sie sehen, hören und riechen wir; sie nimmt Wärme und Kälte, Trockenheit und Feuchtigkeit an, und all' ihre örtlichen Bewegungen sind: aufwärts, abwärts, hinein, heraus, nach rechts und links und die Kreis-Bewegung.

(Die Luft hat aus sich kein Licht.)

Von Haus aus hat sie kein Licht, sondern wird von Sonne, Mond und Sternen und vom Feuer erleuchtet. Und das ist es, wovon die Schrift sagt:[1] „Es war Finsterniß über dem Abgrunde," indem sie zeigen will, daß die Luft das Licht nicht von Haus aus besitze, sondern die Wesenheit des Lichtes eine andere sei.

(Was der Wind ist.)

Wind aber ist Luftbewegung, oder: Wind ist ein Luftstrom, der je nach der Verschiedenheit der Orte, woher er strömt, seine Namen wechselt.[2]

(Ort der Luft, Zahl der Winde.)

Die Luft hat auch einen Ort; denn eines jeden Körpers Ort ist seine Umgebung. Was aber umgibt die Körper ausser Luft? Es gibt aber verschiedene Orte, woher die Bewegung der Luft kommt, von welchen auch die Winde ihre Namen haben. Das sind aber im Ganzen zwölf. Man sagt aber, die Luft sei ein erloschenes Feuer oder ein Dunst erhitzten Wassers. Es ist daher die Luft ihrer Natur nach warm, sie wird aber abgekühlt durch ihre Annäherung an das Wasser und die Erde, so daß ihre unteren Theile kalt sind, die oberen aber warm.[3]

---

1) Gen. 1, 3.
2) Sever. Gabal. hom. 1 in Hexaem.
3) Nemes. De nat. hom. 1, c. 5.

(Namen der Winde.)

Winde wehen: vom sommerlichen Aufgang[1]) der Nordostwind, vom äquinoktialischen Aufgang der Ostwind, vom winterlichen Aufgang der Südostwind, vom winterlichen Untergang der Südwestwind, vom äquinoktimalischen Untergang der Westwind, vom sommerlichen Untergang der Nordwestwind; dann der Süd- und Nordwind, die einander entgegenwehen; es ist aber zwischen dem Nord- und Nordostwind der Nordnordostwind, und zwischen Südost- und Südwind der Südsüdostwind, und zwischen Süd- und Südwestwind der Südsüdwestwind, zwischen dem Nordwind aber und Nordwestwind der Nordnordwestwind.

([2]) Völker aber wohnen an den Grenzen [der Erde] gegen Osten die Baktrianer, gegen Südosten die Indier, gegen Südsüdost das rothe Meer und Aethiopien, gegen Südsüdwesten die Gargamanter über der Syrtis, gegen Südwesten die Aethiopen und Hypermauren, gegen Westen die Säulen [des Herkules] und die Anfänge von Libyen und Europa, gegen Nordwesten Iberien, jetzt Spanien, gegen Nordnordwesten die Kelten und ihre Nachbarn, gegen Norden die hyperthrazischen Skythen, gegen Nordnordost der Pontus, Mäotis und die Sarmaten, gegen Nordosten das kaspische Meer und die Sacken.)

9. Von den Gewässern.

(Beschreibung des Wassers. Die Gewässer ober dem Firmamente.)

Auch das Wasser aber ist eines der vier Elemente, ein höchst schönes Werk Gottes. Das Wasser ist ein nasses und kaltes, schweres und niedersinkendes, leichtzerfließendes Element. Seiner erwähnt aber die heilige Schrift mit den

---

1) D. h. von der Gegend, wo die Sonne im Sommer aufgeht u. s. w.
2) Das Folgende fehlt in den meisten Handschriften.

Worten:¹) „Und Finsterniß war über dem Abgrunde, und der Geist Gottes schwebte über dem Wasser." Abgrund nämlich ist nichts Anderes als viel Wasser, dessen Ende für Menschen unerreichbar ist. Am Anfange also war das Wasser über die ganze Erde ergossen. Und zuerst machte Gott das Firmament, welches das Wasser ober dem Firmamente und das Wasser unter dem Firmamente in der Mitte abtheilte. Denn es wurde durch den Befehl des Herrn in der Mitte des Abgrundes der Gewässer befestigt, weßhalb Gott auch sprach, es solle eine Feste (Firmament) werden, und es geschah so. Warum aber setzte Gott ein Wasser ober dem Firmamente? Wegen der höchst heißen Gluth der Sonne und des Aethers. Denn gleich nach dem Firmamente ist der Aether ausgebreitet, auch die Sonne aber mit dem Monde und den Sternen sind am Firmamente; und wenn nicht Wasser darüber läge, so würde vor Hitze das Firmament verbrennen.²)

Sodann befahl Gott, daß das Wasser sich sammle in eine Versammlung;³) der Ausdruck „eine Versammlung" aber bedeutet nicht, daß es an einem Orte versammelt worden sei; denn sieh, hernach heißt es:⁴) „Und die Ansammlungen der Gewässer nannte er Meere;" sondern die Rede zeigt an, daß die Gewässer auf einmal für sich wurden, getrennt von der Erde. Es versammelten sich also die Wasser in ihre Versammlungen, und es erschien das Festland; daher die zwei Meere, welche Aegypten umgeben, denn dieses liegt zwischen zwei Meeren. Es versammelten sich verschiedene Meere, welche Berge, Inseln, Vorgebirge und Häfen haben und verschiedene Busen, Strande und Gestade umgeben; denn Strand heißt der sandige, Gestade aber das felsige nächst der Tiefe, welches gleich am Anfange eine Tiefe hat; ebenso auch das gegen

---

1) Gen. 1, 2.
2) Basil. hom. 2 in Hexaem.; Sever. Gabal. orat. de opif. mundi.
3) Gen. 1, 9. — 4) Gen. 1, 10.

Aufgang gelegene Meer, welches das indische heißt, und das nordische, welches das kaspische heißt; aber auch die Seen versammelten sich von da.

(Der Ocean rings um die Erde. Grund seiner Salzigkeit.)

Der Ozean nun umkreist wie ein Fluß die ganze Erde, von welchem mir die heilige Schrift gesagt zu haben scheint:[1] „Ein Fluß geht aus vom Paradiese," und er hat ein trinkbares und süßes Wasser. Dieser liefert den Meeren das Wasser, welches, wenn es eine Zeit lang in den Meeren ist und unbewegt steht, bitter wird, da die Sonne und die Wasserhosen immer das feinere in die Höhe ziehen, woher auch die Wolken sich bilden und die Regengüsse entstehen, indem durch die Durchseihung das Wasser süß wird.

(Die vier Paradiesesflüsse. Das Wasser der Quellen aus dem Meere. Warme Quellen.)

Dieser [Ocean] theilt sich auch ein in vier Anfänge oder in vier Flüsse: einer heißt Phison, das ist der indische Ganges; der zweite heißt Geon, das ist der Nil, der von Aethiopien nach Aegypten hinabfließt; der dritte heißt Tigris, der vierte Euphrat. Es gibt aber auch sehr viele andere und sehr große Flüsse, von denen die einen sich in's Meer entleeren, die andern in der Erde verschwinden. Daher ist die Erde durchlöchert und unterminirt, indem sie gleichsam Adern hat, durch welche sie vom Meere die Gewässer aufnimmt und die Quellen ergießt. Je nach der Beschaffenheit der Erde also wird auch das Wasser der Quellen. Denn durchgeseiht und geläutert wird durch die Erde das Meerwasser und wird so süß. Wenn aber der Ort, wo die Quelle entspringt, vielleicht bitter und salzig ist, so wird je nach der Erde auch das Wasser hervorquellen;[2] oft aber

---

1) Gen. 2, 10.
2) Basil. hom. 4. in Hex.

wird das Wasser, wenn es eingezwängt ist und mit Gewalt hervorbricht, warm; und daher kommen die von Natur warmen Gewässer.

(Fische und Vögel.)

Durch den göttlichen Befehl also entstanden Höhlungen in der Erde, und so wurden die Wässer in ihre Versammlungen versammelt; dadurch entstanden auch die Berge. Dem ersten [ursprünglichen] Wasser nun befahl Gott lebendige Wesen hervorzubringen, da durch Wasser und den am Anfange über den Wassern schwebenden heiligen Geist[1]) der Mensch sollte erneuert werden. Denn das sagt der heilige Basilius.[2]) Es brachte aber Thiere hervor, kleine und große Wallfische, Drachen, Fische, die im Wasser schwimmen, und geflügelte Vögel. Durch die Vögel also ist das Wasser, die Erde und die Luft mit einander verbunden; denn aus den Wassern sind sie entstanden, auf der Erde aber und in der Luft fliegen sie. Ein höchst vorzügliches Element aber ist das Wasser und sehr nützlich, und es wäscht den Schmutz ab, nicht bloß den körperlichen, sondern auch den der Seele, wenn die Gnade des Geistes dazukommt.

(Von den Meeren.)

Das ägäische Meer nimmt der Hellespont auf, der bei Abydus und Sestus aufhört; dann die Propontis, die bei Chalcedon und Byzanz aufhört, wo die Enge ist, von welcher der Pontus anfängt. Dann der Mäotische See. Ferner aber am Anfange von Europa und Libyen das Iberische Meer, von den Säulen [des Herkules] bis zu den Pyrenäen. Das ligurische Meer bis zu den Grenzen Tyrrheniens; das sardinische, jenseits von Sardinien bis

---

1) Gen. 1, 2.
2) Basil. hom. 2. in Hex.
3) Sever. Gabal. orat. de opif. mundi; Basil. hom. 8.

hinab gegen Libyen; das tyrrhenische, welches bis Sizilien reicht und bei den Grenzen Liguriens anfängt; dann das libysche, das kretische, sicilische, jonische, adriatische, vom sicilischen Meere sich ergießend, das man auch korinthischen Busen oder alkyonisches Meer nennt; das vom sunischen und skilläischen umfangene aber ist das saronische [Meer]; dann das myrtoische und ikarische, in welchem auch die Cykladen sind; dann das karpathische, pamphylische und ägyptische, über dem ikarischen aber ergießt sich sogleich das ägäische. Es beträgt aber auch die Fahrt an Europa vorbei vom Ausflusse des Flusses Tanais [Don] bis zu den Säulen des Herkules 609,709 Stadien, die von Libyen [Afrika] von Tinge bis zur kanobischen Mündung 209,252 Stadien; die Umfahrt von Asien aber vom Canobus bis zum Tanais mit den Busen 4411 Stadien. Zusammen beträgt die Küstenausdehnung unserer bewohnten Erde mit den Busen 1,309,072.[1]

10. Von der Erde und dem, was aus ihr hervorkommt.

(Das Fundament der Erde ist unbekannt.)

Die Erde ist eines der vier Elemente, trocken, kalt, schwer und ohne Bewegung, von Gott am ersten Tage aus dem Nichtsein in das Sein hervorgebracht. Denn „im Anfange", heißt es,[2] „schuf Gott den Himmel und die Erde." Ihren Sitz aber und ihre Grundlage hat keiner der Menschen sagen können. Denn die Einen sagen, sie sei auf Wassern gegründet und befestigt, wie der göttliche David sagt:[3] „Der die Erde auf Wassern gegründet hat," die Andern: auf der Luft, ein Anderer aber sagt:[4] „Der die Erde auf Nichts festgestellt hat." Und wieder sagt der gotterleuchtete David, gleichsam in der Person des

---

1) Vgl. Strabo lib. II.
2) Gen. 1, 1. — 3) Pf. 135, 6. — 4) Job 26, 7.

Schöpfers:¹) „Ich habe ihre Säulen befestigt," die sie zusammenhaltende Kraft Säulen nennend. Das aber:²) „Er hat sie auf dem Meere gegründet" zeigt an, daß die Natur des Wassers von allen Seiten die Erde umfließe. Ob wir nun zugeben, sie ruhe auf sich selbst oder auf Luft oder auf Wassern oder auf Nichts, die fromme Gesinnung muß man nicht verlassen, sondern bekennen, Alles zumal werde durch die Macht des Schöpfers beherrscht und zusammengehalten.

(Urzustand der Erde; Thiere und Pflanzen des Menschen wegen.)

Im Anfange also, wie die heil. Schrift sagt, war sie von Wassern bedeckt und war unhergerichtet oder schmucklos. Als aber Gott es befahl, entstanden die Wasserbehälter, und da wurden die Berge, und auf den göttlichen Befehl erhielt sie ihren Schmuck, mit mannigfaltigen Kräutern und Pflanzen geziert, welchen der göttliche Befehl die Kraft, zu wachsen, sich zu nähren und Samen zu bereiten oder ihres Gleichen zu erzeugen, einpflanzte. Sie brachte aber auf Befehl des Schöpfers allerlei Gattungen von Thieren, von kriechenden, wilden und Haus-Thieren hervor; alle zwar zum gelegentlichen Gebrauche des Menschen, aber hievon die einen zur Nahrung, wie Hirsche, Schafe, Ziegen und dergleichen; die andern zum Dienste, wie Kameele, Rinder, Pferde, Esel und dergleichen, die andern zur Ergötzung, wie Affen und unter den Vögeln Papageien und Sittiche und dergleichen; und von den Gewächsen und Pflanzen theils fruchttragende und eßbare, theils wohlriechende und blumige, zur Ergötzung uns geschenkte, wie die Rose und dergleichen, theils zur Heilung von Krankheiten. Denn es gibt kein Thier und keine Pflanze, in welchem der Schöpfer nicht eine dem Nutzen der Menschen dienende Kraft niederlegte. Denn da der Alles, bevor es

---

1) Pf. 74, 4. — 2) Pf. 23, 2. — 3) Gen. 1, 2.

geschieht, vorauswissende wußte, daß der Mensch in freiwilligen Abfall gerathen und der Vergänglichkeit anheimfallen werde, so schuf er Alles zu seinem gelegentlichen Gebrauche, sowohl was am Firmamente als was auf der Erde und in den Gewässern ist.

(Einst gehorchte dem Menschen Alles.)

Vor der Übertretung nun war Alles dem Menschen unterthan. Denn als Herrscher hat ihn Gott aufgestellt über Alles, was auf der Erde und in den Gewässern ist; auch die Schlange aber war dem Menschen vertraut, indem sie mehr als die andern an ihn herankam und in schmeichelnden Bewegungen mit ihm umging.[1] Daher gab durch sie der Urheber des Bösen, der Teufel, den Stammeltern den höchst schlechten Rath ein.[2] Auch die Erde aber trug von selbst die Früchte zum Dienste der ihm unterthänigen Thiere, und weder ein Regen war auf der Erde noch ein Wintersturm. Nach der Uebertretung aber, als „er gleich wurde den unvernünftigen Thieren und ihnen ähnlich",[3] da er es dahin gebracht hatte, daß in ihm die unvernünftige Begierde über den vernünftigen Geist herrsche, weil er gegen den Befehl des Herrn ungehorsam war, empörte sich gegen den von dem Schöpfer zum Herrscher bestimmten die untergebene Schöpfung; und es wurde ihm befohlen, im Schweiße die Erde zu bearbeiten, von der er genommen war.

(Jetziger Nutzen der Thiere und Pflanzen.)

Aber auch jetzt ist der Dienst der wilden Thiere nicht unnütz, da sie den Menschen schrecken und zur Erkenntniß und Anrufung Gottes, der sie gemacht hat, führen. Auch der Dorn aber entsproßte nach der Uebertretung der Erde gemäß dem Urtheile des Herrn, nach welchem mit der Lust der Rose sich der Dorn verband, und an die Uebertretung

---

1) Basil. hom. de parad.
2) Gen. 3, 1. — 3) Ps. 48, 14.

erinnernd, wegen welcher die Erde verurtheilt wurde, uns Dornen und Disteln zu tragen.[1]

(Durch Gottes Wort ist jedem Dinge eine Kraft eingepflanzt.)

Weil aber Dieses sich so verhält, muß man glauben, die Fortdauer von Diesem bewirke das Wort des Herrn, welches er sprach:[2] „Wachset und vermehret euch und erfüllet die Erde!"

(Gestalt und Umfang der Erde.)

Einige aber erklären die Erde für kugelförmig, Andere für kegelförmig. Geringer aber ist sie und viel kleiner als der Himmel, gleichsam ein Punkt, der in Mitte von diesem hängt. Auch sie aber wird vergehen und verändert werden. Selig aber ist, wer das Erdreich der Sanftmüthigen[3] ererbt. Denn die Erde, welche die Heiligen aufnehmen soll, ist unvergänglich. Wer also kann die unendliche und unbegreifliche Weisheit des Schöpfers gebührend bewundern? Oder wer wird zu der geziemenden Danksagung gegen den Geber so großer Güter gelangen?[4]

[5] (Es sind aber der bekannten Provinzen oder Statthalterschaften der Erde in Europa 34, in dem großen Festland von Asien aber 48 Provinzen, Meßruthen 12.)

11. Vom Paradiese.

(Das Paradies die Königsburg des Menschen.)

Da aber Gott im Sinne hatte, aus sichtbarer und unsichtbarer Natur den Menschen zu bilden nach seinem Bilde und Gleichnisse, wie einen König und Herrscher der ganzen Erde und

---

1) Basil. hom. de parad.
2) Gen. 1, 22 u. 28. — 3) Matth. 5, 4.
4) Method. cont. Orig. apud Epiph. haeres. 64.
5) Das Folgende findet sich nur in einer Handschrift.

dessen, was in ihr ist, errichtete er ihm zuvor gleichsam eine Königsburg, in welcher weilend er ein seliges und überfließendes Leben haben sollte.[1]) Und dieß ist das göttliche Paradies, durch Gottes Hände in Eden gepflanzt, ein Vorrathsplatz aller Freude und Wonne (denn [2]) Eden bedeutet Ueppigkeit; gegen Aufgang höher als die ganze Erde gelegen, aber gemäßigt und von der feinsten und reinsten Luft umstrahlt, mit immer blühenden Pflanzen bewachsen, erfüllt mit Duft, voll von Licht, den Begriff aller sinnlichen Zierde und Schönheit übersteigend, ein wahrhaft göttlicher Platz und ein des Ebenbildes Gottes würdiger Aufenthalt, in welchem keines der vernunftlosen Wesen wohnte, sondern nur der Mensch, das Gebilde der göttlichen Hände.

(Warum der Baum der Erkenntniß gepflanzt war.)

In der Mitte davon aber pflanzte Gott einen Baum des Lebens und einen Baum der Erkenntniß,[3]) den Baum der Erkenntniß als eine Versuchung, Erprobung und Uebung des Gehorsams und Ungehorsams des Menschen. Darum wurde er auch Baum der Erkenntniß des Guten und Bösen genannt, oder weil er denen, die davon genossen, die Kraft gab, ihre eigene Natur zu erkennen, was zwar gut ist für die Vollkommenen, schlecht aber für die Unvollkommenen und allzu Gierigen, wie feste Speise für die noch Zarten und der Milch Bedürftigen.[4]) Denn Gott, der uns geschaffen hat, wollte nicht, daß wir uns sorgen und um Vieles kümmern und bedacht und besorgt seien um unsern Lebensunterhalt, was auch dem Adam begegnet ist. Denn als er gekostet hatte, erkannte er, daß er nackt war, und machte sich eine Schürze; und er umgürtete sich mit Feigenblättern. Vor dem Genusse nämlich „waren Beide

---

1) Greg. v. Nyss. de opif. hom. c. 2.
2) Basil. hom. de parad.
3) Gen. 2, 9.
4) Greg. v. Naz. Rede 38 und 42; Method. ap. Epiph. haeres. 64.

nackt", Adam sowohl als Eva, „und schämten sich nicht."¹) Denn so affektlos, wollte Gott, daß wir seien (denn Das ist ein Zeichen von höchster Affektlosigkeit), zudem aber auch sorglos, mit einem Werke beschäftigt, dem der Engel, nämlich unaufhörlich und unabläſſig den Schöpfer zu preiſen und in ſeiner Betrachtung zu ſchwelgen und auf ihn unſere Sorge zu werfen, was er auch durch den Propheten uns hören ließ, da er ſprach:²) „Wirf auf den Herrn deine Sorge, und er wird dich ernähren;" und im Evangelium ſagt er, ſeine Jünger belehrend:³) „Kümmert euch nicht um euer Leben, was ihr eſſet, noch um euren Leib, was ihr anziehet;" und wieder:⁴) „Suchet zuerſt das Reich Gottes und ſeine Gerechtigkeit, und Das alles wird euch beigegeben werden;" und zur Martha:⁵) „Martha, Martha, du ſorgſt und kümmerſt dich um Vieles; Eines aber iſt nötig. Maria nämlich hat den guten Theil erwählt, der nicht wird von ihr genommen werden," nämlich, daß ſie zu ſeinen Füßen ſaß und ſeine Reden hörte.

(Warum der Baum des Lebens ſo heißt. Sinnliches und geiſtiges Paradies. Der Baum des Lebens und alle Bäume.)

Der Baum des Lebens aber war ein Baum, der eine Leben verleihende Kraft hatte oder nur für die des Lebens Würdigen und dem Tode nicht Unterworfenen eßbar war. Einige nun ſtellten ſich das Paradies als ſinnlich vor,⁶) Andere aber als geiſtig. Mir aber ſcheint, daß, wie der Menſch zugleich als ſinnlich und geiſtig erſchaffen wurde, ſo auch ſein höchſt heiliger Tempel zugleich ſinnlich und geiſtig war und ein doppeltes Anſehen hatte; denn mit dem Leibe wohnte er, wie geſagt, an dem höchſt göttlichen und überſchönen Orte, mit der Seele aber weilte er an einem erhabenen und überaus ſchönen Platze, da er den inwohnenden Gott als Wohnung hatte und ihn als herrliches

---

1) Gen. 3, 7. — 2) Pſ. 54, 23. — 3) Matth. 6, 25. — 4) Daſ. 33. — 5) Luk. 10, 14.
6) Nemes. c. 1 de nat. hom.

Gewand hatte und mit seiner Gnade bekleidet war und der allein süßesten Frucht seiner Anschauung sich erfreute, wie irgend ein anderer Engel, und von dieser sich nährte, was eben auch mit Recht Baum des Lebens genannt ist. Denn ein vom Tode nicht abgeschnittenes Leben verleiht die Süßigkeit der Theilnahme an Gott Denen, die sie genießen, was eben Gott auch „alle Bäume" genannt hat, da er sagte:[1]) „Von allen Bäumen im Paradiese dürfet ihr essen;" denn er selbst ist Alles, indem und durch den das All besteht.

(Der Baum der Erkenntniß.)

Der Baum der Erkenntniß des Guten und Bösen aber ist die Einsicht der mannigfachen Erkenntniß, diese aber ist die Erkenntniß der eigenen Natur, welche gut ist für die Vollkommenen und in der göttlichen Betrachtung Fortgeschrittenen, da sie durch sich die Größe des Schöpfers ihnen verkündigt, die keinen Fall befürchten,[2]) weil sie mit der Zeit zu einer gewissen Vertrautheit mit dieser Betrachtung gelangt sind; nicht gut aber für die noch Jungen und Gierigeren, welche wegen der Unbeharrlichkeit in der Tugend und der noch nicht festen Anhänglichkeit an das allein Gute die Sorge um ihren Leib zu sich hinüberzuziehen und zu zerstreuen pflegt.

(„Alle Bäume" sind die Erkenntniß Gottes aus den Geschöpfen.)

Als zweifach also betrachte ich das göttliche Paradies und haben in der That die heiligen Väter es uns überliefert, ob sie nun so oder so lehrten. Man kann aber unter „allen Bäumen" die aus den Geschöpfen gewonnene Erkenntniß der göttlichen Macht verstehen, wie der heil. Apostel sagt:[3]) „Denn das Unsichtbare von ihm wird seit

---

1) Gen. 2, 16.
2) Greg. v. Naz. Rede 38 u. 42.
3) Röm. 1, 10.

Schöpfung der Welt durch die Geschöpfe erkennbar angeschaut." Von allen diesen Erkenntnissen und Betrachtungen aber ist die von uns selbst, nämlich die unserer Ausstattung, die erhabenste, wie der göttliche David sagt:[1] „Wunderbar ist deine Erkenntniß bezüglich meiner" d. h. bezüglich meiner Ausstattung. Gefährlich aber war diese für Adam, da er noch ein Neuling war, aus den angeführten Gründen.[2]

(Der Baum des Lebens und der Erkenntniß nochmal.)

Oder man kann unter dem Baume des Lebens die aus allem Sinnlichen zu Stande kommende Gotteserkenntniß verstehen und die dadurch stattfindende Emporleitung zur urheberischen und schöpferischen Ursache, was er auch „alle Bäume" nannte, die volle und ungetheilte Erkenntniß, welche nur die Theilnahme am Guten mit sich führt; unter dem Baume der Erkenntniß des Guten und Bösen aber die sinnliche und ergötzliche Speise, die scheinbar süß ist, in der That aber den davon Kostenden in Gemeinschaft mit den Uebeln bringt. Denn Gott sprach:[3] „Von allen Bäumen, die im Paradiese sind, darfst du essen," womit er, glaube ich, sagte: Durch alle Geschöpfe erhebe dich zu mir, dem Schöpfer, und pflücke von allen eine Frucht, mich, das wahrhaftige Leben; Alles soll dir Leben als Frucht tragen, und die Theilnahme an mir mache dir zur Grundlage deines Daseins; denn so wirst du unsterblich sein. „Von dem Baume aber der Erkenntniß des Guten und Bösen, von dem sollt ihr nicht essen. An welchem Tage ihr aber davon esset, werdet ihr des Todes sterben."[4] Denn ihrer Natur nach ist die sinnliche Speise die Ergänzung des Abgangs und geht dahin in Ausleerung und Verderbniß; und es kann unmöglich unvergänglich bleiben. wer sinnliche Speise genießt.

---

1) Pf. 138, 6.
2) Maximi in Script. pag. 10.
3) Gen. 2, 16. — 4) Gen. 2, 17.

12. Vom Menschen.

So also hat Gott die geistige Wesenheit geschaffen, die Engel nämlich und alle himmlischen Ordnungen (denn diese sind offenbar geistiger und unkörperlicher Natur, unkörperlich, sage ich, im Vergleich mit der materiellen Dichtigkeit, denn wahrhaft immateriell und unkörperlich ist nur Gott); ferner aber auch die sinnliche [Wesenheit], Himmel und Erde und was in ihnen befindlich ist, und zwar jene als ihm verwandt (denn Gott verwandt ist die vernünftige, nur mit dem Geiste erfaßbare Natur), diese aber als ganz weit von ihm entfernt, nämlich als unter die Sinneswahrnehmung fallend. „Es mußte aber auch aus beiden eine Verbindung entstehen, als Beweis einer höheren Weisheit und des großen Aufwandes an den Naturen," wie der gotterleuchtete Gregor[1]) sagt, „eine Vereinigung der sichtbaren und unsichtbaren Natur." Das „es mußte" aber deutet auf den Willen des Schöpfers hin, denn dieser ist Norm und höchst geziemendes Gesetz, und Niemand wird zu dem Bildner sagen: Warum hast du mich so gemacht? Denn der Töpfer hat das Recht, aus seinem Lehm unterschiedliche Gefäße zu verfertigen[2]) zum Beweise seiner Geschicklichkeit.

Da aber Dieses so sich verhält, bildete er aus sichtbarer und unsichtbarer Natur den Menschen mit seinen Händen und nach seinem Bilde und Gleichnisse, indem er aus Erde den Leib bildete, die vernünftige und denkende Seele aber ihm aus dem Seinigen gab, was wir eben auch göttliches Bild nennen; denn das „nach dem Bilde" bedeutet die Denkkraft und Willensfreiheit, das „nach dem Gleichnisse" aber die Aehnlichkeit der Tugend, soweit sie möglich ist.

(Irrthum des Origenes.)

Zugleich aber wurde der Leib und die Seele gebildet,

---

1) Greg. v. Naz. Rede 38 u. 42.
2) Röm. 9, 21.

nicht das eine früher, das andere später, nach den Fabeleien des Origenes.

(Gaben des neugeschaffenen Menschen.)

Es machte also Gott den Menschen unschuldig, rechtschaffen, tüchtig, unbetrübt, unbesorgt, aller Tugend sich erfreuend, mit allen Gütern geschmückt, gleichsam eine zweite Welt, in der großen eine kleine, einen anderen anbetenden Engel, gemischt, Beschauer der sichtbaren Schöpfung, Kenner der geistigen, Herrscher der irdischen Dinge, beherrscht von oben, irdisch und himmlisch, zeitlich und unsterblich, sichtbar und geistig, in der Mitte stehend zwischen Größe und Niedrigkeit, zugleich Geist und Fleisch, Geist durch Gnade, Fleisch wegen der Erhebung, jenes, damit er bleibe und den Wohlthäter preise, dieses, damit er leide und leidend erinnert und gezüchtigt werde, weil er auf seine Größe stolz war, ein Lebewesen, das hier waltet, d. h. im gegenwärtigen Leben, und anderswohin versetzt wird, d. h. in der künftigen Welt, und als Endziel des Mysteriums durch die Hinwendung zu Gott vergöttlicht wird, vergöttlicht aber durch Antheil an der göttlichen Erleuchtung und nicht durch Verwandlung in die göttliche Wesenheit.¹)

(Der Mensch schuldlos geschaffen. Freiheit des Willens.)

Er machte ihn aber der Natur nach schuldlos und dem Willen nach frei. Schuldlos aber, sage ich, nicht als ob er keiner Sünde fähig wäre, denn nur die Gottheit ist keiner Sünde fähig, sondern weil es nicht in seiner Natur lag zu sündigen, sondern vielmehr in seinem Willen, oder weil er die Macht hatte, unterstützt durch die göttliche Gnade im Guten zu bleiben und fortzuschreiten, sowie auch vom Guten sich abzuwenden und in's Böse zu verfallen, durch Zulassung Gottes wegen der Freiheit. Denn es ist keine Tugend, was mit Zwang geschieht.²)

---

1) Greg. v. Naz. Rede 30 u. 42.
2) Athan. lib. de inob. cont. Apoll.

(Von der Seele.)

Die Seele also ist eine lebendige Wesenheit, einfach und unkörperlich, für körperliche Augen ihrer eigenen Natur nach unsichtbar, unsterblich, vernünftig, denkend, gestaltlos, die eines organischen Leibes sich bedient und diesem Leben, Wachsthum, Empfindung und Zeugung verleiht,[1]) die nicht einen von ihr selbst verschiedenen Geist hat, sondern der der reinste Theil von ihr selbst ist; denn wie das Auge im Leibe, so ist in der Seele der Geist; frei im Wollen und Handeln, wandelbar oder willensveränderlich, weil auch geschaffen: alles Dieses hat sie von Natur aus durch die Gnade des Schöpfers empfangen, durch welche sie auch das Sein und von Natur so zu sein empfangen hat.

(Wie vielerlei Sinn der Ausdruck „unkörperlich" hat.)

Unkörperliches aber, Unsichtbares und Gestaltloses denken wir auf zweierlei Weise, theils der Wesenheit nach, theils durch Gnade, das eine von Natur so, das andere im Vergleich mit der Grobheit der Materie. Von Gott nun wird die Unkörperlichkeit ausgesagt der Natur nach, von den Engeln aber Dämonen und Seelen der Gnade nach und als im Vergleich mit der Grobheit der Materie.

(Vom Körper.)

Ein Körper aber ist, was drei Dimensionen, oder was Länge, Breite und Tiefe oder Dicke hat. Jeder Körper aber besteht aus den vier Elementen, die Körper der Thiere aber aus den vier Säften.

(Die vier Säfte entsprechen den Eigenschaften der vier Elemente.)

Man muß aber wissen, daß vier Elemente sind: die trockene und kalte Erde, das kalte und feuchte Wasser,

---

1) Maxim. opus de anima.

die feuchte und warme Luft, das warme und trockene Feuer. Deßgleichen sind auch, den vier Elementen entsprechend vier Säfte: die schwarze Galle, entsprechend der Erde, denn sie ist trocken und kalt; das Phlegma, entsprechend dem Wasser, denn es ist kalt und feucht; das Blut, entsprechend der Luft, denn es ist feucht und warm; die gelbe Galle, entsprechend dem Feuer, denn sie ist warm und trocken. Die Früchte nun bestehen aus den Elementen, die Säfte aus den Früchten, die Leiber der Thiere aber aus den Säften, und lösen sich in sie [die Elemente] auf. Denn alles Zusammengesetzte löst sich in sie auf.

(Der Mensch hat Etwas gemein mit den unbeseelten, mit den unvernünftigen und mit den vernünftigem Wesen.)

Man muß wissen, daß der Mensch sowohl mit den unbeseelten Wesen Etwas gemein hat, als an dem Leben der vernunftlosen Theil hat, als auch der Denkkraft der vernünftigen theilhaftig ist. Mit den unbeseelten nämlich hat er Gemeinschaft nach dem Leibe und der Mischung aus den vier Elementen, mit den Pflanzen nach diesem und nach der ernährenden, wachsthümlichen und samenbereitenden oder Zeugungs-Kraft, mit den unvernünftigen aber sowohl in diesem als überdieß nach dem Verlangen oder Zorn und Begierde und nach der Empfindung und der willkürlichen Bewegung.

Sinnes-Empfindungen nun gibt es fünf: Gesicht, Gehör, Geruch, Geschmack und Tastsinn; zur willkürlichen Bewegung aber gehört der Uebergang von Ort zu Ort, die Bewegung des ganzen Leibes, die Stimme und das Athmen. Denn es steht bei uns, Dieß zu thun oder nicht zu thun.

Er hängt aber durch die Vernunft mit den unkörperlichen und geistigen Naturen zusammen, da er schließt und denkt und Alles beurtheilt und nach Tugenden strebt und den Gipfel der Tugenden, die Gottseligkeit erfaßt; darum ist auch der Mensch eine kleine Welt.

(Eigenschaften des Leibes und der Seele.)

Man muß aber wissen, daß Theilung, Fluß und Verwandlung Eigenschaften nur des Leibes sind; Verwandlung in der Beschaffenheit, wie z. B. Erwärmung und Erkältung und dergleichen; Fluß und Abgang,[1] denn es geht Trockenes und Nasses und Odem ab, was des Wiederersatzes bedarf, weßhalb Hunger und Durst natürliche Bestimmungen sind; Theilung aber ist die Trennung der Säfte von einander und die Scheidung nach Form und Materie.[2]

(Die Vernunft herrscht naturgemäß über den unvernünftigen Theil. Die der Vernunft gehorchenden und nicht gehorchenden Seelenkräfte.)

Man muß wissen, daß das Vernünftige seiner Natur nach herrscht über das Unvernünftige. Es theilen sich nämlich die Kräfte der Seele in einen vernünftigen und einen unvernünftigen Theil. Theile des unvernünftigen aber sind zwei, der eine hört nicht auf die Vernunft oder gehorcht ihr nicht, der andere hört auf sie und gehorcht ihr. Der Vernunft nicht willfährig und nicht gehorsam ist die Lebens- oder Puls-Thätigkeit, die samenbereitende oder zeugende und die Wachs- oder Nährkraft; zu dieser aber gehört auch die mehrende, die auch die Leiber gestaltet. Diese nämlich werden nicht durch die Vernunft geleitet, sondern durch die Natur; der der Vernunft willfährige und gehorchende Theil aber theilt sich in Zorn-Muth und Begier. Es heißt aber mit einem gemeinsamen Namen der unvernünftige Theil der Seele leidsam und regsam ($\pi\alpha\vartheta\eta\tau\iota\varkappa\acute{o}\nu$ $\varkappa\alpha\grave{\iota}$ $\dot{o}\varrho\epsilon\varkappa\tau\iota\varkappa\acute{o}\nu$). Man muß aber wissen, daß zu dem der Vernunft gehorchenden Theile auch die willkürliche Bewegung gehört.

Zu dem der Vernunft nicht gehorchenden Theile aber gehört die Ernährungs-, Zeugungs- und Pulsirkraft; man

---

1) Nemesius, de natura homin. c. 1.
2) Nemes. ebend.

nennt aber die mehrende, nährende und zeugende Kraft wachsthümlich (vegetativ), die Pulsir- aber Lebens-Kraft.[1]

Die Ernährungsthätigkeit nun hat vier Kräfte: die aufnehmende, welche die Nahrung aufnimmt, die behaltende, welche die Nahrung festhält und sie nicht sogleich sich ausscheiden läßt, die verwandelnde, welche die Nahrung in die Säfte verwandelt, die ausscheidende, welche den Ueberfluß durch den Hintern ausscheidet und ausstößt.

(Verschiedene Arten thierischer Thätigkeit.)

Man muß wissen,[2] daß von den thierischen Kräften die einen seelisch sind, die andern wachsthümlich, die andern lebenverleihend; seelisch sind die freiwilligen oder die willkürliche Bewegung und die Empfindung; zur willkürlichen Bewegung aber gehört die Ortsveränderung, die Bewegung des ganzen Leibes, die Stimme und das Athmen; denn es steht bei uns, Dieses zu thun oder nicht zu thun; die wachsthümlichen und lebenverleihenden aber sind unfreiwillig; und wachsthümlich sind die nährende, mehrende und samenbereitende Kraft, lebenverleihend aber ist die Pulsirkraft; denn diese sind thätig, wir mögen wollen oder nicht.

(Affekte in Bezug auf Gutes und Schlechtes.)

Man muß aber wissen, daß von den Dingen die einen gut sind, die andern schlecht. Ein erwartetes Gut nun erweckt Verlangen, ein gegenwärtiges Freude; desgleichen hinwieder ein erwartetes Uebel Furcht, ein gegenwärtiges Betrübniß. Man muß aber wissen, daß wir hier unter Gut entweder das wahrhaft Gute oder das scheinbar Gute verstehen, ebenso aber auch unter dem Uebel.

13. Von den Lüsten.

(Unterscheidung der Lüste.)

Von den Lüsten sind die einen seelisch, die andern

---

1) Nemes. c. 23. — 2) Nemes. c. 23.

leiblich; und zwar seelisch sind jene, die nur der Seele selbst an sich angehören, wie die an den Wissenschaften und der Betrachtung; leiblich aber jene, die aus der Gemeinschaft der Seele und des Leibes entstehen und darum auch leiblich heissen, wie die an Nahrung, Beischlaf und dergleichen; bloß dem Leibe angehörige aber wird man wohl keine finden.¹)

(Andere Arten von Lüsten. Nach welchen Lüsten ein frommer Mann streben darf.)

Ferner sind von den Lüsten die einen wahr, die andern falsch; und zwar sind der Seele allein angehörig die an Wissenschaft und Betrachtung, mit dem Körper verbunden aber die der Sinnesempfindung. Und von den mit dem Körper verbundenen Lüsten sind die einen natürlich und zugleich nothwendig, ohne welche man nicht leben kann, wie die das Bedürfniß sättigenden Mahlzeiten und die nothwendigen Bekleidungen; die andern natürlich, aber nicht nothwendig, wie die naturgemäßen und gesetzmäßigen Beiwohnungen; denn diese dienen zur Fortdauer des ganzen Geschlechtes, man kann aber ohne sie in Jungfräulichkeit leben; andere endlich sind weder nothwendig noch natürlich, wie Trunkenheit, Unzucht und übermäßige Völlerei; denn sie nützen weder zur Erhaltung unseres Lebens noch zur Fortpflanzung des Geschlechtes, sondern vielmehr im Gegentheil, sie schaden sogar. Der Gott gemäß Lebende nun soll den nothwendigen sowohl als natürlichen nachgehen, an zweite Stelle aber die natürlichen und nicht nothwendigen setzen in der entsprechenden Zeit, Weise und Maaß; die anderen aber muß er durchaus abweisen.

(Welche Lüste für ehrbar zu halten sind.)

Für gute Lüste aber muß man diejenigen halten, welche nicht mit Betrübniß verflochten sind und keine Reue mit sich bringen, noch sonst einen Schaden erzeugen, noch die Grenze

---

1) Nemes. c. 18; Chrysost. hom. 74 in Joann.

des Mäßigen überschreiten, noch uns gar sehr von ernsten Geschäften abziehen oder unterjochen.

14. Von der Traurigkeit.

(Vier Arten der Trauer.)

Die Traurigkeit aber hat vier Arten: Schmerz, Gram, Neid, Mitleid. Schmerz ist eine sprachlos machende Trauer, Gram eine drückende Trauer, Neid eine Trauer bei fremdem Glücke, Mitleid eine Trauer bei fremdem Unglück.

15. Von der Furcht.

(Arten der Furcht.)

Auch die Furcht aber unterscheidet sich in sechs [Arten]: Zaghaftigkeit, Scheu, Scham, Schreck, Schauder, Angst. Zaghaftigkeit ist die Furcht vor einer bevorstehenden Thätigkeit; Scheu ist die Furcht bei Erwartung eines Tadels, das ist aber ein sehr guter Affekt; Scham die Furcht nach einer schändlichen That, auch dieser Affekt läßt Heil hoffen; Schreck ist Furcht auf Grund einer großen Vorstellung, Schauder Furcht auf Grund einer ungewohnten Vorstellung, Angst ist Furcht vor einem Fall oder Unglück; denn wenn wir das Mißlingen unseres Thuns befürchten, ängstigen wir uns.

16. Vom Zorne.

Zorn ist eine Aufwallung des Herzblutes, die aus einer Ausdampfung oder Erregung der Galle entsteht, woher man auch Galle für Zorn sagt.[1]) Es ist aber bisweilen der Zorn auch ein Verlangen, sich zu rächen; denn wenn wir beleidigt werden oder beleidigt zu sein glauben, werden wir traurig und entsteht dann ein aus Begier und Zorn gemischter Affekt.

---

1) Nemes. de nat. hom. c. 21. — Im Griech. $\chi o \lambda \acute{\eta} - \chi \acute{v} \lambda o \varsigma$.

(Drei Arten des Zornes.)

Arten aber des Zornes sind drei: Ärger, der auch Galle genannt wird, Groll und Nachsucht. Wenn nämlich der Zorn anfängt und sich regt, heißt er Ärger und Galle; Groll aber ist ein andauernder Aerger,[1]) Nachsucht aber ein die Zeit zur Rache abpassender Aerger.

Es ist aber der Zorn ein Spießträger des Verstandes, ein Rächer der Begierde. Denn falls wir nach einer Sache begehren und von Jemand gehindert werden, zürnen wir gegen ihn, als beleidigt, indem nämlich der Verstand die Sache für zürnenswerth erklärt bei denen, die naturgemäß ihre Stellung wahren.

17. Von der sinnlichen Vorstellkraft.

Die Vorstellkraft ist eine Kraft der unvernünftigen Seele, die durch die Sinneswerkzeuge thätig ist, was auch Sinnesempfindung [Wahrnehmung] heißt. Sinnlich vorstellbar aber und wahrnehmbar ist Das, was unter die Vorstellung und Wahrnehmung fällt, wie Gesicht die Sehkraft selbst ist, sichtbar aber das, was unter das Gesicht fällt, ein Stein z. B. oder etwas Dergleichen. Vorstellung aber ist eine Bestimmtheit der unvernünftigen Seele, die durch ein Vorstellbares entsteht. Leere Vorstellung [Einbildung] aber ist eine gegenstandslose Bestimmtheit im unvernünftigen Theile der Seele, die von keinem vorstellbaren Gegenstande herrührt. Organ aber der Vorstellkraft ist die vordere Gehirnhöhle.

18. Von der Sinneswahrnehmung.

Sinneswahrnehmung ist eine die Stoffe bemerkende

---

[1]) Die etymologische Erklärung: ἤγουν μνησικακία. εἴρηται δὲ παρὰ τὸ μένειν καὶ τῇ μνήμῃ παραδίδοσθαι ist unübersetzbar, und Dasselbe gilt von dem folgenden κότος, wovon es heißt: εἴρηται δὲ οὗτος παρὰ τὸ κεῖσθαι.

und unterscheidende Kraft der Seele; Sinne aber sind die Werkzeuge oder Glieder, durch die wir wahrnehmen; sinnlich aber ist das unter die Sinneswahrnehmung Fallende; sinnbegabt aber das Thier, das die Sinneswahrnehmung hat. Es gibt aber fünf Sinneswahrnehmungen und fünf Sinneswerkzeuge.

Der erste Sinn ist das Gesicht. Sinneswerkzeuge aber und Organe des Sehens sind die Gehirnnerven und die Augen. Es nimmt aber das Gesicht an erster Stelle die Farbe wahr, und zugleich mit der Farbe bemerkt es den farbigen Körper, seine Größe, Gestalt, den Ort, wo er ist, den Zwischenraum, die Anzahl,[1]) Bewegung und Ruhe, das Rauhe und Glatte, Ebene und Unebene, Spitzige und Stumpfe und den Bestand desselben, ob er wasser- oder erdartig ist, d. h. naß oder trocken.

(Nur der Mensch und der Affe bewegen die Ohren nicht.)

Der zweite Sinn ist das Gehör, welches die Stimmen und die Töne wahrnimmt; es unterscheidet aber deren Höhe und Tiefe, Feinheit und Stärke. Seine Werkzeuge aber sind die weichen Gehirnnerven und die Einrichtung der Ohren; nur der Mensch aber und der Affe bewegen die Ohren nicht.

Der dritte Sinn ist der Geruch, der durch die die Dünste in das Gehirn führenden Nasenhöhlen geschieht und bis an die Grenzen der vorderen Gehirnhöhlen geht. Er empfindet und bemerkt aber die Dünste; von den Dünsten aber sind die allgemeinsten Unterschiede Wohl- und Uebelgeruch und das zwischen ihnen Befindliche, was weder wohl noch übel riecht. Es entsteht aber ein Wohlgeruch, wenn die in den Körpern befindlichen Feuchtigkeiten gut verkocht sind; wenn aber mittelmäßig, [entsteht] ein mittelmäßiges Verhalten; wenn sie aber nur wenig oder gar nicht verkocht sind, entsteht der Gestank.

---

1) Nemes. c. 71.

Der vierte Sinn ist der Geschmack; er bemerkt aber oder empfindet die Säfte; seine Werkzeuge aber sind die Zunge, und von dieser besonders die Spitze, und der Gaumen, den Einige auch kleine Himmelswölbung nennen, worin die vom Gehirn kommenden Nerven ausgebreitet sind, die dem herrschenden Theile die stattfindende Wahrnehmung oder Empfindung berichten.¹) Die sogenannten Geschmackseigenschaften der Säfte aber sind diese: Süße, Schärfe, Säure, Bitterkeit, Herbheit, Hantigkeit, Salzigkeit, Fettigkeit, Klebrigkeit; denn diese unterscheidet der Geschmack, das Wasser aber hat keine von diesen Eigenschaften und ist also geschmacklos. Die Bitterkeit aber ist ein hoher Grad von Herbheit.

Der fünfte Sinn ist der Tastsinn, welcher auch allen Thieren gemein ist²) und durch die aus dem Gehirn in den ganzen Körper sich verbreitenden Nerven stattfindet. Daher hat auch der ganze Körper, aber auch die übrigen Sinneswerkzeuge die Tastempfindung. Es fallen aber unter den Tastsinn das Warme und Kalte, das Weiche und Harte, das Leimige und Spröde, das Schwere und Leichte, denn nur durch die Betastung wird dieses erkannt. Gemeinsam aber dem Tastsinn und dem Gesichte ist das Rauhe und Glatte, das Trockene und Nasse, das Grobe und Feine, oben und unten, der Ort und die Größe (wenn sie so groß ist, daß sie durch eine Betastung umgriffen werden kann), das Dichte und Dünne oder Spärliche und das Runde, wenn es klein ist, und andere dergleichen Figuren. Deßgleichen aber bemerkt er [der Tastsinn] auch den in der Nähe befindlichen Körper, in Verbindung mit dem Gedächtnisse und dem Verstande, ebenso die Zahl bis zwei oder drei und so kleine, die man leicht umfassen kann. Diese aber nimmt mehr das Gesicht wahr als der Tastsinn.

(Grund der doppelten Sinneswerkzeuge.)

Man muß wissen, daß jedes der anderen Sinnesorgane

---
1) Nemes. c. 9. — 2) Nemes. c. 8.

der Schöpfer doppelt gebildet hat, damit, wenn eines Schaden leidet, das andere den Dienst versehe; denn er bildete zwei Augen, zwei Ohren, zwei Nasenlöcher und zwei Zungen, die jedoch bei einigen Thieren zwar getheilt sind, wie bei den Schlangen, bei andern aber verbunden, wie beim Menschen. Den Tastsinn aber bildete er im ganzen Körper, ausgenommen Knochen, Nerven, Nägel und Hörner, Haare, Bänder, und Anderes dergleichen.

Zu bemerken ist auch, daß das Gesicht nach geraden Linien sieht, der Geruch aber und das Gehör nicht bloß geradaus, sondern nach allen Seiten. Der Tastsinn und Geschmack aber bemerken weder geradaus noch nach allen Seiten, sondern nur dann, wann sie ihren Gegenständen nahe sind.

19. Von der Denkkraft.

(Was zur Denkkraft gehört. Traumgeschichte.)

Zur Denkkraft gehören die Urtheile, die Zustimmungen, die Entschlüsse zum Handeln, die Inangriffnahme und die Flucht des Handelns, besonders aber die Betrachtungen des Denkbaren, die Tugenden und Wissenschaften, die Begriffe der Künste, die Ueberlegung und Wahl.¹) Sie ist aber auch Das, was uns in Träumen das Künftige weissagt, was die Pythagoräer, den Hebräern folgend, für die allein wahre Wahrsagung erklären. Werkzeug aber auch hievon ist die mittlere Gehirnhöhle und der seelische Geist, der in ihr ist.²)

20. Vom Gedächtnisse.

(Definition des Gedächtnisses.)

Das Gedächtniß ist Grund und Vorrathskammer des

---

1) Nemes. c. 11.
2) Vgl. Greg. v. Nyss. de opif. hom. c. 13.

Gedenkens und der Wieder-Erinnerung; denn die Erinnerung ist eine von einer wirklich stattgehabten Empfindung und Erwägung zurückgelassene Vorstellung oder die Aufbewahrung einer Empfindung und Erwägung.[1]) Denn die Seele bemerkt oder empfindet das Empfindbare durch die Sinneswerkzeuge, und es entsteht eine Wahrnehmung (δόξα), das Denkbare durch den Geist, und es entsteht ein Gedanke; wenn sie also die Bilder dessen, was sie wahrnahm und dachte, bewahrt, so heißt man das: sich erinnern.

(Wie die Erinnerung entsteht.)

Man muß aber wissen, daß die Erfassung des Denkbaren [Intelligiblen] nicht geschieht außer durch Erlernung oder natürliches Denken, nicht nämlich durch Sinneswahrnehmung; denn des Sinnlichen erinnert man sich an sich selbst, des Denkbaren [Geistigen] aber erinnern wir uns, wenn wir Etwas gelernt haben; von der Wesenheit desselben aber haben wir keine Erinnerung.

(Was die Wiedererinnerung ist.)

Wiedererinnerung aber nennt man den Wiedererwerb einer durch Vergessenheit verlorenen Erinnerung; Vergessenheit aber ist Verlust einer Erinnerung. Die Vorstellkraft also, welche durch die Sinne die Stoffe wahrnimmt, übergibt sie der Denk- oder Urtheilskraft (denn Beides ist Dasselbe), diese empfängt und beurtheilt sie und übergibt sie dem Gedächtnisse. Werkzeug aber des Gedächtnisses ist die hintere Gehirnhöhle, die man auch kleines Gehirn nennt, und der seelische Geist darin.

21. Vom innerlichen und äußerlich ausgesprochenen Worte (Sprechen).

Ferner aber unterscheidet sich der vernünftige Theil der Seele in das innerliche Wort und in das ausgesprochene.

---

1) Nemes. c. 13.

Es ist aber das innerliche Sprechen eine in dem überlegenden Theile der Seele stattfindende Bewegung ohne eine Aussprache, weßhalb wir oft auch schweigend eine ganze Rede in uns durchgehen und in den Träumen uns unterreden. In dieser Hinsicht aber vorzüglich sind wir alle vernünftige (redende) Wesen. Denn auch die von Geburt Tauben oder die durch eine Krankheit oder einen Unfall ihre Stimme verloren, sind nichts desto weniger redende (vernünftige) Wesen. Die ausgesprochene Rede aber hat in der Stimme und in den Dialekten (Mundarten) ihre Wirklichkeit, nämlich die durch Zunge und Mund hervorgebrachte Rede; darum heißt sie auch hervorgebracht; sie ist aber ein Bote des Gedankens. In dieser Hinsicht aber heissen wir auch sprechende Wesen.

22. Vom Leiden und Thun.

(Mehrdeutigkeit des Ausdrucks „Leiden".)

Leiden sagt man in mehrfachem Sinne. Leiden nämlich heißt auch das körperliche, wie die Krankheiten und die Wunden, ferner heißt Leiden auch der seelische Affekt, sowohl die Begierde als der Zorn. Es ist aber allgemein und generell eine Bestimmung des lebendigen Wesens, auf welche Lust folgt oder Trauer. Es folgt nämlich dem Leiden Trauer, und nicht ist das Leiden selbst Trauer. Denn das Empfindungslose, wenn es eine Bestimmung erleidet, hat keinen Schmerz; nicht das Leiden also ist ein Schmerz, sondern die Empfindung des Leidens. Es muß aber der Rede werth d. h. groß sein, um unter die Empfindung zu fallen.

(Was die Leiden [Affekte] der Seele sind.)

Die Definition der seelischen Leiden ist aber diese: Leiden ist eine empfindbare Bewegung der begehrenden Kraft bei der Vorstellung eines Gutes oder Uebels. Oder anders: Leiden ist eine unvernünftige Bewegung der Seele über die Vorstellung eines Gutes oder Uebels. Die Vorstellung also

des Guten bewegt das Verlangen, die Vorstellung aber des
Uebels den Unwillen (Zorn). Das generelle aber oder all=
gemeine Leiden wird so definirt: Leiden ist eine Bewegung
in dem Einen durch ein Anderes. — Thun aber ist eine
thätige Bewegung (Bewegen); thätig aber heißt, was sich
durch sich selbst bewegt. So ist auch der Zorn zwar eine
Thätigkeit des Zornmuthes, ein Leiden aber der beiden Theile
der Seele und überdieß des ganzen Leibes, wenn er vom
Zorn mit Gewalt zum Handeln getrieben wird. Denn die
Bewegung findet in dem Einen durch ein Anderes statt,
was eben Leiden heißt.

(Identität von Thun und Leiden.)

In anderer Hinsicht aber heißt auch die Thätigkeit ein
Leiden. Thätigkeit nämlich ist eine naturgemäße Bewegung,
Leiden aber eine naturwidrige. In dieser Hinsicht also heißt
die Thätigkeit ein Leiden, wenn sie nicht naturgemäß sich
bewegt, sei es durch sich selbst oder durch ein Anderes. Die
Pulsbewegung des Herzens also ist, da sie natürlich ist,
eine Thätigkeit; sein Erzittern aber, da es maßlos ist und
nicht naturgemäß, ist ein Leiden und keine Thätigkeit.

Nicht jede Bewegung aber des affizirbaren [leidens=
fähigen] Theiles heißt ein Affekt [Leiden], sondern die hef=
tigeren und in die Sinnesempfindung hervortretenden; denn
die kleinen und unempfindbaren sind noch keine Affekte.
Denn der Affekt muß auch eine der Rede werthe Größe
haben. Darum ist der Definition des Affektes beigefügt:
eine empfindbare Bewegung; denn die kleinen Bewegun=
gen, die der Empfindung entgehen, machen keinen Affekt.

(Zweierlei Seelenkräfte, die erkennenden und lebensthätigen.)

Man muß wissen, daß unsere Seele zweierlei Kräfte
hat, die erkennenden und die lebensthätigen. Die erkennen=
den sind: Einsicht ($νοῦς$), Ueberlegung ($διάνοια$), Meinung
($δόξα$), Vorstellung ($φαντασία$), Sinneswahrnehmung (oder
Empfindung, $αἴσθησις$); die lebensthätigen oder begehrenden

sind Wille, (βούλησις) und Wahl (προαίρεσις). Damit aber das Gesagte deutlicher werde, wollen wir hierüber genau reden und zuerst von den erkennenden sprechen.

Von der Vorstellung und Wahrnehmung nun ist schon im Vorhergehenden genugsam die Rede gewesen. Durch die Wahrnehmung also entsteht in der Seele eine Bestimmung, welche Vorstellung heißt; aus der Vorstellung aber entsteht eine Meinung. Die Ueberlegung sodann, welche über die Meinung urtheilt, ob sie wahr ist oder falsch, beurtheilt das Wahre, weßhalb man auch Ueberlegung sagt vom Ueberlegen und Urtheilen. Das Beurtheilte nun und als wahr Bestimmte heißt Einsicht (νοῦς).[1]

Oder anders: Man muß wissen, daß die erste Bewegung der Einsicht Nachdenken (νόησις) heißt; das Nachdenken über Etwas aber heißt Ueberlegung (διάνοια), welche, wenn sie bleibt und die Seele nach dem Gedachten gestaltet, Beherzigung (ἐνθύμησις) genannt wird. Die Beherzigung aber, wenn sie darin verharrt und sich selbst erforscht und die Seele mit dem Gedachten vertraut macht, heißt Besinnung (φρόνησις); die Besinnung aber, wenn sie sich erweitert, macht die Erwägung (διαλογισμός), innerliche Rede genannt, die man definirt als eine in dem Erwägungsvermögen ohne Aussprache geschehende allseitige Bewegung der Seele, woraus, wie man sagt, die äusserliche, durch die Zunge gesprochene Rede hervorgeht. — Nachdem wir nun von den erkennenden Kräften gesprochen haben, wollen wir auch von den lebensthätigen oder begehrenden sprechen.

(Von den Begehrungskräften. Das Verlangen ist eine angeborne Kraft des Begehrens.)

Man muß wissen, daß der Seele von Natur aus eine Kraft eingepflanzt ist, die nach dem, was der Natur gemäß ist, begehrt und an Allem, was der Natur wesenhaft zukommt, festhält, und diese heißt Verlangen (θέλησις). Denn die Wesenheit begehrt nach dem Sein, dem Leben und der

---

[1] Max. epist. 1. ad Marin.

geistigen und sinnlichen Bethätigung, indem sie nach ihrem natürlichen und vollkommenen Sein strebt. Darum definirt man auch dieses natürliche Verlangen so: Verlangen ist ein vernünftiges, lebensthätiges, nur an dem Natürlichen hängendes Begehren. Verlangen ist also das natürliche, lebensthätige und vernünftige Streben nach Allem, was die Natur constituirt, eine einfache Kraft. Denn das Begehren der vernunftlosen Wesen, da es nicht vernünftig ist, heißt nicht Verlangen.

(Wille ist ein natürliches Verlangen nach Etwas.)

Wille aber (βούλησις) ist ein solches natürliches Verlangen oder natürliches und vernünftiges Streben nach irgend einer Sache. Denn es liegt in der Menschenseele eine Kraft vernünftigen Begehrens. Wenn nun dieses vernünftige Begehren auf natürliche Weise sich auf eine Sache hinbewegt, heißt es Wille. Denn Wille ist ein vernünftiges Begehren und Streben nach einer Sache.

Man sagt aber Wille sowohl von dem, was bei uns steht, als von dem, was nicht bei uns steht, d. h. sowohl von dem Möglichen als dem Unmöglichen. Denn oft wollen wir Unzucht treiben oder keusch sein oder schlafen oder Etwas dergleichen, und Das steht bei uns und ist möglich. Wir wollen aber auch Könige sein, und Das steht nicht bei uns, oder wir wollen vielleicht auch niemals sterben, das ist etwas Unmögliches.

(Der Wille geht direkt auf den Zweck.)

Es geht aber der Wille auf den Zweck [das Ziel], nicht auf das, was zum Zwecke führt [die Mittel]. Zweck also ist das Gewollte (βουλητόν), wie z. B. das Königsein oder die Gesundheit, zweckdienlich aber Das, worüber man rathschlagen muß (τὸ βουλευτόν), d. h. die Weise, wodurch wir die Gesundheit oder das Königthum erlangen können.[1]

---

1) Max Dial. cum Pyrrh. et epist. 1. ad Marin.

Nach dem Willen dann kommt das Fragen und Suchen, und hernach, wenn Etwas bei uns steht, findet eine Berathung (βουλή) oder Rathschlagung (βούλευσις) statt. Berathung aber ist ein suchendes Begehren in Bezug auf Das, was von uns zu thun ist. Man rathschlagt nämlich, ob man an die Sache gehen solle; dann beurtheilt man das Bessere, und das heißt Urtheil (κρίσις); dann hegt und pflegt man das durch die Berathung Beurtheilte, und das heißt Gesinnung (γνώμη); denn wenn man urtheilt und zu dem Beurtheilten sich nicht hinneigt oder es liebt, heißt man es nicht Gesinnung. Dann nach der Hinneigung geschieht die Wahl (προαίρεσις) oder Erwählung (ἐπιλογή); denn eine Wahl ist es, wenn man von zwei vorliegenden Dingen das eine vor dem anderen erwählt und ausliest. Dann schreitet man zur That, und das heißt Angriff (Unternehmen, ὁρμή); sodann macht man Gebrauch, und das heißt Gebrauch (χρῆσις). Endlich ruht das Begehren nach dem Gebrauche.

(In den Thieren ist kein Wille.)

In den vernunftlosen Wesen nun findet sich ein Begehren nach Etwas und sogleich ein Angriff zur That. Denn das Begehren der vernunftlosen Wesen ist vernunftlos, und sie werden durch das natürliche Begehren getrieben. Darum nennt man auch das Begehren der vernunftlosen Wesen nicht Verlangen, noch auch Willen. Denn das Verlangen ist ein vernünftiges und freiwilliges natürliches Begehren. Bei den Menschen aber, die vernünftig sind, wird das natürliche Begehren vielmehr getrieben [gelenkt], als daß es treibt. Denn freiwillig und mit Vernunft ist er thätig, da die erkennenden und lebensthätigen Kräfte in ihm mit einander verbunden sind. Freiwillig also begehrt er und will er, und freiwillig fragt und sucht er, und freiwillig rathschlagt er, und freiwillig urtheilt er, und freiwillig neigt er sich hin, und freiwillig wählt er, und freiwillig greift er an, und freiwillig handelt er in dem, was der Natur gemäß ist.

(**Vom Willen Gottes. In Gott ist keine Berathung.**)

Man muß aber wissen, daß wir bei Gott zwar von einem Willen reden, von Wahl aber im eigentlichen Sinne nicht. Denn Gott rathschlagt nicht; denn Rathschlagen ist Sache der Unwissenheit. Denn über das, was man erkennt, rathschlagt Niemand. Wenn aber Berathung Sache der Unwissenheit ist, dann gewiß auch die Wahl.[1]) Gott aber, der schlechthin Alles weiß, rathschlagt nicht.

(**Auch in der Seele Christi ist keine Berathung.**)

Aber auch bei der Seele des Herrn reden wir von keiner Wahl; er hatte ja keine Unwissenheit. Denn wenn er auch eine das Künftige nicht wissende [menschliche] Natur hatte, so hatte sie dennoch, weil sie mit Gott dem Worte hypostatisch geeint war, die Kenntniß von Allem, nicht durch Gnade, sondern, wie gesagt, durch die hypostatische Einigung.[2]) Denn der Nämliche war sowohl Gott als Mensch; darum hatte er auch keinen Gesinnungs-Willen ($\gamma\nu\omega\mu\iota\kappa\grave{o}\nu$ $\vartheta\acute{\epsilon}\lambda\eta\mu\alpha$); denn zwar einen natürlichen, einfachen Willen hatte er, wie er in allen Personen der Menschen gleichfalls sich findet, eine Gesinnung ($\gamma\nu\acute{\omega}\mu\eta$) aber oder ein Wollen im Gegensatze zu seinem göttlichen Willen oder verschieden von seinem göttlichen Willen hatte seine heilige Seele nicht. Denn die Gesinnung unterscheidet sich zugleich mit den Personen ausser der heiligen, einfachen, unzusammengesetzten und ungetrennten Gottheit.[3]) Denn weil da die Personen in keiner Weise getrennt und geschieden sind, ist auch das Wollen nicht getrennt; und da ist, weil eine einzige Natur, auch ein einziger natürlicher Wille. Und weil auch die Personen ungetrennt sind, ist eines auch das Wollen und eine die Bewegung der drei Personen. Bei den

---

1) Maxim. ep. 1. ad Marin.
2) Maxim. Dial. cum Pyrrh.
3) Siehe unten 3. Buch 14. Kap.

Menschen aber ist, da zwar die Natur eine ist, auch der natürliche Wille einer; da aber die Personen von einander getrennt und geschieden sind nach Ort und Zeit und der Neigung zu den Dingen und sehr vielem Anderen, darum sind die Willen und die Gesinnungen verschieden. Bei unserm Herrn Jesus Christus aber sind, da zwar die Naturen verschieden sind, verschieden auch die natürlichen Willen oder die Willensvermögen seiner Gottheit und seiner Menschheit. Da aber die Person eine und der Wollende einer ist, so ist eines auch das Wollen oder der Gesinnungs=Wille ($\gnomikon\ \theta\epsilon\lambda\eta\mu\alpha$), da nämlich sein menschlicher Wille seinem göttlichen Willen folgt und das will, was der göttliche Wille will, daß er wolle.

Man muß aber wissen, daß etwas Anderes ist das Verlangen ($\theta\epsilon\lambda\eta\sigma\iota\varsigma$) und etwas Anderes der Wille ($\beta o \upsilon \lambda \eta \sigma \iota \varsigma$), etwas Anderes das Gewollte ($\theta\epsilon\lambda\eta\tau\acute{o}\nu$) und etwas Anderes das Wollensfähige ($\theta\epsilon\lambda\eta\tau\iota\kappa\acute{o}\nu$) und etwas Anderes der Wollende ($\theta\acute{\epsilon}\lambda\omega\nu$). Verlangen nämlich ist die einfache Kraft des Wollens, Wille ($\beta o \upsilon \lambda \eta \sigma \iota \varsigma$) das Verlangen nach Etwas; gewollt aber ist die dem Willen unterliegende Sache, oder was wir wollen, z. B. es regt sich die Begierde nach Speise; die Begierde schlechthin [als solche] ist ein vernünftiges Verlangen [das bestimmte Verlangen nach einer Speise ist Wille, die Speise selbst ist das Gewollte];[1] willensfähig ist Das, was die Willenskraft hat, z. B. der Mensch; wollend aber eben der, der von dem Willen Gebrauch macht.

Man muß aber wissen, daß der Wille ($\theta\epsilon\lambda\eta\mu\alpha$) bald das Verlangen bedeutet oder die Willenskraft, und heißt dann **natürlicher** Wille; bald aber das Gewollte [das wirkliche Wollen des Gewollten] und heißt dann **absichtlicher** Wille ($\theta\epsilon\lambda\eta\mu\alpha\ \gamma\nu\omega\mu\iota\kappa\acute{o}\nu$).

---

1) Das Eingeklammerte fehlt im griechischen Texte.

23. Von der Thätigkeit und Wirklichkeit (ἐνέργεια).

Man muß wissen, daß all die vorgenannten Kräfte, die erkennenden wie die lebensthätigen, die natürlichen wie die kunstfertigen, „Thätigkeiten" genannt werden. Denn Thätigkeit ist die natürliche Kraft und Bewegung einer jeden Wesenheit. Und wieder: natürliche Thätigkeit ist die angestammte Bewegung einer jeden Wesenheit; es ist daher klar, daß das, was dieselbe Wesenheit hat, auch dieselbe Thätigkeit hat; wo aber die Naturen verschieden sind, da sind auch die Thätigkeiten verschieden; denn es ist unmöglich, daß eine Wesenheit keine natürliche Thätigkeit habe.

Ferner ist natürliche Thätigkeit die eine jede Wesenheit kundgebende Kraft; und wieder: natürliche Thätigkeit ist auch die erste [ursprüngliche] immer bewegte Kraft der denkenden Seele, d. h. ihr stets regsames Denken (λόγος), das auf natürliche Weise immer aus ihr quillt. Und wieder: natürliche Thätigkeit ist die Kraft und die Bewegung einer jeden Wesenheit, ohne welche nur das Nichtseiende ist.

Thätigkeiten heissen aber auch die Handlungen, wie Reden, Gehen, Essen, Trinken und dergleichen. Aber auch die natürlichen Affekte (πάθη) werden oft Thätigkeiten genannt, wie Hunger, Durst und dergleichen.[2] Thätigkeit heißt aber auch die Verwirklichung (ἀποτέλεσμα) der Kraft.

(Zweifache Bedeutung der Kraft und Thätigkeit oder Möglichkeit und Wirklichkeit.)

Auf zweifache Weise aber wird die Möglichkeit (τὸ δυνάμει) und die Wirklichkeit (τὸ ἐνεργείᾳ) ausgesagt. Denn wir nennen den Knaben, der noch Säugling ist, einen

---

1) Anast. Sin. in Ὁδηγ. ex Greg. Nyss. p. 44; Clem. Alex. ap. Max. p. 151.
2) Max. Dial. cum Pyrrh.

Grammatiker der Möglichkeit nach, er hat ja die Befähigung, durch Lernen ein Grammatiker zu werden; wir nennen ferner den Grammatiker einen Grammatiker der Möglichkeit und der Wirklichkeit nach; der Wirklichkeit nach, weil er die Kenntniß der Grammatik hat; der Möglichkeit nach aber, weil er sie lehren kann, aber den Unterricht nicht ausübt; und wieder nennen wir ihn einen Grammatiker der Wirklichkeit nach, weil er wirklich thätig ist und lehrt.

Man muß also wissen, daß die zweite Bedeutung der Möglichkeit [und der Wirklichkeit] gemeinsam ist und secundär die Möglichkeit, primär aber die Wirklichkeit bedeutet.

(Erste Thätigkeit der Natur.)

Erste und alleinige und wahre Natur-Thätigkeit ist das freiwillige oder vernünftige und selbstmächtige Leben, welches auch unsere Art constituirt; und die dem Herrn Dieses absprechen, da weiß ich nicht, wie sie ihn für den menschgewordenen Gott erklären.

Thätigkeit ist wirksame Naturbewegung; wirksam aber heißt, was sich aus sich selbst bewegt.

24. Vom Freiwilligen und Unfreiwilligen.

Da das Freiwillige in einem gewissen Handeln ist, das als unfreiwillig Geltende aber auch, und Viele das wahrhaft Unfreiwillige nicht bloß im Leiden, sondern auch im Thun annehmen, so muß man wissen, daß Handlung eine vernünftige Thätigkeit ist. Den Handlungen aber folgt Lob oder Tadel, und die einen geschehen mit Vergnügen [gern], die anderen aber mit Trauer [ungern]; und die einen derselben sind dem Handelnden erwünscht, die andern verhaßt; von den erwünschten aber sind die einen immer erwünscht, die anderen zeitweise; und Dasselbe gilt von den

---

1) Greg. Nyss. ap. Max. p. 155.
2) Nemes. c. 29.

verhaßten. Und wieder: mit den einen der Handlungen hat man Erbarmen und würdigt sie der Nachsicht, die andern aber haßt und straft man. — Dem Freiwilligen also folgt jedenfalls Lob oder Tadel, und daß man es mit Vergnügen thut, und daß die Handlungen den Handelnden erwünscht seien, entweder immer oder damals, wo sie gethan werden; dem Unfreiwilligen aber, daß man die That der Nachsicht oder Vergebung würdigt und daß sie ungern geschieht und nicht erwünscht ist und man sie nicht durch sich selbst vollbringt, auch wenn man dazu gezwungen wird.

(Unfreiwillig durch Zwang und aus Unwissenheit.)

Das Unfreiwillige aber geschieht theils durch Zwang, theils aus Unwissenheit; durch Zwang, wenn der wirkende Anfang oder Grund von aussen ist, oder wenn wir von einem Andern gezwungen werden, indem wir uns überhaupt weder bereden lassen, noch aus eigenem Antriebe beistimmen noch überhaupt mitwirken oder durch uns selbst das Erzwungene thun; was wir auch so definiren können: Unfreiwillig ist, dessen Beweggrund ($\dot{\alpha}\varrho\chi\dot{\eta}$) von aussen ist, ohne daß der Gezwungene aus eigenem Antriebe mitthut. Unter Beweggrund aber verstehen wir die bewirkende Ursache. — Das Unfreiwillige aus Unwissenheit ist dann da, wenn wir nicht selbst an der Unwissenheit schuldig sind, sondern sie uns eben zustößt. Denn wenn Einer im Rausch einen Mord begeht, hat er zwar unwissend getödtet, aber nicht unfreiwillig;[2] denn die Ursache der Unwissenheit, nämlich den Rausch, hat er selbst begangen. Wenn aber Einer, der an dem gewohnten Orte schießt, den vorbeigehenden Vater tödtet, so sagt man, er habe es aus Unwissenheit unfreiwillig gethan.

(Das Freiwillige.)

Da also das Unfreiwillige zweifach ist, theils durch

---

1) Nemes. c. 30. — 2) Nemes. c. 31.

Zwang, theils aus Unwissenheit, steht das Freiwillige beiden gegenüber. Denn freiwillig ist, was weder durch Zwang noch aus Unwissenheit geschieht.[1]) Freiwillig ist also das, dessen Anfang d. h. Ursache in dem ist, der selber alle Einzelnheiten weiß, wodurch und worin die Handlung ist. Einzelnheiten aber sind das, was von den Rednern „Umstände" genannt wird; z. B. wer, nämlich der Thäter, wem, nämlich, wem er es gethan hat, was, nämlich die That selbst, z. B. er hat getödtet, wodurch, nämlich durch welches Werkzeug, wo oder an welchem Orte, wann oder zu welcher Zeit, wie, die Weise der Handlung, warum oder aus welchem Grunde.

(Mittelding zwischen frei= und unfreiwillig.)

Es ist zu wissen, daß Manches zwischen dem Freiwilligen und Unfreiwilligen in der Mitte steht, was wir, obwohl es unerfreulich und lästig ist, wegen eines größeren Uebels thun, wie wir des Schiffbruchs wegen, was im Schiffe ist, hinauswerfen.[2])

(Kinder und Thiere handeln freiwillig, aber nicht mit Wahl.)

Es ist zu wissen, daß die Kinder und die Thiere zwar freiwillig handeln, aber nicht auch mit Wahl; auch was wir im Zorn thun, ohne zu überlegen, thun wir freiwillig, aber nicht auch mit Vorsatz;[3]) auch der Freund begegnet uns plötzlich, zwar freiwillig [erwünscht] für uns, aber nicht auch mit unserem Vorsatz; auch wer unverhofft einen Schatz findet, findet ihn freiwillig, aber nicht auch mit Vorsatz. Alles Dieses ist zwar freiwillig, weil wir uns darüber freuen, aber nicht auch vorsätzlich, weil nicht mit Berathung; es muß aber jedenfalls eine Berathung der Wahl [dem Vorsatz] vorausgehen, wie gesagt.

---

1) Nemes. c. 32. — 2) Nemes. c. 30. — 3) Nemes. c. 33.

25. Von dem, was bei uns steht, d. h. in unserem freien Willen.

Wenn von dem, was in unserer Macht liegt, d. h. bei uns steht, die Rede ist, ist die erste Frage, ob es Etwas gibt, was bei uns steht; denn Viele stellen Das in Abrede. Die zweite Frage ist, was das sei, was bei uns steht, und worüber wir Macht haben. Die dritte ist die Untersuchung der Ursache, warum Gott, der uns schuf, uns einen freien Willen gegeben hat. Indem wir also mit dem Ersten anfangen, wollen wir zuerst zeigen, daß Etwas bei uns steht, und zwar aus dem, was von Jenen zugestanden wird, und wollen so sagen.

(Der Mensch hat freien Willen und ist Ursache seiner Handlungen. Definition des Glückes.)

Von Allem, was geschieht, ist (sagt man) entweder Gott die Ursache, oder die Nothwendigkeit oder das Schicksal oder die Natur oder das Glück ($\tau \acute{v} \chi \eta$) oder der Zufall ($\alpha \dot{v} \tau \acute{o} \mu \alpha \tau o \nu$): ein Werk Gottes ist die Wesenheit und Vorsehung; (Werk) der Nothwendigkeit die Bewegung des sich immer gleich Bleibenden; des Schicksals das, was mit Nothwendigkeit durch dasselbe geschieht (denn auch dieses ist Sache der Nothwendigkeit); der Natur Erzeugung, Wachsthum, Vergehen, Pflanzen und Thiere; des Glückes das Seltene und Unerwartete (man definirt nämlich das Glück als ein Zusammen-Kommen und Treffen zweier Ursachen, die in einem Vorsatz ihren Grund haben, aber etwas Anderes bewirken, als in ihrer Natur liegt, wie z. B. daß Einer, der einen Graben gräbt, einen Schatz findet; denn weder hat der, der den Schatz hingelegt hat, ihn so hingelegt, daß der Andere ihn finde, noch der, der ihn fand, so gegraben, daß er einen Schatz fände, sondern der Eine, um ihn, wann er wollte, wieder zu bekommen, der Andere aber, um einen

---

1) **Nemes.** c. 39.

Graben zu graben; es traf sich aber Etwas von dem, was Beide beabsichtigten, Verschiedenes); des Zufalls endlich das, was den unbeseelten und unvernünftigen Wesen zustößt, ohne Natur und Kunst; so sagt man. — Unter was also von Diesem sollen wir das einreihen, was durch die Menschen geschieht, wenn nämlich der Mensch nicht Ursache und Anfang seines Thuns ist? Denn weder Gott darf man die bisweilen schändlichen und ungerechten Handlungen zuschreiben, noch der Nothwendigkeit (denn sie gehören nicht zu dem immer sich gleich Bleibenden), noch dem Schicksal (denn nicht zu dem Möglichen, sondern zu dem Nothwendigen gehören die Bestimmungen des Schicksals), noch der Natur (denn Werke der Natur sind Thiere und Pflanzen), noch dem Glücke (denn nicht selten und unverhofft sind die Handlungen der Menschen), noch dem Zufall (denn zu dem Unbeseelten und Unvernünftigen, sagt man, gehören die Begebenheiten des Zufalls). Es bleibt also nur übrig, der handelnde und thuende Mensch selbst sei Anfang seiner Werke und habe freien Willen.

Ferner wenn der Mensch Ursache keiner Handlung ist, so hat er nicht nöthig, sich zu berathen. Denn wozu braucht er die Berathung, wenn er keiner Handlung Herr ist? Denn jede Berathung geschieht einer Handlung wegen; das Schönste und Werthvollste aber am Menschen als überflüssig darzustellen, ist doch höchst ungereimt. Wenn er sich also beräth, beräth er sich einer Handlung wegen, denn jede Berathung geschieht einer Handlung wegen und für eine Handlung.

26. Von dem, was geschieht.

(Was in unserem freien Willen liegt. Was zufällig [gleichmöglich] sei. Die Wahl dessen, was zu thun ist, steht immer bei uns, nicht die That selbst.)

Von dem, was geschieht, steht Einiges bei uns, Anbe-

---
1) Nemes. c. 40.

res nicht. Bei uns steht das, worüber wir selbst Macht haben, es zu thun und nicht zu thun, d. h. Alles, was freiwillig durch uns gethan wird (denn man würde nicht sagen, daß es freiwillig gethan wird, wenn die That nicht bei uns stünde), und schlechtweg das, worauf Tadel oder Lob folgt, und worüber es eine Aufmunterung und ein Gesetz gibt. Hauptsächlich aber steht bei uns Alles, was die Seele betrifft, und worüber wir uns berathen; die Berathung aber findet statt bei dem, was gleich [so oder so] möglich ist; gleichmöglich aber ist das, wo wir eben Dieses und das ihm Entgegengesetzte thun können; die Wahl davon aber macht unser Verstand, und dieser ist Anfang der Handlung. Das also steht bei uns, was gleich möglich ist, wie z. B. sich bewegen und nicht bewegen, Etwas angreifen und nicht angreifen, das Nicht-Nothwendige begehren und nicht begehren, lügen und nicht lügen, geben und nicht geben, sich freuen, worüber man soll, und ebenso sich nicht freuen, worüber man nicht soll, und vieles Dergleichen, worin die guten und schlechten Werke bestehen. Denn hierüber sind wir selbstmächtig. Zu dem gleich Möglichen aber gehören auch die Künste; denn es steht bei uns, sie zu betreiben, wenn wir wollen, und sie nicht zu betreiben.

Man muß aber wissen, daß zwar die Wahl dessen, was zu thun ist, immer bei uns steht; die Handlung aber wird oft verhindert durch eine Art der göttlichen Vorsehung.¹)

27. **Warum wir einen freien Willen haben.**

(Das Geschaffene ist seiner Natur nach veränderlich. Die Willensfreiheit gehört mit zur Vernunft, in den Thieren ist keine.)

Wir sagen also gleich, die Willensfreiheit begleite die Vernunft, und dem, was geworden ist, ist Veränderung und

---

1) Nemes. c. 37.

Wandel eigen. Denn wessen Entstehungs-Anfang mit Veränderung begann, das ist nothwendig wandelbar.[1]) Wandel aber ist es, aus dem Nichtsein in's Dasein gebracht zu werden und aus einem vorhandenen Stoffe etwas Anderes zu werden. Die unbeseelten und unvernünftigen Wesen nun verwandeln sich nach den erwähnten körperlichen Veränderungen, die vernünftigen aber durch freie Wahl. Denn von dem Vernünftigen ist das Eine theoretisch, das Andere praktisch; theoretisch das Nachdenken darüber, wie das Seiende sich verhält, praktisch aber die Berathung, welche dem, was zu thun ist, die rechte Norm bestimmt; und man nennt das Theoretische Verstand ($νοῦς$), das Praktische aber [praktische] Vernunft ($λόγος$), und das Theoretische Weisheit, das Praktische aber Klugheit. Jeder nun, welcher rathschlagt, rathschlagt so, als ob die Wahl dessen, was zu thun ist, bei ihm stünde, um das durch die Berathung Vorgezogene zu erwählen und nach der Wahl zu thun. Wenn aber das der Fall ist, dann steht nothwendig der Vernunft der freie Wille zur Seite; denn entweder wird keine Vernunft da sein, oder, wenn sie da ist, wird sie Herrin der Handlungen sein und frei. Daher sind auch die vernunftlosen Wesen nicht frei, denn sie werden vielmehr von der Natur getrieben als sie treiben. Daher widersprechen sie auch nicht dem natürlichen Begehren, sondern sobald sie nach Etwas begehren, schreiten sie zur Handlung. Der Mensch aber, der vernünftig ist, treibt [leitet] vielmehr die Natur, als er getrieben wird. Darum hat er auch beim Begehren nach Etwas, wenn er will, die Macht, die Begierde im Zaum zu halten oder ihr zu folgen. Darum werden die vernunftlosen Wesen weder gelobt noch getadelt, der Mensch aber wird sowohl gelobt als getadelt.

Man muß wissen, daß die Engel, als vernünftig, freien Willen haben und, als geschaffen, wandelbar sind. Und

---

1) Nemes. c. 41.

das hat der Teufel bewiesen, der vom Schöpfer aus gut war, freiwillig aber Erfinder des Bösen wurde, und die mit ihm abgefallenen Mächte oder die Dämonen, während die übrigen Schaaren der Engel im Guten verharrten.

28. Von dem, was nicht bei uns steht.

(Was nicht bei uns steht, hängt von Gott allein ab.)

Von dem aber, was nicht bei uns steht, hat Einiges in dem, was bei uns steht, seine Gründe und Ursachen, nämlich die Vergeltungen unserer Handlungen in der gegenwärtigen wie in der künftigen Welt, alles Uebrige aber hängt vom göttlichen Rathschlusse ab. Denn das Entstehen von Allem ist von Gott, das Vergehen aber ist durch unsere Bosheit herbeigeführt worden zur Strafe und zum Nutzen. Denn „Gott hat den Tod nicht gemacht, noch freut er sich an dem Untergange der Lebendigen", [1]) sondern vielmehr vom Menschen kommt der Tod her, d. h. von der Uebertretung Adams, und ebenso auch die übrigen Strafen. Alles Uebrige aber muß man Gott zuschreiben. Denn sowohl unsere Entstehung rührt von seiner schöpferischen Macht her, als die Fortdauer von seiner erhaltenden Macht, als die Regierung und Errettung von seiner vorsehenden Macht, als auch der ewige Genuß der Güter von seiner Güte gegen Diejenigen, welche die Naturgemäßheit bewahren, wozu wir gebildet wurden. Weil aber Einige die Vorsehung leugnen, so wollen wir noch Weniges auch von der Vorsehung sprechen.

29. Von der Vorsehung.

(Was die Vorsehung ist. Gott sorgt für die Geschöpfe.)

Vorsehung also ist die Sorge, die Gott den Seienden zuwendet; und wieder: Vorsehung ist der Wille Gottes, durch den alles Seiende die zuträgliche Leitung erhält. [2])

---

1) Weish. 1, 13. — 2) Nemes. c. 43.

Wenn aber die Vorsehung Gottes Wille ist, so muß nothwendig Alles, was durch die Vorsehung geschieht, folgerichtig ganz schön und Gottes würdig geschehen und wie es besser gar nicht geschehen könnte. Denn nothwendig muß der Schöpfer der Seienden und ihr Vorseher Derselbe sein; es wäre ja ungeziemend und ungereimt, daß ein Anderer der Schöpfer der Seienden sei und ein Anderer ihr Vorseher; denn da wären gewiß Beide ohnmächtig, der eine zu schaffen, der andere vorzusehen.¹) Gott also ist sowohl Schöpfer als Vorseher, und seine schaffende wie erhaltende und vorsehende Macht ist sein guter Wille; denn „Alles, was er wollte, hat der Herr gemacht im Himmel und auf der Erde",²) und seinem Willen widersteht Niemand.³) Er wollte, daß Alles werde, und es ward; er will, daß die Welt bestehe, und sie besteht; und Alles, was er will, geschieht.

(Beweis für die Vorsehung.)

Daß er aber vorsorgt und daß er trefflich vorsorgt, kann man am besten so erkennen.⁴) Gott allein ist von Natur gut und weise. Als gut nun sorgt er vor; denn wer nicht vorsorgt, ist nicht gut; denn auch die Menschen und die Thiere sorgen naturgemäß für ihre Kinder vor, und wer nicht vorsorgt, wird getadelt. Als weise aber sorgt er auf's Beste für die Geschöpfe.

(Was bei uns steht, muß dem freien Willen zugeschrieben werden.)

Das bedenkend also müssen wir alle Werke der Vorsehung bewundern, alle loben, alle ohne Grübeln annehmen, auch wenn sie der Menge ungerecht scheinen, weil die Vorsehung Gottes unerkennbar und unbegreiflich ist und unsere Gedanken und Handlungen und die Zukunft ihm allein be-

---

1) Nemes. c. 42. — 2) Psl. 134, 6. — 3) Röm. 9, 19. — 4) Nemes. c. 44.

kannt ist; Alles aber, sage ich, was nicht bei uns steht; denn was bei uns steht, ist nicht Sache der Vorsehung, sondern unseres freien Willens.

(Was Sache der Vorsehung ist, geschieht theils nach Wohlgefallen, theils nach Zulassung.)

Was Sache der Vorsehung ist, geschieht theils nach Wohlgefallen, theils durch Zulassung; nach Wohlgefallen Alles, was unwidersprechlich gut ist, durch Zulassung aber auf verschiedene Weise. Denn er läßt es oft zu, daß auch der Gerechte in Unglück falle, um die in ihm verborgene Tugend den Andern kund zu machen,[1] wie bei Job.[2] Manchmal läßt er etwas Unziemliches geschehen, damit durch die unziemlich scheinende That etwas Großes und Wunderbares vollbracht werde, wie durch das Kreuz das Heil der Menschen. Auf andere Weise läßt er den Gottesfürchtigen übel leiden, damit er nicht aus dem guten Gewissen falle oder auch wegen der ihm verliehenen Macht und Gnade in Prahlerei verfalle, wie bei Paulus.[3]

Mancher wird auf eine Zeit verlassen zur Besserung eines Andern, damit die Andern, die seine Lage sehen, unterwiesen werden,[4] wie bei Lazarus und dem Reichen.[5] Denn es liegt in unserer Natur, daß wir, wenn wir Andere leiden sehen, in uns gehen. Mancher wird auch verlassen zur Ehre eines Andern, nicht durch eigene oder der Eltern Schuld, wie der Blindgeborne zur Ehre des Menschensohnes.[6] Ferner wird Jemand leiden gelassen zur Aneiferung eines Andern, damit, wenn der Ruhm des Leidenden erhöht wird, die Andern das Leiden ohne Zögern ertragen in der Hoffnung auf die künftige Ehre und im Verlangen nach den künftigen Gütern, wie bei den Martyrern. Bisweilen wird zugelassen, daß Einer in eine schändliche Hand-

---

1) Nemes. c. 44. — 2) Job 1, 12. — 3) II. Kor. 12, 7.
4) Nemes. a. a. O.
5) Luk. 16, 19. — 6) Joh. 9, 3.

lung falle, zur Besserung eines andern noch ärgeren Übels; z. B. es ist Einer stolz auf seine Tugenden und guten Werke; Diesen läßt Gott in Unzucht fallen, damit er, durch den Fall zur Wahrnehmung seiner Schwachheit gelangt, sich erniedrige und hintretend dem Herrn bekenne.

(Die Wahl des Guten und Bösen steht bei uns; zur Ausführung ist die Vorsehung nothwendig.)

Man muß aber wissen,[1]) daß zwar die Wahl dessen, was zu thun ist, bei uns steht; das Ziel aber ist beim Guten Sache der Mitwirkung Gottes, der mit denen, die in gutem Gewissen das Gute wollen, mit Recht mitwirkt gemäß seiner Vorsicht, beim Bösen aber Sache der Verlassung von Seite Gottes, der wieder gemäß seiner Vorsicht mit Recht den Bösen verläßt.

(Verlassung aus einer gewissen Absicht und aus gänzlicher Verwerfung.)

Von der Verlassung aber gibt es zwei Arten; es gibt nämlich eine heilsordnungsmäßige und zurechtweisende Verlassung, und es gibt eine gänzliche, verwerfende Verlassung. Heilsordnungsmäßig und erziehend ist, die zur Besserung und zum Heile und zur Ehre des Leidenden geschieht oder auch zur Aneiferung und Nachahmung Anderer oder zur Ehre Gottes. Die gänzliche Verwerfung aber ist die, wenn, nachdem Gott alles Heilsdienliche gethan hat, der Mensch aus eigenem Vorsatze gefühllos und ungeheilt oder vielmehr unheilbar bleibt; dann wird er dem völligen Untergange übergeben, wie Judas.[2]) Gott sei uns gnädig und bewahre uns vor einer solchen Verlassung.

Man muß aber wissen, daß es viele Weisen der Vorsehung Gottes gibt, die man weder mit Worten erklären noch mit dem Verstande begreifen kann.

Man muß wissen, daß alle traurigen Geschicke denen,

---

1) Nemes. c. 37. — 2) Matth. 26, 27.

die sie mit Dank annehmen, zum Heile gereichen und gewiß nutzbringend sind.

(Der vorausgehende und nachfolgende Wille Gottes.)

Man muß aber wissen, daß Gott in vorangehender Weise will, daß Alle gerettet werden und sein Reich erlangen.[1]) Denn nicht, um zu strafen, erschuf er uns, sondern damit wir Theil hätten an seiner Güte, weil er gut ist. Von den Sündern aber will er, daß sie gestraft werden, weil er gerecht ist.

(Zweifache Zulassung.)

Den ersten also nennt man vorangehenden Willen und Wohlgefallen, als aus ihm seiend, den zweiten aber nachfolgenden Willen und Zulassung, als durch uns veranlaßt. Und diese ist doppelt, die eine heilsordnungsmäßig und zum Heile erziehend, die andere verwerfend zur vollen Strafe, wie gesagt. Dieses aber in Bezug auf Das, was nicht bei uns steht.

(Gott will auf keine Weise das Böse, aber er läßt es geschehen.)

Von dem aber, was bei uns steht, will er das Gute zwar in vorangehender Weise und hat sein Wohlgefallen daran, das Böse aber und wahrhaft Schlechte will er weder in vorangehender noch nachfolgender Weise, er läßt es aber dem freien Willen zu. Denn was mit Zwang geschieht, ist nicht vernünftig, noch ist es Tugend. Gott sorgt für die ganze Schöpfung, indem er auch durch die ganze Schöpfung Wohlthaten spendet und erzieht, und oft sogar durch die Dämonen, wie bei Job und den Schweinen.[2])

---

1) I. Tim. 2, 4.
2) Matth. 8, 30.

30. Vom Vorherwissen und Vorherbestimmen.

(Gott weiß, aber bestimmt nicht Alles vorher.)

Man muß wissen,[1]) daß Gott Alles vorherweiß, aber nicht Alles vorherbestimmt. Er weiß nämlich das, was bei uns steht, vorher, aber er bestimmt es nicht vorher. Er will ja nicht, daß das Böse geschehe, noch erzwingt er die Tugend. Die Vorherbestimmung ist daher ein Werk des vorherwissenden Befehles.[2]) Er bestimmt aber das, was nicht bei uns steht, voraus gemäß seinem Vorherwissen. Denn gemäß seinem Vorherwissen hat Gott Alles schon vorausgeordnet nach seiner Güte und Gerechtigkeit.

(Alle Tugend kommt von Gott.)

Man muß aber wissen, daß die Tugend von Gott in die Natur gelegt wurde, und er selbst ist Anfang und Grund alles Guten, und ohne seine Mitwirkung und Hilfe können wir unmöglich etwas Gutes wollen oder thun. Bei uns aber steht es, entweder in der Tugend zu verharren und Gott, der uns zu ihr ruft, zu folgen, oder von der Tugend abzugehen, was in Sünde fallen heißt, und dem Teufel zu folgen, der uns ohne Zwang zu ihr ruft. Denn das Böse ist nichts Anderes als ein Verlassen des Guten, wie die Finsterniß eine Zurückziehung des Lichtes. Wenn wir also in dem Naturgemäßen bleiben, sind wir in der Tugend; wenn wir aber von dem Naturgemäßen oder der Tugend abweichen, kommen wir in das Naturwidrige und fallen in's Böse.

Bekehrung ist die Rückkehr vom Naturwidrigen zum Naturgemäßen und vom Teufel zu Gott durch Uebung und Mühen.

(Der Mensch als Mann geschaffen.)

Diesen Menschen nun schuf der Schöpfer als Mann,

---

1) Chrys. hom. 12. in epist. ad Ephes.
2) Act. S Max.

indem er ihm seine göttliche Gnade verlieh und ihn durch diese in Gemeinschaft mit sich setzte, weßhalb derselbe auch den Thieren, als ihm gegebenen Sklaven, auf prophetische Weise als Herr Namen gab. Denn da er nach dem Bilde Gottes vernünftig und denkend und frei geschaffen war, empfing er mit Recht die Herrschaft über die Untergebenen von dem gemeinsamen Schöpfer und Herrn Aller.

(Das Weib geschaffen zur künftigen Fortpflanzung des zum Tode verdammten Menschengeschlechtes.)

Weil aber der vorhersehende Gott wußte, daß er in Sünde fallen und dem Tode unterliegen werde, bildete er aus ihm das Weib, als eine ihm ähnliche Gehilfin für ihn, Gehilfin aber zu der nach der Uebertretung durch Zeugung zu erzielenden Erhaltung des Geschlechts durch Nachkommenschaft. Denn die ursprüngliche Bildung heißt Entstehung (γένεσις) und nicht Erzeugung (γέννησις). Entstehung nämlich ist die ursprüngliche Bildung durch Gott, Erzeugung aber die nach dem Todesurtheil wegen der Uebertretung erfolgte Abstammung von einander.

Diesen setzte er in's Paradies,[1] das sowohl geistig als sinnlich war; denn indem er in dem sinnlichen körperlich auf Erden lebte, verkehrte er der Seele nach mit den Engeln, göttliche Gedanken bebauend und mit diesen sich nährend, nackt durch Einfachheit und ungekünsteltes Leben, und zu dem alleinigen Schöpfer durch die Geschöpfe sich erhebend und in seiner Betrachtung sich erfreuend und ergötzend.

(Zustand des Menschen im Paradiese und Fall.)

Weil er ihn nun von Natur aus mit freiem Willen geschmückt hatte, gab er ihm ein Gesetz, von dem Baum der Erkenntniß nicht zu kosten, von welchem Baume wir in dem Kapitel vom Paradiese nach unserem Vermögen zur Genüge gesprochen haben. Dieses Gebot gab er ihm mit

---

[1] Greg. v. Nyss. de opif. c. 20.

der Verheissung, daß, wenn er die Würde seiner Seele bewahre, der Vernunft den Sieg gebend, den Schöpfer anerkennend und seinen Befehl beachtend, er die ewige Seligkeit erlangen und in Ewigkeit leben werde, als erhaben über den Tod; wenn er aber die Seele dem Körper unterordnen und die Lüste des Körpers vorziehen würde, seine Ehre mißkennend und den unvernünftigen Thieren gleich werdend,[1] das Joch seines Schöpfers abschüttelnd und dessen göttlichen Befehl mißachtend, dann werde er dem Tode verfallen und dem Verderben und der Mühsal unterworfen werden, ein elendes Leben führend.[2] Denn es war nicht zuträglich, daß er als noch unversucht und unbewährt der Unsterblichkeit theilhaftig würde, damit er nicht in den Stolz und das Gericht des Teufels falle. Denn jener hatte wegen seiner Unsterblichkeit nach dem freiwilligen Falle die bekehrungslose und unwandelbare Festigkeit im Bösen, gleichwie hinwieder auch die Engel nach der freiwilligen Erwählung der Tugend die durch die Gnade unveränderliche Befestigung im Guten haben.

(Ursache des dem Adam gegebenen Gebotes.)

Es sollte also der Mensch sich zuerst bewähren (denn[3] ein unversuchter, unbewährter Mensch ist keiner Rede werth) und, in der Versuchung durch Beobachtung des Gebotes vollendet, so die Unsterblichkeit als Kampfpreis der Tugend davontragen. Denn, zwischen Gott und die Materie gestellt, sollte er nach Verlassung seines natürlichen Verhältnisses zu den Dingen, habituell mit Gott vereint, die unbewegliche Festigkeit im Guten erlangen; durch die Uebertretung aber vielmehr zur Materie hingewandt und im Geiste losgerissen von seiner Ursache, nämlich Gott, sollte er der Vergänglichkeit anheimfallen und leidensvoll statt leidenslos und sterblich statt unsterblich werden und der Paarung und der flüchtigen Erzeugung bedürfen und

---

1) Pf. 45, 13. — 2) I. Tim. 3, 8. — 3) Pred. 34, 11.

aus Verlangen nach dem Leben an die Annehmlichkeiten, gleichsam als könnten diese es erhalten, sich hängen. Diejenigen aber, welche ihn dieser berauben wollen, ohne Scheu hassen und die Zuneigung von Gott auf die Materie, den Zorn aber von dem wahren Feinde des Heiles auf den Mitmenschen übertragen. Durch den Neid also des Teufels wurde der Mensch besiegt; denn nicht ertrug es der neidische und das Gute hassende Dämon, daß, nachdem er selbst durch seine Erhebung herabgefallen war, wir das Obere erlangten. Darum ködert auch der Lügner durch die Hoffnung auf Gottheit den Unglücklichen, und ihn zur eigenen Höhe des Hochmuths verleitend stürzt er ihn in den gleichen Abgrund des Falles.

Drittes Buch.

1. Von der göttlichen Heilsordnung (οἰκονομίας) **und von der Sorge um uns und unser Heil.**

(Strafe für das durch die Übertretung Adams verletzte Gebot. Die Heilsordnung Gottes zur Rückrufung des Menschen.)

Den durch diesen Angriff des erzbösen Dämons getäuschten Menschen nun, der das Gebot des Schöpfers nicht beobachtet, die Gnade eingebüßt und die Freimüthigkeit gegen Gott abgelegt hatte, der mit der Rauheit des mühseligen Lebens bedeckt war (denn das bedeuten die[1]) Feigenblätter), der das Todsein d. h. die Sterblichkeit und Grobheit des Fleisches angezogen hatte (denn das ist die Umhüllung mit den Fellen), der durch das gerechte Gericht Gottes aus dem Paradiese vertrieben, zum Tode verurtheilt und der Vergänglichkeit unterworfen war — diesen vernachlässigte der Barmherzige nicht, der ihm das Sein gegeben und das Wohlsein verliehen hatte, sondern, nachdem er zuerst ihn durch viele Mittel gezüchtigt und zur Bekehrung gerufen

---

1) Gen. 3, 17.

hatte, durch Seufzen und Zittern, durch Wasserüberfluthung und fast völligen Untergang des ganzen Geschlechtes,[1]) durch Verwirrung und Trennung der Sprachen,[2]) Aufsicht von Engeln,[3]) Verbrennung von Städten,[4]) bildliche Gotteserscheinungen, Kriege, Siege, Niederlagen, Zeichen und Wunder, verschiedene Macht-Erweise, durch Gesetz und Propheten, wodurch bezweckt war die Aufhebung der vielfach verbreiteten und den Menschen in Knechtschaft haltenden und alle Art von Bosheit auf das Leben häufenden Sünde und die Rückkehr zum Wohlsein des Menschen, weil durch die Sünde der Tod in die Welt gekommen war,[5]) der wie ein wildes und grausames Thier das menschliche Leben zerstörte, der Erlöser aber ohne Sünde und dem Tode durch die Sünde nicht unterworfen sein, zudem aber die Natur gestärkt und erneuert und der vom Verderben ab- und zum ewigen Leben hinführende Weg der Tugend durch die That gezeigt und gelehrt werden mußte: so zeigte er endlich das große Meer seiner Liebe zum Menschen.[6]) Denn der Schöpfer und Herr selbst übernimmt für sein Gebilde den Kampf und wird durch die That Lehrer; und weil der Feind durch die Hoffnung auf Gottheit den Menschen köderte, wird er durch die Hülle des Fleisches geködert; und es offenbart sich zugleich die Güte, die Gerechtigkeit, die Weisheit und die Macht Gottes: die Güte, weil er die Schwachheit seines Gebildes nicht verachtete, sondern mit dem Gefallenen Erbarmen hatte und ihm die Hand reichte; die Gerechtigkeit, weil er, nachdem der Mensch besiegt war, nicht einen Anderen den Tyrannen besiegen läßt noch mit Gewalt den Menschen dem Tode entreißt, sondern er, der Gute und Gerechte, Denjenigen, den vordem durch die Sünde der Tod unterjocht hatte, selbst wieder zum Sieger machte und durch den Gleichen den Gleichen rettete,

---

1) Gen. 6, 13. — 2) Gen. 11, 7. — 3) Gen. 18, 1 u. f. — 4) Gen. 19, 1 u. f. — 5) Weish. 2, 24.
6) Greg. v. Naz. Rede 12 u. 38.

was unmöglich schien; die Weisheit, weil er die angemessenste Lösung des scheinbar Unmöglichen erfand.¹) Denn nach dem Wohlgefallen Gottes des Vaters kommt der eingeborne Sohn, das Wort Gottes und Gott, der im Schooße Gottes des Vaters ist,²) der dem Vater und dem heiligen Geiste Wesensgleiche, der Vorweltliche, der Anfangslose, der im Anfange war und bei Gott dem Vater war und Gott war, der in der Gestalt Gottes existirte,³) die Himmel neigend herab, d. h. seine unerniedrigte Hoheit, ohne sich zu erniedrigen, erniedrigend steigt er zu seinen Knechten herab in unaussprechlicher und unbegreiflicher Herablassung, denn Das bedeutet das Herabsteigen; und obwohl er vollkommener Gott ist, wird er vollkommener Mensch und vollbringt das Neueste alles Neuen, das allein Neue unter der Sonne,⁴) wodurch die unendliche Macht Gottes sich kund gibt. Denn was ist größer, als daß Gott Mensch wurde? Und das Wort ist, ohne sich zu verwandeln, Fleisch geworden, aus dem heiligen Geiste und der heiligen, stets jungfräulichen Gottesgebärerin Maria, und läßt sich Mittler Gottes und der Menschen nennen, der einzige Menschenfreund, nicht aus dem Willen oder der Begierde oder Umarmung eines Mannes oder wollüstiger Erzeugung in dem unbefleckten Schooße der Jungfrau empfangen, sondern aus dem heiligen Geiste und nach Art der ursprünglichen Entstehung des Adam, und wird dem Vater gehorsam, indem es durch die Annahme dessen, was uns gemäß und aus uns ist, unseren Ungehorsam heilt und uns ein Muster des Gehorsams wird, ohne welchen man das Heil nicht erlangen kann.⁵)

2. Von der Weise der Empfängniß des Wortes und seiner göttlichen Fleischwerdung.

Der Engel des Herrn nämlich wurde zur heiligen, aus

---

1) Greg. v. Nyss. Katech. c 20 u. f.
2) Joh. 1, 18. — 3) Phil. 2, 6. — 4) Pred. 1, 10.
5) **Athan.** de salut. adv. Christ.

dem Stamme Davids entsprungenen Jungfrau geschickt;¹) denn „es ist bekannt, daß unser Herr aus Juden hervorging, aus welchem Stamme Keiner dem Altare nahte," ²) wie der göttliche Apostel sagt, wovon wir später genauer reden wollen; welcher er auch die frohe Botschaft brachte:³) „Sei gegrüßt, Begnadigte, der Herr ist mit dir." Sie aber wurde verwirrt über die Rede, und der Engel sprach zu ihr:⁴) „Fürchte dich nicht, Maria; denn du hast Gnade gefunden bei dem Herrn, und du wirst einen Sohn gebären und seinen Namen Jesus nennen." „Denn er wird sein Volk von ihren Sünden erretten," ⁵) weßhalb auch Jesus „Erretter" erklärt wird. Als sie aber zweifelte:⁶) „Wie wird das geschehen, da ich keinen Mann erkenne?" sprach wieder zu ihr der Engel:⁷) „Der heil. Geist wird auf dich herabkommen und die Kraft des Höchsten dich überschatten. Darum wird auch das Heilige, das aus dir geboren wird, Sohn Gottes genannt werden;" sie aber zu ihm:⁸) „Siehe da, ich bin eine Magd des Herrn, mir geschehe nach deinem Worte."

Nach der Zustimmung der hl. Jungfrau kam der hl. Geist über sie gemäß dem Worte des Herrn, das der Engel gesprochen, sie reinigend⁹) und ihr die die Gottheit des Wortes empfangende, zugleich aber auch erzeugende Kraft verleihend.¹⁰) Und damals überschattete sie die persönliche Weisheit und Macht Gottes, des Höchsten, der Sohn Gottes, der dem Vater wesensgleich ist, wie ein göttlicher Same, und bildete sich aus ihrem heiligen und reinsten

---

1) Luk. 1, 26. — 2) Hebr. 7, 40. — 3) Luk. 1, 28. — 4) Luk. 1, 30. — 5) Matth. 1, 21. — 6) Luk. 1, 3. — 7) Luk. 1, 35. — 8) Luk. 1, 38.

9) Ueber die Art dieser Reinigung sagt Leo der Gr. serm. 2. de nativ. Domin.: „Cum omnibus matribus non fiat sine peccati sorde conceptio, haec inde purgationem accepit, unde concepit" (suppresso nempe fomite, ut censet S. Thomas III. pars qu. 27. a. 3.).

10) Greg. v. Naz. Rede 38 u. 42.

Blute ein mit einer vernünftigen und denkenden Seele beseeltes Fleisch, als Erstling unseres Teiges, nicht samenhaft, sondern schöpferisch durch den heiligen Geist,[1]) nicht als ob sich die Gestalt durch allmählige Hinzufügung gebildet hätte, sondern indem sie auf einmal vollendet wurde, da das Wort Gottes selbst für das Fleisch die Hypostase wurde; denn nicht mit einem vorher an sich selbst existirenden Fleische vereinigte sich das Wort Gottes,[2]) sondern in dem Schooße der hl. Jungfrau sich einwohnend begründete es, ohne in seiner eigenen Hypostase umschrieben zu sein, aus dem hl. Blute der immerwährenden Jungfrau ein mit einer vernünftigen und denkenden Seele beseeltes Fleisch, die Erstlinge des menschlichen Teiges annehmend, indem das Wort selbst für das Fleisch die Hypostase wurde. Darum ist es zugleich Fleisch, zugleich Fleisch Gottes des Wortes, zugleich beseeltes Fleisch, vernünftig und denkend.[3]) Darum sagen wir nicht, ein Mensch sei vergottet, sondern Gott sei Mensch geworden.[4]) Denn während er von Natur vollkommener Gott ist, wurde er selbst von Natur ein vollkommener Mensch, nicht verwandelt in seiner Natur noch die Heilsordnung bloß zur Schau stellend, sondern mit dem aus der hl. Jungfrau genommenen, vernünftig und denkend beseelten und in ihm selbst des Daseins theilhaftigen Fleische hypostatisch geeint ohne Vermengung und Veränderung und Trennung, indem er nicht die Natur seiner Gottheit in die Wesenheit des Fleisches verwandelte noch die Wesenheit seines Fleisches in die Natur seiner Gottheit noch auch aus seiner göttlichen Natur und der menschlichen Natur, die er annahm, eine einzige zusammengesetzte Natur herstellte.

---

1) Basil. in Christi nativ.
2) Cyrill. apolog. 5. u. 8. Anathem.
3) Cyrill. epist. ad Monach.
4) Procl. ep. 2. ad Armen.

3. Von den zwei Naturen, gegen die Monophysiten.

(Zwei Naturen in der einen Person Christi.)

Unverwandelt nämlich und unverändert sind die Naturen mit einander vereint, ohne daß weder die göttliche Natur ihre Einfachheit verliert noch auch die menschliche entweder in die Natur der Gottheit verwandelt würde oder in Bestandlosigkeit ($ἀνυπαρξία$) überginge noch aus den zweien eine zusammengesetzte Natur entstünde. Denn die zusammengesetzte Natur kann auch mit keiner der beiden Naturen, woraus sie zusammengesetzt ist, wesensgleich sein, da sie eine von beiden verschiedene wäre, wie z. B. ein aus den vier Elementen zusammengesetzter Körper weder dem Feuer wesensgleich geheißen, noch Feuer noch Wasser noch Erde genannt wird, da er auch mit keinem von diesen wesensgleich ist. Wenn also, den Ketzern zufolge, Christus nach der Vereinigung eine zusammengesetzte Natur hatte, so wurde er aus einer einfachen in eine zusammengesetzte Natur verwandelt[1] und ist weder dem Vater, der von einfacher Natur ist, wesensgleich noch der Mutter; denn nicht aus Gottheit und Menschheit ist diese zusammengesetzt; noch auch ist er in Gottheit und Menschheit und wird weder Gott genannt werden noch Mensch, sondern nur Christus, und „Christus" wird nicht der Name einer Hypostase, sondern der einen Natur sein, nach ihnen.

Wir aber lehren, Christus sei von zusammengesetzter Natur, nicht aus verschiedenen ein Verschiedenes, wie aus Leib und Seele ein Mensch oder aus vier Elementen ein Körper, sondern aus verschiedenen Dasselbe;[2] wir bekennen nämlich, daß aus Gottheit und Menschheit der Nämliche vollkommener Gott sei und heiße, aus zwei und in zwei Naturen. „Christus" aber, sagen wir, sei Name der Hypo-

---

1) Max. epist. ad Joan. cubic. p. 279.
2) Ebend. S. 286.

stase, der nicht einförmig ausgesagt wird, sondern etwas aus zwei Naturen Bestehendes bezeichnet. Denn er selbst hat sich selbst gesalbt, salbend als Gott den Leib durch seine Gottheit, gesalbt aber als Mensch; denn er ist dieses und jenes. Salbung der Menschheit aber ist die Gottheit. Denn wenn Christus, als von zusammengesetzter Natur, dem Vater wesensgleich ist, dann wird auch der Vater zusammengesetzt und dem Fleische wesensgleich sein, was ungereimt ist und aller Lästerung voll.¹)

Wie aber auch wird eine Natur entgegengesetzter wesenhafter Unterschiede fähig sein? Denn wie ist es möglich, daß dieselbe in derselben Hinsicht geschaffen sei und ungeschaffen, sterblich und unsterblich, eingeschränkt und uneingeschränkt?

(Die Monophysiten bekennen Christum als vollkommen nach beiden Naturen.)

Wenn sie aber, behauptend, Christus sei von einer Natur, diese für einfach erklären, so werden sie ihn entweder bloß als Gott bekennen und ein Scheinbild einführen, keine Menschwerdung, oder bloß als Menschen, wie Nestorius. Und wo ist dann das Vollkommene in Gottheit und das Vollkommene in Menschheit? Wann aber auch werden sie sagen, Christus sei zweier Naturen, wenn sie sagen, er sei nach der Vereinigung einer zusammengesetzten Natur? Denn daß Christus vor der Einigung einer Natur sei, ist doch Jedem klar.

(Der Irrthum der Monophysiten ist, daß sie die Natur nicht von der Person unterscheiden.)

Aber das ist der Grund des Irrthums bei den Ketzern, daß sie die Natur und Hypostase für Dasselbe erklären.²)

---

1) Eulog. apud. Max. II. p. 145.
2) Anast. Sinaita in Ὁδηγῷ c. 9; Leontius, contra Nest. et Eutych.

Da wir aber die Natur der Menschen für eine erklären, so ist zu wissen, daß wir nicht in Hinsicht auf den Begriff der Seele und des Körpers Dieses sagen (denn unmöglich kann man sagen, Seele und Körper, miteinander verglichen, seien einer Natur), sondern weil es sehr viele Hypostasen der Menschen gibt, alle aber denselben Begriff der Natur an sich haben, denn alle sind aus Seele und Körper zusammengesetzt, und alle sind der Natur der Seele theilhaftig und besitzen die Wesenheit des Körpers und die gemeinsame Wesensform. Der vielen und verschiedenen Hypostasen Natur erklären wir für eine, während offenbar jede Hypostase zwei Naturen hat und in zwei Naturen besteht, der Seele nämlich und des Körpers.

Bei unserem Herrn Jesus Christus aber darf man keine gemeinsame Wesensform annehmen.[1] Denn weder war noch ist noch wird je ein anderer Christus sein, aus Gottheit und Menschheit, in Gottheit und Menschheit, Derselbe vollkommener Gott und vollkommener Mensch. Darum darf man von dem Herrn Jesus Christus nicht eine Natur aussagen, wie von dem aus Seele und Leib bestehenden Individuum, so auch von dem aus Gottheit und Menschheit bestehenden Christus. Denn dort ist ein Individuum, Christus aber ist kein Individuum, denn er hat auch nicht die Form der Christusheit als [allgemeines] Prädikat. Darum eben sagen wir, aus zwei vollkommenen Naturen, der göttlichen und menschlichen, sei die Einigung geschehen, nicht nach Art einer Vermengung oder Vermischung oder Zusammengießung und Verschmelzung, wie der gottverlassene ($\vartheta\varepsilon\acute{\eta}\lambda\alpha\tau o\varsigma$) Dioskur sagte und Eutyches und Severus und ihr gebannter Anhang; auch nicht darstellungs- (masken-) oder theilnahmsweise ($\pi\varrho o\sigma\omega\pi\iota\varkappa\grave{\eta}\nu$ $\ddot{\eta}$ $\sigma\chi\varepsilon\tau\iota\varkappa\acute{\eta}\nu$), oder nach Würde, Willensgleichheit oder Gleichwerthigkeit oder Gleichnamigkeit oder dem göttlichen Wohlgefallen, wie der gottverhaßte Nestorius sagte und Diodor und Theodor

---

[1] Leont. cont. Sev. et Eutych. — Max. l. c. p. 277.

von Mopsueste und ihre dämonische Genossenschaft, sondern durch Verbindung oder hypostatisch, ohne Umwandlung, Vermischung, Veränderung, Trennung und Geschiedenheit bekennen wir in zwei vollkommenen Naturen e i n e Hypostase des Sohnes Gottes, der Mensch geworden ist,[1]) indem wir sagen, die Hypostase seiner Gottheit und Menschheit sei dieselbe, und bekennen, die zwei Naturen seien in ihm nach der Einigung bewahrt, nicht jede für sich und besonders setzend, sondern mit einander verbunden in der einen zusammengesetzten Hypostase. Denn für wesenhaft erklären wir die Vereinigung, d. h. für wahr und nicht scheinbar; für wesenhaft[2]) aber, nicht indem die zwei Naturen e i n e zusammengesetzte N a t u r ausmachen, sondern mit einander in Wahrheit verbunden sind zu e i n e r zusammengesetzten H y p o st a s e des Sohnes Gottes; und wir lehren, daß ihr wesenhafter Unterschied bewahrt bleibe. Denn das Geschaffene blieb geschaffen und das Ungeschaffene ungeschaffen, das Sterbliche blieb sterblich und das Unsterbliche unsterblich, das Eingeschränkte eingeschränkt und das Uneingeschränkte uneingeschränkt, das Sichtbare sichtbar und das Unsichtbare unsichtbar; „das Eine glänzt durch Wunderthaten, das Andere aber unterliegt den Mißhandlungen."[3])

(Mittheilung der Eigenthümlichkeiten.)

Es eignet sich aber das Wort das Menschliche an (denn sein ist das, was seines heiligen Fleisches ist), und theilt dem Fleische sein eigenes mit in der Weise einer Wechsel-Mittheilung wegen des Ineinanderwohnens der Theile und der hypostatischen Einigung, und weil Einer und Derselbe war, der sowohl das Göttliche als das Menschliche „in jeder von beiden Formen in Verbindung mit dem

---

1) Procl. epist. 2. ad Armen.
2) Greg. v. Naz. hom. 5.
3) Leo papa, epist. 10. c. 4.

Andern wirkte."¹) Darum aber heißt es auch, der Herr der Herrlichkeit sei gekreuzigt worden,²) obwohl seine göttliche Natur nicht litt, und wiederum wird bekannt, der Sohn des Menschen sei vor dem Leiden im Himmel, wie der Herr selbst sagte.³) Denn Einer und Derselbe war der Herr der Herrlichkeit mit dem, der von Natur und in Wahrheit Menschensohn oder Mensch wurde, und als sein erkennen wir sowohl die Wunder als die Leiden, wenn auch der Nämliche nach etwas Anderem Wunder wirkte und nach etwas Anderem die Leiden erduldete. Wir wissen nämlich, daß, wie seine eine Hypostase, so der wesenhafte Unterschied der Naturen bewahrt bleibe. Denn wie würde der Unterschied bewahrt, wenn nicht Das bewahrt bliebe, was den Unterschied zu einander hat? Denn der Unterschied ist ein Unterschied von sich Unterscheidenden, d. h. in Anbetracht der Wesenheit, sagen wir, sei er mit den Gegensätzen verbunden: der Gottheit nach mit dem Vater und dem Geiste, der Menschheit nach aber mit seiner Mutter und allen Menschen. Sofern aber seine Naturen verbunden sind, sagen wir, er unterscheide sich sowohl vom Vater und Geiste als von seiner Mutter und den übrigen Menschen. Denn seine Naturen sind verbunden durch die Hypostase, da sie eine zusammengesetzte Hypostase haben, nach welcher er sich unterscheidet sowohl vom Vater und Geiste als von seiner Mutter und uns.

4. Von der Weise der Wechselmittheilung der Eigenthümlichkeiten.

(Gemeinsame und eigenthümliche Namen.)

Daß also etwas Anderes ist die Wesenheit [Natur] und etwas Anderes die Hypostase, haben wir schon oft gesagt, und daß die Wesenheit die gemeinsame und die gleichartigen

---

1) Leo papa, ep. 10. c. 4.
2) I. Kor. 2, 8. — 3) Joh. 3, 13.

Hypostasen umfassende Form bedeutet, wie: Gott, Mensch, die Hypostase aber das Individuum bezeichnet, wie Vater, Sohn, heiligen Geist, Petrus, Paulus. Man muß also wissen, daß der Name der Gottheit und der Menschheit die Wesenheiten oder Naturen anzeigt, der Name Gott aber und Mensch auch von der Natur gebraucht wird, wie wenn wir sagen: Gott ist eine unbegreifliche Wesenheit und: Gott ist Einer; er wird aber auch von den Personen [Hypostasen] genommen, da das Particularere den Namen des Allgemeineren annimmt, wie wenn die Schrift sagt:¹) „Darum hat Gott, dein Gott, dich gesalbt" (denn siehe, sie hat den Vater und den Sohn bezeichnet), und wenn sie sagt:²) „Es war ein Mensch im Lande Ausitis" (denn sie hat nur den Job bezeichnet).

(Gebrauch dieser Namen bei Christus.)

Da wir nun bei unserem Herrn Jesus Christus zwei Naturen anerkennen, aber nur eine aus beiden verbundene Hypostase, so nennen wir, wenn wir die Naturen betrachten, diese Gottheit und Menschheit; wenn aber die aus den Naturen zusammengesetzte Hypostase, so nennen wir Christum bald von beiden zusammen Gott und Mensch zugleich und fleischgewordenen Gott, bald aber von einem der Theile bloß Gott und Sohn Gottes, und bloß Mensch und Menschensohn, und bald nur nach dem Erhabenen, bald aber nur nach dem Niedrigen; denn Einer ist, der in gleicher Weise sowohl dieses als jenes ist, das Eine immer ohne Ursache aus dem Vater, das Andere aber nachher geworden aus Menschenliebe. ³)

(Eine Wechsel-Mittheilung findet nicht statt in Bezug auf die Natur, sondern auf die Person.)

Wenn wir also von der Gottheit reden, sagen wir von

---

1) Ps. 44, 8. — 2) Job 1, 1.
3) Greg. v. Naz. Rede 35.

ihr nicht die Eigenschaften der Menschheit aus (denn wir erklären nicht die Gottheit für leidensfähig oder geschaffen), aber auch vom Fleische oder der Menschheit sagen wir nicht die Eigenschaften der Gottheit aus (denn wir nennen nicht das Fleisch oder die Menschheit ungeschaffen). Wenn wir aber von der Person [Hypostase] reden, sei es, daß wir sie nach beiden oder nach einem der Theile benennen, legen wir ihr die Eigenschaften beider Naturen bei. Denn Christus, was die Verbindung aus beiden ist, wird sowohl Gott als Mensch genannt, und geschaffen und ungeschaffen, leidensfähig und leidenslos; und wenn er nach einem der Theile Sohn Gottes und Gott genannt wird, nimmt er die Eigenschaften der mitbestehenden Natur oder des Fleisches an, indem er leidender Gott genannt wird und gekreuzigter Herr der Herrlichkeit,[1]) nicht soferne er Gott, sondern sofern der Nämliche auch Mensch ist; und wenn er Mensch und Menschensohn genannt wird, nimmt er die Eigenschaften und Auszeichnungen der göttlichen Natur an: vorweltlicher Knabe, anfangsloser Mensch, nicht soferne er Knabe ist und Mensch, sondern sofern er als vorweltlicher Gott zuletzt ein Knabe wurde. Und dieß ist die Weise der Wechsel-Mittheilung, indem jede Natur der andern ihre Eigenheiten mittheilt vermöge der hypostatischen Identität und ihres Ineinanderseins. Demgemäß können wir von Christus sagen: „Dieser ist unser Gott, er ward auf der Erde gesehen und hat mit den Menschen verkehrt,"[2]) und: Dieser Mensch ist ungeschaffen und leidenslos und uneingeschränkt.

5. Von der Zahl der Naturen.

(Zahl der Personen in Gott, der Naturen in Christo. Die Einigung hebt die Zahl nicht auf.)

Gleichwie[3]) wir aber bei der Gottheit eine Natur be-

---

1) I. Kor. 2, 8. — 2) Baruch. 3, 37.
3) Leont. in resp. ad argum. Sever.

kennen, aber drei wirkliche Hypostasen unterscheiden und alles Natürliche und Wesenhafte für einfach erklären, den Unterschied der Hypostasen aber nur in den drei Eigenthümlichkeiten, der grundlosen und väterlichen, der begründeten und sohnlichen und der begründeten und ausgänglichen, erkennen, dieselben aber als von einander unzertrennlich und geschieden und als vereint und ohne Vermischung in einander wohnend wissen und als unvermischt vereint (denn wenn auch jede an sich selbst subsistirt oder eine vollkommene Subsistenz (Hypostase) ist und für sich eine verschiedene Eigenthümlichkeit oder Existenzweise besitzt, so sind sie doch durch die Wesenheit und die natürlichen Eigenschaften und dadurch, daß sie nicht geschieden sind und sich von der väterlichen Hypostase nicht trennen, geeint, und sind und heißen ein Gott): auf dieselbe Weise bekennen wir auch bei der göttlichen, unaussprechlichen und allen Verstand und Begriff übersteigenden Menschwerdung Eines der heiligen Dreiheit, Gottes des Wortes und unseres Herrn Jesu Christi zwar zwei Naturen, die göttliche und menschliche, die zusammenkommen und hypostatisch vereint sind,[1]) aber nur eine aus den Naturen bestehende zusammengesetzte Hypostase, sagen aber, daß die zwei Naturen auch nach der Einigung in der einen zusammengesetzten Hypostase oder in dem einen Christus bewahrt bleiben, und daß sie und ihre natürlichen Eigenschaften wahrhaftig existiren, geeint jedoch ohne Vermischung und ohne Trennung verschieden und gezählt. Und gleichwie die drei Hypostasen der heiligen Dreiheit ohne Vermischung vereint und ohne Trennung verschieden sind und gezählt werden und die Zahl keine Trennung oder Scheibung oder Entfremdung oder Absonderung in ihnen bewirkt (denn als einen Gott erkennen wir den Vater, den Sohn und den heiligen Geist): auf dieselbe Weise sind auch die Naturen Christi, wenn sie auch vereint sind, doch ohne Vermischung vereint und lassen, wenn sie

---

1) Leont. in resp. ad argum. Sever.

auch in einander sind, doch keine Verwandlung und keinen Uebergang in einander zu;¹) denn jede behält unverändert ihre natürliche Eigenheit. Darum werden sie auch gezählt, und die Zahl führt keine Trennung ein. Denn Einer ist Christus, vollkommen in Gottheit und Menschheit. Die Zahl nämlich ist kein Grund einer Trennung oder Vereinigung, sondern zeigt nur die Quantität der Gezählten an, ob sie nun vereint sind oder getrennt, vereint, wie z. B.: diese Wand hat fünfzig Steine, getrennt, wie z. B.: fünfzig Steine liegen auf diesem Felde, und geeint: zwei Naturen sind in der Kohle, des Feuers nämlich und des Holzes, getrennt aber: die Natur des Feuers ist eine andere, und die des Holzes eine andere, indem ein anderer Grund sie vereint und trennt, und nicht die Zahl. Wie man also die drei Hypostasen der Gottheit, auch wenn sie vereint sind, nicht eine Hypostase nennen kann, um nicht eine Vermischung und Verschwindung des Unterschiedes der Hypostasen zu machen, so kann man auch die zwei hypostatisch geeinten Naturen Christi nicht eine Natur nennen, damit wir nicht ein Verschwinden, eine Vermischung und Vernichtung ihres Unterschiedes machen.

6. **Daß die ganze göttliche Natur in einer ihrer Hypostasen sich vereint hat mit der ganzen menschlichen Natur und nicht ein Theil mit einem Theile.**

(Dieselbe Wesenheit und Natur ist ganz in den Personen.)

Das Gemeinsame und Allgemeine wird von dem unter ihm begriffenen Partikularen [Theilweisen] ausgesagt. Gemeinsam nun ist die Wesenheit, als Form, partikular aber die Hypostase; partikular aber, nicht als ob sie einen Theil von der Natur hätte, sie hat keinen Theil, sondern partikular

---

1) Siehe unten 7. Kapitel; Basil. epist. 43. et lib. de spir. sancto c. 17.

der Zahl nach, wie ein Individuum; denn der Zahl und nicht der Natur nach, sagt man, unterscheiden sich die Hypostasen. Es wird aber die Wesenheit von der Hypostase ausgesagt, weil in jeder der gleichartigen Hypostasen die vollkommene Wesenheit ist. Darum unterscheiden sich auch die Hypostasen nicht der Wesenheit nach von einander, sondern nach dem, was hinzukommt,[1]) dergleichen die charakteristischen [bezeichnenden] Eigenthümlichkeiten sind, charakteristisch aber für die Person, nicht für die Natur. Man definirt ja auch die Hypostase als Wesenheit sammt den hinzukommenden Merkmalen. Daher hat die Hypostase das Gemeinsame nebst dem Eigenthümlichen und das für sich Bestehen. Die Wesenheit aber subsistirt nicht an sich selber, sondern wird in den Hypostasen erblickt. Wenn daher eine der Hypostasen leidet, so sagt man, es leide die ganze leidensfähige Wesenheit, nach welcher die Hypostase leidet, in einer ihrer Hypostasen; es ist jedoch nicht nothwendig, daß auch alle die gleichartigen Hypostasen zugleich mit der leidenden Hypostase mitleiten.

(In Christo ist die ganze Gottheit mit der ganzen Menschheit geeint. Angenommen ist die Natur, wie sie ursprünglich geschaffen war.)

So also, bekennen wir, sei die Natur der Gottheit auf vollkommene Weise ganz in jeder ihrer Hypostasen, ganz im Vater, ganz im Sohne, ganz im heiligen Geiste; darum ist auch der Vater vollkommener Gott, der Sohn vollkommener Gott, der heilige Geist vollkommener Gott. So auch, sagen wir, sei in der Menschwerdung Eines der heil. Dreiheit, Gottes des Wortes, die ganze und vollkommene

---

1) *Κατὰ τὰ συμβεβηκότα* bedeutet hier offenbar nicht den accidentellen Unterschied im gewöhnlichen Sinne, denn die Personen unterscheiden sich weder in Gott noch bei uns bloß accidentell, aber durch Etwas, was ausser der Wesenheit oder Natur liegt und insofern „dazukommt".

Natur der Gottheit in einer ihrer Hypostasen vereint mit der ganzen menschlichen Natur, und nicht ein Theil mit einem Theile. Es sagt nämlich der göttliche Apostel:[1] „In ihm wohnt die ganze Fülle der Gottheit leibhaftig," d. h. in seinem Fleische; und sein Lehrling, der gottererleuchtete und in der Gotteswissenschaft große Dionysius,[2] sie habe sich uns gänzlich mitgetheilt in einer ihrer Hypostasen. Wir werden darum nicht zu sagen brauchen, alle, d. h. die drei Hypostasen der hl. Gottheit seien mit allen Hypostasen der Menschheit hypostatisch geeint (denn in keiner Hinsicht hat der Vater und der heil. Geist an der Fleischwerdung Gottes des Wortes einen Antheil, ausser dem Wohlgefallen und Willen nach); wir sagen aber, mit der ganzen menschlichen Natur sei die ganze Wesenheit der Gottheit geeint. Denn Nichts von dem, was Gott das Wort unserer Natur anerschuf, da er uns am Anfange bildete, hat er weggelassen, sondern Alles nahm er an, einen Leib, eine vernünftige und denkende Seele und die Eigenschaften derselben. Denn das Lebewesen, welches eines von diesen nicht hat, ist kein Mensch. Denn ganz nahm er mich als ganzer an, und ganz vereinigte er sich mit dem ganzen, um dem ganzen das Heil zu spenden. Denn das Nicht-Angenommene ist ungetheilt.[3]

(Der Geist hat im Menschen die Oberherrschaft.)

Geeint also ist das Wort Gottes mit dem Fleische mittelst des Geistes (νοῦς), der zwischen der Reinheit Gottes und der Grobheit des Fleisches vermittelt.[4] Es herrscht nämlich über Seele und Fleisch der Geist (der Geist als das Reinste der Seele), aber auch über den Geist Gott; und sobald es ihm von dem Höheren eingeräumt wird, zeigt der

---

[1] Koloss. 2, 9.
[2] Dionys. de div. nom. c. 2.
[3] Athan de salut. adv. Christ.; Greg. v. Naz. epist. 1. ad Cled. et orat. 1, Cyrill in cap. 8. Joan.
[4] Greg. v. Naz. 1, 38 u. 51.

Geist Christi seine Herrschaft;[1]) er steht aber unter und folgt dem Höheren und wirkt das, was der göttliche Wille will.

Wohnstätte aber ist der Geist der hypostatisch mit ihm geeinten Gottheit, wie eben auch das Fleisch, nicht Mitbewohner, wie die gottlose Meinung der Ketzer irrt,[2]) indem sie sagt: das Maaß von einem Schäffel wird nicht zwei Schäffel fassen, weil sie das Immaterielle körperhaft beurtheilt. Wie aber wird Christus vollkommener Gott und vollkommener Mensch und wesensgleich mit dem Vater und mit uns genannt werden, wenn in ihm ein Theil der göttlichen Natur mit einem Theile der menschlichen Natur geeint ist?[3])

(Die menschliche Natur in Christo ist individuell, nicht gemeinsam.)

Wir sagen aber, unsere Natur sei von den Todten auferstanden und aufgefahren und sitze zur Rechten des Vaters, nicht als ob alle Hypostasen der Menschen auferstanden wären und zur Rechten des Vaters säßen, sondern sofern dieß unserer ganzen Natur in der Person Christi zu Theil wurde.[4]) Es sagt darum der göttliche Apostel:[5]) „Er hat uns in Christo miterweckt und mitsitzen lassen."

(Wie die eine Natur des Wortes sich incarnirte, aber nicht gelitten hat.)

Auch das aber sagen wir, daß aus gemeinsamen Wesen-

---

1) Unten 18. Kap.
2) Die Apollinaristen sprachen der Seele Christi den Geist ab, an dessen Stelle sie den göttlichen Logos setzten, und leugneten also die Vollständigkeit der menschlichen Natur in Christo, weil sie meinten, zwei herrschende Prinzipien (Geist und Logos) hätten nicht neben einander Platz.
3) Greg. epist. ad Cled.
4) Athan. de salut. adv.
5) Ephes. 2, 6.

heiten die Einigung geschah. Jede Wesenheit nämlich ist den unter ihr befaßten Hypostasen gemeinsam, und man kann keine partikulare oder eigenthümliche [individuelle] Natur oder Wesenheit finden, weil man [sonst] dieselben Hypostasen sowohl für wesensgleich als für wesensverschieden erklären und die hl. Dreiheit der Gottheit nach sowohl wesensgleich als wesensverschieden nennen müßte. Dieselbe Natur also findet sich in jeder der Hypostasen. Und wenn wir sagen, die Natur des Wortes sei Fleisch geworden, gemäß dem heiligen Athanasius und Cyrillus, so meinen wir, die Gottheit habe sich mit dem Fleische vereint. Darum können wir auch nicht sagen: die Natur des Wortes hat gelitten, denn nicht hat die Gottheit in ihm gelitten. Wir sagen aber, die menschliche Natur habe in Christo gelitten, ohne jedoch alle Personen der Menschen zu meinen; wir bekennen aber auch, Christus habe in der menschlichen Natur gelitten. Wenn wir also „Natur des Wortes" sagen, so bezeichnen wir damit das Wort selbst. Das Wort aber besitzt sowohl das Gemeinsame der Wesenheit als das Eigenthümliche der Person.

7. Von der einen zusammengesetzten Hypostase Gottes des Wortes.

(Die Person des Wortes vor und nach der Incarnation. Die einfache Person des Wortes ist durch die Incarnation zusammengesetzt geworden.)

Wir sagen also, es präexistire die Hypostase Gottes des Wortes zeitlos und ewig als einfach und unzusammengesetzt, ungeschaffen und unkörperlich, unsichtbar, ungreifbar, uneingeschränkt, im Besitze alles dessen, was der Vater hat, als mit ihm wesensgleich, durch die Weise und Beziehung der Zeugung von der väterlichen Hypostase verschieden, vollkommen, niemals von der väterlichen Hypostase getrennt; in den letzten Zeiten aber habe sich das Wort, ohne den väterlichen Schooß zu verlassen, im Schooße der heil. Jungfrau eingewohnt, ohne eingeschränkt zu werden, ohne

Samen, auf unbegreifliche Weise, wie er selbst weiß, und habe in der vorweltlichen Hypostase selbst Fleisch aus der hl. Jungfrau angenommen.

In Allem also und über Allem war es, auch da es im Schooße der hl. Gottesgebärerin existirte, aber in ihr durch die Wirksamkeit der Fleischwerdung. Es ist also Fleisch geworden, indem es die Erstlinge unseres Teiges annahm, ein von einer vernünftigen und denkenden Seele beseeltes Fleisch, so daß die Hypostase für das Fleisch selbst die Hypostase Gottes des Wortes bildete und zusammengesetzt wurde die zuvor einfache Hypostase des Wortes, zusammengesetzt aber aus zwei vollkommenen Naturen, Gottheit und Menschheit, so daß sie sowohl die charakteristische und unterscheidende Eigenthümlichkeit der göttlichen Sohnschaft Gottes des Wortes an sich trägt, wonach sie vom Vater und Geiste unterschieden ist, als auch die charakteristischen und unterscheidenden Eigenschaften des Fleisches, wonach sie von der Mutter und den übrigen Menschen verschieden ist, an sich trägt aber auch die Eigenschaften der göttlichen Natur, nach welchen sie mit dem Vater und dem Geiste vereint ist, und die Merkmale der menschlichen Natur, nach welchen sie mit der Mutter und uns vereint ist. Ferner aber unterscheidet sie sich sowohl vom Vater und dem Geiste, als von der Mutter und uns dadurch, daß der Nämliche zugleich Gott und Mensch ist. Denn das erkennen wir als die eigenthümlichste Eigenheit der Hypostase Christi.

(Die Geburt Christi aus Maria wegen uns und über uns.)

Wir bekennen ihn also als einzigen Sohn Gottes auch nach der Menschwerdung und den nämlichen als Menschensohn, einen Christus, einen Herrn, den alleinigen Eingebornen und Wort Gottes, Jesum unsern Herrn, indem wir zwei Geburten von ihm verehren, eine aus dem Vater, vorweltlich, über Grund und Begriff und Zeit und Natur, und eine in den letzten Zeiten wegen uns, uns ähnlich und über uns: wegen uns, weil unseres Heiles wegen, uns ähnlich, weil er Mensch wurde aus einem Weibe und nach Zeit der Schwangerschaft, über uns, weil nicht aus Samen, sondern aus dem hl. Geiste und der hl. Jungfrau und über dem Gesetze der Schwangerschaft; indem wir ihn nicht bloß als Gott verkünden ohne uns gleiche Menschheit, noch bloß als Menschen, ihn der Gottheit entblößend; nicht zwei, sondern einen und denselben, der zugleich Gott ist und Mensch, vollkommener Gott und vollkommener Mensch, zugleich ganz Gott auch mit seinem Fleische und ganz Mensch auch mit seiner übergöttlichen Gottheit, indem wir durch den Ausdruck „vollkommener Gott und vollkommener Mensch" die Vollständigkeit und Mangellosigkeit der Naturen bezeichnen, durch den Ausdruck aber „ganz Gott und ganz Mensch" die Einzigkeit und Ungetheiltheit der Hypostase.[1]

(Auch als incarnirt ist die Natur Gottes des Wortes nur eine.)

Wir bekennen aber auch eine einzige fleischgewordene Natur Gottes des Wortes, indem wir durch den Ausdruck „fleischgeworden" die Wesenheit des Fleisches bezeichnen, nach dem seligen Cyrillus.[2] Und es ist also das Wort Fleisch geworden und hat seine eigene Immaterialität nicht verloren und ist ganz Fleisch geworden und ist ganz uneingeschränkt. Körperlich [dem Körper nach] wird es klein und zieht sich zusammen, und göttlich [der Gottheit nach] ist es uneingeschränkt, da sein Fleisch sich nicht zugleich ausdehnt mit seiner uneingeschränkten Gottheit.

Ganz also ist er vollkommener Gott, aber nicht sein Ganzes ist Gott; denn es ist nicht bloß Gott, sondern auch Mensch; und ganz ist es vollkommener Mensch, nicht das Ganze aber ist Mensch; denn es ist nicht bloß Mensch, sondern auch Gott. Denn „das Ganze" bezeichnet die

---

1) Expositio fidei a Patribus Nicaenis contra Paul. Samos. III. p conc. Ephes.
2) In commonit. ad Eulog. et epist. ad Success. Vgl. oben 6. Kap. und unten 11. Kap.

Natur, „der Ganze" die Hypostase, wie „etwas Anderes" die Natur, „ein Anderer" aber die Hypostase.[1]

(Das Ineinandersein der Naturen in ihm von Seite der Gottheit.)

Es ist aber zu bemerken,[2] daß, obwohl wir sagen, die Naturen des Herrn seien ineinander, wir doch wissen, daß die Durchdringung von Seite der göttlichen Natur geschah; denn diese geht durch Alles hindurch, wie sie will, und durchdringt es, durch sie aber Nichts; und sie theilt ihre Auszeichnungen dem Fleische mit, während sie selbst unaffizirt bleibt und an den Affektionen des Fleisches nicht Theil hat. Denn wenn die Sonne, während sie uns ihre Wirksamkeiten mittheilt, der unsrigen untheilhaftig bleibt, um wie viel mehr der Schöpfer und Herr der Sonne![3]

8. **Gegen Diejenigen, welche sagen: die Naturen des Herrn lassen sich unter die continuirliche oder unter die diskrete Quantität bringen. [Die Severianer.]**

Wenn aber Jemand bezüglich der Naturen des Herrn frägt, ob sie unter die continuirliche Quantität gehören oder unter die discrete, so werden wir sagen: die Naturen des Herrn sind weder ein Körper, noch eine Oberfläche, noch eine Linie, nicht Zeit, nicht Ort, um unter die continuirliche Quantität [= Maaß] gebracht zu werden; denn diese Dinge sind es, die continuirlich gezählt [gemessen] werden.

Es ist aber zu bemerken, daß die Zahl das Verschiedene zählt und man das in nichts Verschiedene nicht zählen kann; wonach aber die Dinge sich unterscheiden, darnach werden sie auch gezählt; wie z. B. Petrus und Paulus,

---

1) Greg. v. Naz. Rede 51.
2) Oben 3. Kap.
3) Leontius de sectis, act. 3.

sofern sie Eins sind, nicht gezählt werden. In Ansehung der Wesenheit nämlich, worin sie Eins sind, können sie nicht zwei Naturen genannt werden; der Hypostase nach aber, wonach sie verschieden sind, heissen sie zwei Hypostasen. Die Zahl also zählt, was verschieden ist, und sofern das Verschiedene verschieden ist, sofern wird es auch gezählt.

(Die zwei Naturen Christi discret.)

Geeint nun sind die Naturen des Herrn ohne Vermischung der Hypostase nach, verschieden aber ohne Trennung sind sie in Ansehung und Anbetracht des Unterschiedes. Und sofern sie geeint sind, werden sie nicht gezählt; denn wir sagen nicht, daß die Naturen Christi der Hypostase nach zwei sind; sofern sie aber ohne Trennung verschieden sind, sind die Naturen zwei in Anbetracht und Ansehung des Unterschiedes. Denn da sie der Hypostase nach geeint und ineinander sind, sind sie ohne Vermischung Eins, indem jede ihren natürlichen Unterschied behält. Nur in Ansehung des Unterschiedes also werden sie gezählt und fallen unter die discrete Quantität [Größe].

(Wie das Fleisch Christi angebetet werde.)

Einer also ist Christus,[1]) vollkommener Gott und vollkommener Mensch, den wir anbeten mit dem Vater und Geiste in einer Anbetung mitsammt seinem unbefleckten Fleische, indem wir nicht sagen, das Fleisch sei nicht anzubeten; es wird nämlich angebetet in der einen Hypostase des Wortes, welche für dasselbe [Fleisch] zur Hypostase wurde, wodurch wir nicht dem Geschöpfe dienen; denn nicht als bloßes Fleisch beten wir es an, sondern als geeint mit der Gottheit, und weil seine zwei Naturen auf eine Person (πρόσωπον) und eine Hypostase Gottes des Wortes sich zurückführen. Ich scheue mich, die Kohle zu berühren wegen des mit dem Holze verbundenen Feuers. Ich bete in

---

1) Cyrill. in def. Anath. 8. contra Theod.

Christo Beides zusammen an wegen der mit dem Fleische geeinten Gottheit. Denn nicht eine vierte Person führe ich in die Dreiheit ein, das sei ferne, sondern eine Person bekenne ich Gottes des Wortes und seines Fleisches. Denn eine Dreiheit blieb die Dreiheit auch nach der Fleischwerdung des Wortes.

Zusatz,

der gewöhnlich in den Ausgaben und Manuscripten nach dem 9. Kapitel des 4. Buches steht, aber dorthin gar nicht paßt.

Gegen Diejenigen, welche fragen, ob die zwei Naturen zur continuirlichen oder zur discreten Größe gehören.

Die Naturen des Herrn sind weder ein Körper, noch eine Oberfläche, noch eine Linie, nicht Ort, nicht Zeit, um unter die continuirliche Größe gebracht zu werden; denn diese Dinge sind es, die man continuirlich zählt. Geeint aber sind die Naturen des Herrn ohne Vermischung der Hypostase nach, verschieden aber ohne Trennung sind sie in Ansehung und Anbetracht des Unterschiedes. Und sofern sie geeint sind, werden sie nicht gezählt; denn wir sagen nicht, die Naturen Christi seien zwei Hypostasen oder der Hypostase nach zwei; sofern sie aber ohne Trennung verschieden sind, werden sie gezählt. Denn zwei Naturen sind es in Ansehung und Anbetracht des Unterschiedes. Als geeint nämlich der Hypostase nach und ineinander wohnend sind sie ohne Vermischung geeint, da sie keine Umwandlung ineinander annehmen und die einer jeden eigene natürliche Verschiedenheit auch nach der Einigung bewahren. Denn das Geschaffene blieb geschaffen, und das Ungeschaffene ungeschaffen. Nur in Ansehung des Unterschiedes also werden sie gezählt und fallen unter die discrete Größe. Denn das in nichts Verschiedene kann man nicht zählen; sofern sie aber verschieden sind, insofern werden sie gezählt, wie Petrus und Paulus, sofern sie Eins sind, nicht gezählt werden; denn in Ansehung der Wesenheit, worin sie Eins sind, sind sie nicht, noch heissen sie zwei Naturen, nach der Hypostase aber, wonach sie sich unterscheiden, heissen sie zwei Hypostasen. So ist also der Unterschied Grund der Zahl.

9. Antwort auf die Frage, ob es eine subsistenzlose Natur gebe.

Obgleich es nämlich keine unhypostatische Natur oder unpersönliche Wesenheit gibt (denn die Wesenheit und Natur findet sich in Hypostasen und Personen), so ist es doch nicht nothwendig, daß die mit einander hypostatisch geeinten Naturen jede eine eigene Hypostase besitze; sie können ja, wenn sie in eine Hypostase zusammenlaufen, weder unhypostatisch sein noch für jede eine eigene Hypostase haben, sondern beide eine und dieselbe.[1] Dieselbe Hypostase des Wortes nämlich, die als Hypostase beider Naturen auftritt, läßt weder eine derselben unhypostatisch sein, noch gestattet sie, daß sie von einander verschiedene Hypostasen haben, noch auch [abwechselnd] bald von dieser bald von jener [Natur], sondern ist immer ungeschieden und ungetrennt Hypostase beider, da sie sich nicht theilt und scheidet, und einen Theil von sich dieser [Natur], einen Theil aber jener zutheilt, sondern ungetheilt und vollständig Hypostase ganz von dieser und ganz von jener ist. Denn nicht in eigener Hypostase subsistirt das Fleisch Gottes des Wortes, noch auch entstand eine andere Hypostase ausser der Hypostase Gottes des Wortes, sondern als in ihr subsistirend, wurde es vielmehr hypostasirt und bekam nicht an sich selbst eine eigene Subsistenz (Hypostase). Daher ist es auch weder subsistenzlos (unhypostatisch), noch führt es eine andere Hypostase in die Dreiheit ein.

---

1) Leont. de sect. act. 7.

10. Über das dreimal Heilig.
(Die göttlichen Namen gemeinsam.)

Daher[1]) erklären wir auch den von dem thörichten Petrus dem Walker[2]) herrührenden Zusatz zu dem „Dreimal-Heilig" für gotteslästerlich, weil er eine vierte Person einschiebt und den Sohn Gottes, die persönliche Macht des Vaters, besonders stellt und den Gekreuzigten wieder besonders, als wäre er ein Anderer als der „Starke", oder [aber] die hl. Dreiheit leiden läßt und mit dem Sohne auch den Vater und den heil. Geist kreuzigt. Fort mit dieser Lästerung und diesem falschen Geschwätz! Wir aber nehmen [= verstehen] das „heiliger Gott" vom Vater, nicht bloß ihm den Namen der Gottheit beilegend, sondern wohl wissend, daß auch der Sohn und der hl. Geist Gott ist; und das „heiliger Starker" beziehen wir auf den Sohn, ohne den Vater und heiligen Geist der Stärke zu entkleiden; und das „heiliger Unsterblicher" schreiben wir dem hl. Geiste zu, nicht indem wir den Vater und Sohn ausser die Unsterblichkeit stellen, sondern alle Gottesbenennungen einfach und schlechthin von jeder der Hypostasen verstehen und den göttlichen Apostel nachahmen, welcher sagt:[3]) „Uns aber ist ein Gott, der Vater, aus dem Alles und wir aus ihm, und ein Herr, Jesus Christus, durch den Alles und wir durch ihn, und ein heil. Geist, in dem Alles und wir in ihm," und nicht bloß ihn, sondern auch den Theologen Gregor, der irgendwo also sagt:[4]) „Uns aber ist ein Gott,

---

1) Dam. epist. ad Jord. archim.
2) Dieser soll als Bischof von Antiochien zu dem Trisagion: Sanctus Deus, sanctus fortis, sanctus immortalis, alle drei auf Christus beziehend, den Zusatz gemacht haben: qui crucifixus es pro nobis, miserere nobis, wodurch, wenn man das Trisagion auf die drei Personen bezieht, entweder alle drei als gekreuzigt bezeichnet werden oder zu den dreien noch eine vierte hinzugefügt erscheint.
3) I. Kor. 8, 5. — 4) Rede 39.

der Vater, aus dem Alles, und ein Herr Jesus Christus, durch den Alles, und ein heiliger Geist, in dem Alles," indem die Ausdrücke „aus dem, durch den und in dem" keine Naturen scheiden (denn man könnte auch die Vorsätze oder die Reihenfolge der Namen nicht umkehren), sondern Eigenthümlichkeiten einer einzigen und unvermischten Natur bezeichnen. Und Dieß erhellt daraus, daß sie wieder in Eins verbunden werden, wenn man nicht unachtsam bei demselben Apostel Dieses liest:¹) „Aus ihm und durch ihn und in ihm ist Alles, ihm sei Ehre in alle Ewigkeit. Amen."

Denn daß das „dreimal Heilig" nicht bloß auf den Sohn gesagt ist,²) sondern auf die hl. Dreiheit, dessen sind Zeuge der heilige und ehrwürdige Athanasius, Basilius, Gregorius und der ganze Chor der gotterleuchteten Väter, daß nämlich durch das dreimal Heilig die heiligen Seraphim uns die drei Hypostasen der überwesentlichen Gottheit andeuten. Wenn sie aber nur einen Herrn nennen, so bezeichnen sie damit die eine Wesenheit und Herrschaft der göttlichen Dreiheit. Es sagt daher Gregor der Theologe:³) „So laufen die dreimal Heiligen, die auch von den Seraphim verhüllt und in drei Heilig-Nennungen gepriesen werden, in eine Herrheit und Gottheit zusammen, was auch ein Anderer von uns sehr treffend und erhaben philosophirt hat."

(Überlieferung des „Dreimal Heilig" unter dem Bischofe Proklus.)

Es sagen nun auch die Kirchengeschichtschreiber,⁴) daß, als das Volk in Konstantinopel bei einer unter dem Erzbischofe Proklus stattgefundenen von Gott verhängten Be-

---

1) Röm. 11, 36.
2) Siehe epist. ad Jordan.
3) Rede 42 am Anfang.
4) Felix III et alii epist. ad Petrum Fullonem ; Theoph. ad an. 5930.

drohung betete, ein Knabe aus dem Volke verzückt worden sei und so durch englische Belehrung das dreimal Heilig gelernt habe: „Heiliger Gott, heiliger Starker, heiliger Unsterblicher, erbarme dich unser," und als der Knabe wieder zu sich kam und das Gelernte verkündete, habe die ganze Menge das Lied gesungen, und so habe die Bedrohung aufgehört. Auch auf der heiligen und großen vierten ökumenischen Synode, zu Chalcedon nämlich, soll dieses Dreimalheilig-Lied so gesungen worden sein; so nämlich wird in den Akten dieser heiligen Synode berichtet.[1]) Lächerlich also fürwahr und läppisch ist es, daß das von Engeln gelehrte, durch das Aufhören des Schreckniffes beglaubigte, durch die Synode so vieler heiliger Väter bestätigte und bekräftigte und ehedem von den Seraphim gesungene Dreimalheilig-Lied, als die dreipersönliche Gottheit bezeichnend, durch die unvernünftige Meinung des Walkers gleichsam niedergetreten und wohl gar verbessert wurde, als übertreffe er die Seraphim. Aber o der Keckheit, um nicht zu sagen der Thorheit! Wir aber sagen auch so, und wenn Dämonen bersten: Heiliger Gott, heiliger Starker, heiliger Unsterblicher, erbarme dich unser!

11. Von der in der Art und im Individuum betrachteten Natur, dem Unterschied von Einigung und Fleischwerdung, und wie das zu nehmen ist: „die fleischgewordene Natur Gottes des Wortes."

(Dreifacher Sinn von „Natur"; in welchem Sinne die menschliche Natur vom Worte angenommen ist, und was der Ausdruck „Natur des Wortes" besagt.)

Die Natur wird entweder in bloßer Betrachtung gedacht (denn an sich selbst subsistirt sie nicht) oder gemeinsam in allen gleichartigen Hypostasen, diese umfassend, und

---

1) Conc. Chalc. act. 1. in fine.

heißt dann eine in der Art betrachtete Natur, oder im Ganzen [vollständig] mitsammt den accidentellen [= individuellen] Merkmalen in einer Hypostase und heißt dann individuelle Natur, obwohl sie dieselbe ist mit der in der Art betrachteten. Der fleischgewordene Gott das Wort nun hat weder die in der bloßen Betrachtung gedachte Natur angenommen (denn das wäre keine Fleischwerdung, sondern Täuschung und Schein einer Fleischwerdung) noch die in der Art betrachtete (denn nicht alle Hypostasen nahm er an), sondern die in einem Individuum, welche dieselbe ist mit der in der Art; denn er nahm die Erstlinge unseres Teiges an, nicht als an sich selbst subsistirend und vorher als Individuum sich gerirend und so von ihm angenommen, sondern als in seiner Hypostase existirend. Denn dieselbe Hypostase Gottes des Wortes wurde Hypostase für das Fleisch, und auf diese „Art ist das Wort Fleisch geworden,"[1] ohne Verwandlung natürlich, und das Fleisch Wort, ohne Übergang, und Gott Mensch. Denn Gott ist das Wort und der Mensch Gott vermöge der hypostatischen Einigung. Es ist daher Dasselbe, zu sagen: „Natur des Wortes" und die individuelle Natur. Denn es bedeutet weder bloß und ausschließlich das Individuum oder die Hypostase, noch das Gemeinsame der Hypostasen, sondern die gemeinsame Natur in einer der Hypostasen betrachtet und untersucht.

(Worin Einigung und Fleischwerdung sich unterscheiden. Der Ausdruck Cyrills „die eine fleischgewordene Natur des Wortes" von ihm selbst erklärt.)

Etwas Anderes nun ist Einigung, und etwas Anderes Fleischwerdung. Die Einigung nämlich bedeutet nur die Verbindung, nicht aber auch, womit die Verbindung geschah. Die Fleischwerdung aber oder, was Dasselbe ist, die Menschwerdung bedeutet die Verbindung mit Fleisch oder einem Menschen, wie auch das Feurigwerden [2] des Eisens

---

1) Joh. 1, 14.
2) Πύρωσις analog mit σάρκωσις.

seine Einigung mit dem Feuer. Der selige Cyrillus selbst nun erklärt das „eine fleischgewordene Natur Gottes des Wortes" im zweiten Briefe an Successus also: „Wenn wir nämlich bei dem Ausdrucke „eine Natur des Wortes" das Weitere verschwiegen und nicht beigefügt hätten „fleischgewordene", sondern die Menschwerdung gleichsam ausgeschlossen hätten, so wäre ihre Rede vielleicht auch nicht unwahrscheinlich, wenn sie sich anstellen zu fragen: Wenn das Ganze eine Natur ist, wo ist dann die vollkommene Menschheit? Oder wie subsistirte die uns gleiche Wesenheit? Weil aber sowohl die Vollkommenheit der Menschheit als auch die Bezeichnung der uns gleichen Wesenheit hinzugefügt wurde durch den Beisatz „fleischgeworden", so sollen sie aufhören, sich auf einen Rohrstab zu stützen." Hier hat er also „die Natur des Wortes" von der Natur gemeint. Denn wenn er Natur statt Hypostase genommen hätte, so wäre es nicht unstatthaft, auch ohne das „fleischgeworden" dieses zu sagen; denn wenn wir schlechthin von einer Hypostase Gottes des Wortes reden,[1]) irren wir nicht. Ebenso hat aber auch Leontius der Byzantiner den Ausdruck von der Natur verstanden, nicht statt der Hypostase.[2]) In der Vertheidigung des zweiten Anathematismus aber gegen die Vorwürfe des Theodoret sagt der selige Cyrillus so: „Die Natur des Wortes oder die Hypostase, d. h. das Wort selbst." Daher bezeichnet der Ausdruck „Natur des Wortes" weder die Hypostase allein noch das Gemeinsame der Hypostasen, sondern die gemeinsame Natur, wie sie ganz vorhanden ist in der Hypostase des Wortes.

(Wahl der Ausdrücke in vorliegender Materie.)

Daß also die Natur des Wortes Fleisch geworden und mit dem Fleische vereint sei, ist gesagt worden; daß aber die Natur des Wortes dem Fleische nach gelitten habe,

---

1) Oben 6. u. 7. Kap.
2) Leont. de sect. 8.

haben wir bis jetzt noch nie gehört; daß aber Christus dem Fleische nach gelitten habe, haben wir gelernt. Daher bedeutet der Ausdruck Natur des Wortes nicht die Hypostase. Es bleibt also nur noch übrig zu sagen: die Fleischwerdung ist die Vereinigung mit dem Fleische, und daß das Wort Fleisch geworden ist, heißt, die Hypostase des Wortes sei selbst, ohne sich zu verwandeln, Hypostase des Fleisches geworden. Und daß Gott Mensch geworden ist und der Mensch Gott, ist gesagt worden (denn das Wort, welches Gott ist, ist, ohne sich zu verwandeln, Mensch geworden); daß aber die Gottheit Fleisch oder Mensch geworden sei, haben wir nirgends gehört. Daß aber die Gottheit sich vereint habe mit der Menschheit in einer ihrer [göttlichen] Hypostasen, haben wir gelernt. Und daß Gott eine fremde Form und Wesenheit angenommen habe, nämlich die unsrige, ist gesagt worden. Denn jeder der Hypostasen wird der Name Gott beigelegt, Gottheit aber können wir von der Hypostase nicht sagen. Denn daß man den Vater allein oder den Sohn allein oder den heil. Geist allein Gottheit nenne, haben wir nicht gehört. „Gottheit" nämlich bedeutet die Natur, Vater aber die Hypostase, wie auch Menschheit die Natur, Petrus aber die Hypostase; „Gott" dagegen bezeichnet sowohl das Gemeinsame der Natur, als auch wird es jeder der Hypostasen als Beiname gegeben, wie auch „Mensch". Denn Gott ist, wer die göttliche Natur hat, und Mensch, wer die menschliche.

Zu alledem ist zu wissen,[1]) daß der Vater und der hl. Geist in keiner Hinsicht an der Fleischwerdung des Wortes Theil haben, ausser hinsichtlich der Wunder, des Wohlgefallens und des Willens.

12. Daß die heilige Jungfrau Gottesgebärerin ist, gegen die Nestorianer.

(Die hl. Maria ist im eigentlichen Sinne Mutter Gottes.

---

1) Dionys. de div. nom. c. 8.

Gegen Valentin und Andere: das Fleisch Christi ist aus Maria entsprungen.)

Wir verkünden aber die heil. Jungfrau als Gottesgebärerin im eigentlichen und wahren Sinne.¹) Denn wie wahrer Gott der ist, der aus ihr geboren ist, so ist wahre Gottesgebärerin die, welche den aus ihr fleischgewordenen wahrhaften Gott geboren hat. Denn Gott, sagen wir, sei aus ihr geboren worden, nicht als hätte die Gottheit des Wortes den Anfang des Seins aus ihr genommen, sondern weil Gott das Wort selbst, das vor den Weltzeiten zeitlos aus dem Vater geboren ist und anfangslos und ewig mit dem Vater und dem Geiste zugleich existirt, in den letzten Tagen unseres Heiles wegen in ihrem Schooße Wohnung nahm und, ohne sich zu verwandeln, aus ihr Fleisch und geboren wurde. Denn nicht einen bloßen Menschen gebar die heil. Jungfrau, sondern den wahrhaftigen Gott, nicht nackt, sondern Fleisch geworden, der den Leib nicht vom Himmel herabbrachte und wie durch einen Kanal durch sie hindurchging, sondern aus ihr ein uns wesensgleiches Fleisch annahm und es in ihm selbst subsistiren machte [hypostasirte].²) Denn wäre der Leib vom Himmel gebracht und nicht von unserer Natur genommen worden, was hälfe dann die Menschwerdung? Denn die Menschwerdung des Wortes Gottes geschah deßhalb,³) damit die sündige, gefallene und verdorbene Natur selbst den Thrannen, der sie getäuscht, besiege und so vom Verderben befreit werde, wie der göttliche Apostel sagt:⁴) „Denn durch einen Menschen der Tod und durch einen Menschen die Auferstehung der Todten." Wenn das Erste wahr ist, dann auch das Zweite.
⁵) Wenn er aber auch sagt:⁶) „Der erste Adam war

---

1) Greg. v. Naz. epist. 1. ad Cledon.
2) Greg. v. Naz ibid.
3) S. unten 18. Kapitel.
4) I. Kor. 15, 21. — 5) Greg. v. Naz. a. a. O.
6) I. Kor. 15, 47.

von der Erde, irdisch, der zweite Adam aber ist der Herr vom Himmel," so meint er nicht, sein Leib sei vom Himmel, sondern natürlich, daß er nicht ein bloßer Mensch ist. Denn sieh, sowohl Adam nannte er ihn als auch Herrn, Beides zusammen bezeichnend. Denn Adam heißt „erdgeboren"; erdgeboren aber ist offenbar die Natur des Menschen, der aus Lehm gebildet ist, „Herr" aber bezeichnet die göttliche Wesenheit.

Wieder aber sagt der Apostel:[1] „Es sandte Gott seinen eingeborenen Sohn, geworden aus einem Weibe;" er sagte nicht: durch ein Weib, sondern: aus einem Weibe. Es deutet also der göttliche Apostel an, der eingeborne Sohn Gottes und Gott selbst sei der aus der Jungfrau Menschgewordene und der aus der Jungfrau Geborne selbst sei der Sohn Gottes und Gott, geboren aber leibhaftig, sofern er Mensch wurde, und nicht wohnend in einem zuvorgebildeten Menschen, wie in einem Propheten, sondern indem er selbst wesenhaft und wahrhaft Mensch wurde, oder in seiner Hypostase ein mit einer vernünftigen und denkenden Seele beseeltes Fleisch hypostasirte [subsistiren ließ] und selbst dessen Hypostase wurde. Denn das bedeutet das „geworden aus einem Weibe". Denn wie wurde das Wort Gottes selbst dem Gesetze unterthan, wenn es nicht ein uns wesensgleicher Mensch wurde?

(Der Name Gottesgebärerin drückt das ganze Mysterium aus.)

Darum nennen wir die heil. Jungfrau mit Recht und in Wahrheit Gottesgebärerin; denn dieser Name stellt das ganze Mysterium der Menschwerdung dar. Denn wenn die Gebärerin Gottesgebärerin ist, dann ist gewiß der aus ihr Geborene Gott, gewiß aber auch Mensch. Denn wie sollte Gott, der vor allen Zeiten existirt, aus einem Weibe geboren sein, wenn er nicht Mensch wurde? Denn der

---

1) Galat. 4, 4.

Sohn eines Menschen ist offenbar ein Mensch. Wenn aber der aus einem Weibe Geborne selbst Gott ist, dann ist offenbar Einer der nach der göttlichen und anfangslosen Wesenheit aus Gott dem Vater Geborne und der nach der anfänglichen und zeitlichen, d. h. menschlichen Wesenheit in den letzten Zeiten aus der Jungfrau Geborne. Das weist aber auf eine Hypostase, zwei Naturen und zwei Geburten unseres Herrn Jesu Christi hin.

(Die Väter verschmähten es, Christusgebärerin zu sagen. Christus ist nicht Gottesträger, wie Nestorius ihn nannte, sondern menschgewordener Gott. Die menschliche Natur ist in der Empfängniß selbst mit dem Worte geeint worden.)

Christusgebärerin aber nennen wir die heil. Jungfrau keineswegs, weil zur Aufhebung des Ausdrucks Gottesgebärerin der unreine, abscheuliche und jüdisch gesinnte Nestorius,[1] das Gefäß der Unehre, und zur Unehre der allein wahrhaft über alle Kreatur geehrten Gottesgebärerin (und wenn auch Dieser berstet sammt seinem Vater, dem Satan) diese Benennung erfand, wie zum Schimpfe. Denn Christus [ein Gesalbter] ist auch der König David und der Hohepriester Aaron (denn Königthum und Priesterthum sind es, die gesalbt werden); und jeder gotttragende Mensch kann Christus genannt werden, aber nicht von Natur Gott, wie auch der gottverfluchte Nestorius den aus der Jungfrau Gebornen Gottesträger zu nennen sich erfrechte. Ferne aber sei es, daß wir ihn Gottesträger nennen oder so denken,[2] sondern fleischgewordenen Gott. Denn das Wort selbst ist Fleisch geworden, empfangen zwar von der Jungfrau, hervorgegangen aber als Gott mit der Annahme [der menschlichen Natur], die auch selbst schon vergottet wurde zugleich mit der Hervorrufung derselben in das Sein, so daß diese drei Stücke zugleich stattfanden, die Annahme, die

---

1) Cyrill. ad Monachos epist. 1.
2) Cyrill. lib 1. cont. Nest.

Existenz, die Vergottung derselben durch das Wort, und so die hl. Jungfrau als Gottesgebärerin gedacht und bezeichnet wird, nicht bloß wegen der Natur des Wortes, sondern auch wegen der Vergottung des Menschlichen, indem auf wunderbare Weise von diesen zugleich sowohl die Empfängniß als die Existenz bewirkt wurde. Die Empfängniß des Wortes, die Existenz aber des Fleisches in dem Worte selber, indem die Gottesmutter selbst auf übernatürliche Weise dem Bildner das Gebildetwerden darbot und das Menschwerden dem Gott und Schöpfer des Alls, der das Angenommene vergottete, während die Einigung das Geeinte als Das bewahrte, als was es auch geeint wurde, nicht bloß das Göttliche nämlich, sondern auch das Menschliche von Christus, welches über uns und uns gleich ist. Denn nicht etwas zuvor uns gleich Gewordenes wurde hernach über uns, sondern immer von der ersten Existenz an war Beides, weil es vom Anfange der Empfängniß an die Existenz in dem Worte selbst hatte. Menschlich also ist es seiner eigenen Natur nach, Gottes aber und göttlich auf übernatürliche Weise. Ferner aber hatte es auch die Eigenschaften des beseelten Fleisches (denn das Wort nahm diese in der Menschwerdung an), die in der Ordnung natürlicher Bewegung [Thätigkeit] in Wahrheit natürlich sind.

13. Von den Eigenschaften der beiden Naturen.

(In Christo sind zwei Willen und Thätigkeiten.)

Indem wir aber denselben Jesum Christum unseren Herrn als vollkommenen Gott bekennen und als vollkommenen Menschen, sagen wir, derselbe habe Alles, was der Vater hat, ausgenommen die Ungezeugtheit, und habe Alles, was der erste Adam hatte, nur ohne die Sünde, nämlich einen Leib und eine vernünftige und denkende Seele; er habe aber entsprechend den zwei Naturen, die zweifachen natürlichen Eigenschaften der beiden, zwei natürliche Willen, den göttlichen und den menschlichen, und zwei natürliche

Thätigkeiten, eine göttliche und eine menschliche, zwei natürliche Selbstbestimmungsmächte [Freiheiten], eine göttliche und eine menschliche, und eine zweifache Weisheit und Erkenntniß, eine göttliche und eine menschliche. Denn als wesensgleich mit dem Vater, will und wirkt er selbstmächtig wie Gott, als wesensgleich aber auch mit uns will und wirkt der Nämliche selbstmächtig wie ein Mensch. Denn sein sind die Wunder, sein auch die Leiden.

14. Von den Willen und Selbstbestimmungskräften unseres Herrn Jesu Christi.

(Das Wollen und Wirken ist so vielfach als die Wesenheit.)

Weil also Christi Naturen zwei sind, so sagen wir, es seien auch seine natürlichen Willen und natürlichen Thätigkeiten zwei. Weil aber die Hypostase seiner zwei Naturen eine ist, so sagen wir, es sei einer und derselbe, der auf natürliche Weise will und wirkt nach beiden Naturen, aus welchen und in welchen und welche Christus ist, unser Gott; und er wolle und wirke nicht gesondert, sondern vereint; denn „er will und wirkt in jeder von beiden Formen in Gemeinschaft mit der andern."[1] Denn wovon die Wesenheit dieselbe ist, davon ist auch das Wollen und Wirken dasselbe, wovon aber die Wesenheit verschieden, davon ist auch das Wollen und Wirken verschieden,[2] und umgekehrt, wovon das Wollen und Wirken dasselbe ist, davon ist auch die Wesenheit dieselbe, wovon aber das Wollen und Wirken verschieden ist, davon ist auch die Wesenheit verschieden.

Darum[3] eben erkennen wir bei Vater, Sohn und hl. Geiste aus der Identität des Wirkens und Wollens die Identität der Natur. Bei der göttlichen Heilsordnung aber

---

1) Leo epist. 10. ad Flavian.
2) Max. Disp. cum Pyrrho, post Basil. epist. 80.
3) S. oben 2. Buch 22. Kap.

erkennen wir aus der Verschiedenheit der Thätigkeiten und
der Willen auch die Verschiedenheit der Naturen und, in=
dem wir die Verschiedenheit der Naturen wissen, bekennen
wir zugleich auch die Verschiedenheit der Willen und
Thätigkeiten. Denn wie die Zahl der Naturen des näm=
lichen und einen Christus, ehrerbietig gedacht und gesagt,
den einen Christus nicht trennt, sondern den Unterschied
der Naturen auch in der Vereinigung als bewahrt dar=
stellt, so führt auch die Zahl der seinen Naturen wesen=
haft inwohnenden Willen und Thätigkeiten (denn nach
beiden Naturen wollte und wirkte er unser Heil) keine
Trennung ein (das sei ferne!), sondern zeigt nur, auch in
der Vereinigung, deren Bewahrung und Erhaltung. Denn
natürlich und nicht hypostatisch nennen wir die Willen und
Thätigkeiten; ich meine aber die Macht des Wollens und
Wirkens, nach welcher die Wollenden und Wirkenden wollen
und wirken. Denn wenn wir zugeben, sie seien hypostatisch,
so werden wir genöthigt sein zu sagen, die drei Hypostasen
der heiligen Dreiheit hätten verschiedene Willen und Thätig=
keiten.

(Wie Wollen und Wirken [überhaupt] Sache der Natur, so
ist das So=Wollen und Wirken Sache der Person.)

Man muß nämlich wissen,[1] daß es nicht dasselbe ist,
zu wollen und Wie zu wollen. Denn das Wollen ist
Sache der Natur, wie auch das Sehen, es kommt ja allen
Menschen zu; das Wie=Wollen aber ist nicht Sache der
Natur, sondern unserer Gesinnung, wie auch das Wie=
Sehen, gut oder schlecht. Denn nicht alle Menschen wollen
auf gleiche Weise, noch sehen sie auf gleiche Weise. Das
aber werden wir auch von den Thätigkeiten zugeben. Denn
das Wie=wollen, Wie=sehen, Wie=wirken ist eine Weise der
Ausübung des Wollens, Sehens und Wirkens, die nur

---

[1] Max. Dial. cum Pyrrho; Anast. in Ὁδηγῷ c. 6. p. 40.

dem, der sie ausübt, zukommt, und ihn nach dem gemeinhin sogenannten Unterschied von den Anderen absondert.

Man nennt also das Wollen schlechthin — Wille (θέλησις) oder Willenskraft, welches ein vernünftiges Verlangen und ein natürliches Begehren ist, das Wie = wollen aber, oder das Wollen des dem Willen vorliegenden Gewollten (θελητόν) auch Gesinnungs = Willen (θέλημα γνωμικόν); willensfähig aber ist, was geeignet ist zu wollen, wie z. B. die göttliche Natur willensfähig ist, gleichwie auch die menschliche; wollend aber ist, wer sich des Willens bedient [ihn ausübt], d. h. die Hypostase, wie z. B. Petrus.

(Das Wollen in Christo ist doppelt, der Gesinnungs = [persönliche] Wille nur einer.)

Weil also Christus Einer und seine Hypostase Eine ist,[1]) so ist auch Einer und derselbe, der da will auf göttliche sowohl als menschliche Weise. Da er aber zwei wollensfähige, weil vernünftige, Naturen hat (denn alles Vernünftige ist wollensfähig und selbstmächtig), so werden wir zwei Natur = Willen oder Bestrebungen von ihm aussagen. Denn wollensfähig ist der Nämliche nach seinen beiden Naturen; er nahm ja die von Natur aus in uns vorhandene Willenskraft an. Und weil Christus Einer ist und derselbe Wollende nach beiden Naturen, so werden wir das nämliche Gewollte von ihm sagen, nicht als ob er bloß das wollte, was er auf natürliche Weise als Gott wollte (denn es ist nicht Sache der Gottheit, essen und trinken und dergleichen zu wollen), sondern auch das die menschliche Natur Erhaltende, nicht in einem Gegensatz der Gesinnung [zum göttlichen Willen], sondern in Eigenheit der Naturen; denn dann wollte er dieses auf natürliche Weise, wann sein göttlicher Wille es wollte und dem Fleische einräumte, sein Eigenes zu leiden und zu thun.

---

1) Max. ibid.

(Im Menschen ist der Wille von Natur aus.)

Daß aber der Wille von Natur aus zukommt,[1] erhellt daraus. Auſſer dem göttlichen gibt es drei Arten von Leben, das pflanzliche, das empfindende, das denkende. Dem pflanzlichen nun eigen ist die ernährende, mehrende und zeugende Bewegung [Thätigkeit]; dem empfindenden die willkürliche Bewegung; dem vernünftigen und denkenden aber die selbstmächtige [freie]. Wenn nun dem pflanzlichen die ernährende, und dem empfindenden die willkürliche Bewegung von Natur aus inwohnt, so wohnt dem vernünftigen und denkenden die freie von Natur aus inne. Selbstmacht [Freiheit] aber ist nichts Anderes als der Wille. Da nun das Wort ein beseeltes, denkendes und selbstmächtiges Fleisch geworden ist, so ist es auch wollensfähig geworden.

Ferner: das Natürliche ist nicht gelernt; denn Niemand lernt denken oder leben oder hungern oder dürsten oder schlafen. Aber auch wollen lernen wir nicht, darum ist das Wollen natürlich.

Und wieder: Wenn im unvernünftigen Wesen die Natur lenkt, im Menschen aber gelenkt wird, da er selbstmächtig nach seinem Willen sich bewegt, so ist der Mensch von Natur wollensfähig.

Und wiederum: Wenn der Mensch nach dem Bilde der seligen und überwesentlichen Gottheit geschaffen ist, die göttliche Natur aber von Natur aus selbstmächtig und wollensfähig ist, so ist auch der Mensch, als ihr Abbild, von Natur aus selbstmächtig und wollensfähig. Denn die Selbstmächtigkeit bestimmten die Väter als Wollen.

Ferner aber:[2] Wenn das Wollen allen Menschen inwohnt, und nicht den einen inwohnt, den andern nicht, das gemeinsam an Allen Wahrgenommene aber die Natur

---

1) Max Dial. cum Pyrrho.
2) Daſ. ex Diadocho.

in den darunter begriffenen Individuen kennzeichnet, so ist der Mensch von Natur aus willensfähig.

Und weiters: wenn die Natur kein Mehr oder Weniger annimmt, Allen aber das Wollen in gleicher Weise inwohnt, und nicht den einen mehr, den andern weniger, so ist der Mensch von Natur aus willensfähig; wenn daher der Mensch von Natur willensfähig ist, so ist auch der Herr, nicht bloß sofern er Gott ist, sondern auch sofern er Mensch wurde, von Natur willensfähig. Denn wie er unsere Natur annahm, so nahm er auch unseren Natur=Willen an. Und in dieser Hinsicht sagten die Väter, er habe unser Wollen in sich ausgedrückt.

Wenn das Wollen nicht natürlich ist, wird es entweder hypostatisch [persönlich] oder widernatürlich sein; allein wenn hypostatisch, so wird mithin der Sohn einen anderen Willen haben als der Vater, denn das Hypostatische kennzeichnet nur die Hypostase; wenn aber widernatürlich, so wird das Wollen Abfall von der Natur sein; denn das Widernatürliche verdirbt das Naturgemäße.

Der Gott und Vater von Allem nämlich will entweder, sofern er Vater ist, oder sofern er Gott ist. Allein wenn, sofern er Vater ist, so wird sein Wollen von dem des Sohnes verschieden sein. Der Sohn ist ja nicht Vater. Wenn aber, sofern er Gott ist, der Sohn aber Gott ist und der heilige Geist auch Gott ist, so wird also das Wollen Sache der Natur sein oder natürlich.

Ferner:[1] Wenn, gemäß den Vätern, wovon das Wollen Eines ist, davon auch die Wesenheit eine ist, und auch das Wollen der Gottheit Christi und seiner Menschheit ein einziges ist, so wird auch deren Wesenheit eine und dieselbe sein.

Und wieder: Wenn nach den Vätern der Unterschied der Natur durch einen Willen nicht ersichtlich wird, so

---

1) Greg. Nyss. cont. Apollin. et alii, act. 10. sext. syn.

kann man nothwendig, entweder bei der Annahme eines natürlichen Willens in Christo keinen Unterschied [der Naturen] annehmen, oder bei Annahme eines natürlichen Unterschiedes nicht einen Willen annehmen.

Und weiters:[1] Wenn, wie das göttliche Evangelium sagt, der Herr, als er in die Gegend von Tyrus und Sidon kam und „in ein Haus eintrat, es Niemand wollte wissen lassen und nicht konnte verborgen bleiben,"[2] und wenn sein göttlicher Wille allmächtig ist, er aber, obwohl er wollte, nicht verborgen bleiben konnte, so konnte er es nicht, obwohl er wollte, sofern er Mensch war, und war willensfähig, auch sofern er Mensch war.

Und wieder:[3] „Als er", heißt es,[4] „an den Ort gekommen war, sprach er: Mich dürstet. Und sie gaben ihm Wein mit Galle gemischt, und da er kostete, wollte er nicht trinken." Wenn er nun, sofern er Gott war, dürstete und kostend nicht trinken wollte, so ist er leidensfähig, auch sofern er Gott ist; denn ein Leiden ist sowohl der Durst als das Kosten; wenn aber nicht als Gott, so dürstete er gewiß als Mensch, und war willensfähig auch als Mensch.

Auch der selige Apostel Paulus aber sagt:[5] „Indem er gehorsam wurde bis zum Tode, zum Tode aber des Kreuzes." Der Gehorsam ist eine Unterwerfung des wirklichen Willens, nicht des nichtwirklichen, denn das Thier werden wir nicht gehorsam oder ungehorsam nennen.[6] Indem aber der Herr dem Vater gehorsam wurde, wurde er es nicht als Gott, sondern als Mensch. Denn als Gott ist er weder gehorsam noch ungehorsam. Denn das ist Sache des Unterworfenen, wie der gotterleuchtete Gregorius [Naz.] sagt.[7] Wollensfähig ist also Christus auch als Mensch.

---

1) Max. l. c. Agatho pap. epist. in VI. syn. act. 4.
2) Mark. 7, 24. — 3) Max. l. c. — 4) Joh. 19, 28; Matth. 27, 34. — 5) Phil. 2, 8. — 6) **Max.**
7) **Orat.** 36 aliquantum a principio.

(Der Wille ist auch als natürlich frei.)

Wenn wir aber den Willen natürlich nennen, so meinen wir damit nicht einen gezwungenen, sondern freien; denn wenn vernünftig, ist er gewiß auch frei. Denn nicht bloß die göttliche und ungeschaffene Natur hat nichts Gezwungenes, sondern auch nicht die denkende und geschaffene. Das ist aber klar; denn Gott, der von Natur gut ist und von Natur Schöpfer und von Natur Gott, ist dieses nicht mit Nothwendigkeit; denn wer legt ihm die Nothwendigkeit auf?

(Der freie Wille ist anders in Gott, anders in den Engeln, anders im Menschen.)

Man muß aber wissen,[1]) daß die Selbstmächtigkeit [Freiheit] in verschiedenem Sinne ausgesagt wird; anders bei Gott, anders bei Engeln, anders bei Menschen. Bei Gott nämlich in überwesentlicher Weise; beim Engel so, daß die Inangriffnahme mit der Neigung zugleich stattfindet und durchaus keinen Zwischenverlauf einer Zeit zuläßt, denn da er die Selbstmacht von Natur aus hat, bedient er sich derselben ungehindert, weil er weder von Seiten des Körpers ein Widerstreben hat, noch einen Widersacher; bei den Menschen aber so, daß die Neigung der Inangriffnahme zeitlich vorausgedacht wird. Denn der Mensch ist zwar selbstmächtig und hat die Selbstmacht von Natur aus, er hat aber auch den Widerstand des Teufels und die Bewegung des Körpers; wegen des Widerstandes also und der Schwere des Körpers bleibt die Inangriffnahme hinter der Neigung zurück.

(Grund, warum der freie Menschenwille von dem Worte angenommen werden mußte.)

Wenn also[2]) Adam mit Willen gehorchte und frei-

---

1) Max. l. c. Disp. cum Pyrrho.
2) Max. ibid.

willig aß, so ist das zuerst Leidende in uns der Wille; wenn aber der Wille zuerst leidend ist, ihn aber das fleischgewordene Wort nicht mit der Natur annahm, dann sind wir der Sünde nicht los geworden.

Ferner aber, wenn die freie Willensmacht der Natur **sein** Werk ist, er aber diese nicht annahm, so hat er damit entweder seine eigene Schöpfung verleugnet, als nicht gut, oder uns in diesem Punkte die Heilung nicht gegönnt, und uns der vollständigen Heilung beraubt, sich selbst aber als leidenheitlich gezeigt, weil er uns nicht vollständig retten wollte oder nicht konnte.

(Aus dem göttlichen und menschlichen Willen konnte nicht **ein zusammengesetzter** werden.)

Man kann aber nicht sagen, aus zwei Willen sei **einer** zusammengesetzt, wie aus zwei Naturen eine zusammengesetzte Hypostase; erstens weil zusammengesetzt nur Das sein kann, was in einer Hypostase ist [= was subsistirt] nicht aber was in einer andern und nicht in eigener Natur existirt; zweitens aber, weil, wenn wir die Willen und Thätigkeiten zusammengesetzt sein lassen, wir auch von den anderen natürlichen Eigenschaften eine Zusammensetzung anzunehmen genöthigt sein werden, von dem „ungeschaffen und geschaffen", „unsichtbar und sichtbar" und dergleichen. Wie aber auch wird der aus den Willen zusammengesetzte Wille benannt werden? Denn unmöglich kann das Zusammengesetzte mit der Benennung der Bestandtheile bezeichnet werden, weil wir sonst auch das aus den Naturen Zusammengesetzte Natur nennen müßten und nicht Hypostase. Ferner aber, wenn wir von Christus **einen** zusammengesetzten Willen aussagen, trennen wir ihn von dem Willen des Vaters; denn der Wille des Vaters ist nicht zusammengesetzt. Es bleibt also nur übrig, nur die Hypostase Christi zusammengesetzt und gemeinsam zu nennen, wie seinen Naturen so auch seinen natürlichen Eigenschaften.

(Eine Wahl im eigentlichen Sinne ist in Christo nicht.)

Eine Meinung (γνώμη) aber[1]) und Wahl (προαίρεσις) können wir dem Herrn nicht zuschreiben, wenn wir im eigentlichen Sinne reden wollen. Denn die Meinung auf Grund einer vorausgehenden Untersuchung und Ueberlegung oder Berathung und Beurtheilung über etwas Unerkanntes ist eine Hinneigung zu dem Geurtheilten, nach welcher die Wahl folgt, welche auswählt und das Eine dem Anderen vorzieht. Der Herr aber, der kein bloßer Mensch war, sondern auch Gott, und Alles wußte, beburfte keiner Untersuchung, Ueberlegung, Berathung und Beurtheilung, und hatte von Natur aus die Befreundung mit dem Guten und Fremdheit gegen das Böse.[2]) Denn so sagt auch der Prophet Isaias:[3] „Bevor der Knabe das Böse zu erwählen versteht, wird er das Gute erwählen; denn bevor der Knabe Gutes und Böses erkennt, wird er das Böse verwerfen und das Gute erwählen." Denn das „bevor" zeigt an, daß er nicht wie wir durch Untersuchung und Berathung, sondern weil er Gott war und auf göttliche Art im Fleische subsistirte, d. h. hypostatisch mit dem Fleische geeint, durch das Sein selbst und seine Allwissenheit von Natur aus das Gute hatte; denn natürlich sind die Tugenden und wohnen von Natur aus und auf gleiche Weise Allen inne, wenn wir auch nicht Alle auf gleiche Weise das Naturgemäße wirken. Denn aus dem Naturgemäßen sind wir durch die Uebertretung in das Naturwidrige verfallen.[4]) Der Herr aber hat uns aus dem Naturwidrigen zu dem Naturgemäßen zurückgeführt,[5]) denn das heißt das „nach dem Bilde und Gleichnisse."[6]) Die Ascese aber und ihre Mühen

---

1) Max. Dial. cum Pyrrho.
2) Basil. in psal. XLIV. vel potius in cap. VII. Isai.
3) Isai. 7, 15 nach d. 70.
4) Vgl. oben 2. Buch 30. Kap.
5) Max. Dial. cum Pyrrho.
6) Gen. 1, 26.

wurden nicht zur Erwerbung der von aussen her kommenden Tugend erfunden, sondern zur Entfernung der eingedrungenen und naturwidrigen Schlechtigkeit, gleichwie wir auch dadurch, daß wir den Rost des Eisens, der nicht natürlich, sondern durch Nachlässigkeit dazugekommen ist, mühsam entfernen, den natürlichen Glanz des Eisens sichtbar machen.

(Verschiedene Bedeutungen des Wortes γνώμη.)

Man muß aber wissen,[1]) daß das Wort γνώμη vielsinnig und vieldeutig ist. Bisweilen nämlich bedeutet es Ermahnung, wie der göttliche Apostel sagt:[2]) „Bezüglich der Jungfrauen habe ich keinen Befehl vom Herrn, eine Ermahnung aber gebe ich"; bisweilen auch Rath, wie wenn der Prophet David sagt:[3]) „Wider dein Volt haben sie einen bösen Rath gehalten;" bisweilen Beschluß, wie Daniel sagt:[4]) „Von wem ging dieser schamlose Beschluß aus?" Bisweilen aber steht es für Glaube oder Meinung oder Gesinnung, und, um es kurz zu sagen, der Name γνώμη wird in 28 Bedeutungen genommen.

15. **Von den Thätigkeiten in unserem Herrn Jesu Christo.**

(Zweifache Thätigkeit, wie Natur, in Christo.)

Wir schreiben aber unserem Herrn Jesus Christus auch zwei Thätigkeiten zu. Er hatte nämlich, als Gott und dem Vater wesensgleich, gleichfalls die göttliche Thätigkeit [Wirksamkeit], und, als Mensch geworden und uns wesensgleich, die Thätigkeit der menschlichen Natur.[5])

Man muß aber wissen, daß etwas Anderes ist die Wirksamkeit und etwas Anderes das Wirksame und etwas

---

1) Max. ibid.
2) I. Kor. 7, 25. — 3) Pf. 82, 4. — 4) Dan. 2, 15.
5) Oben 2. Buch. Max. Dial. cum Pyrrho.

Anderes die Bewirkung und etwas Anderes der Wirkende. Wirksamkeit also ist die thätige und wesenhafte Bewegung der Natur; wirksam die Natur, von der die Wirksamkeit ausgeht; Bewirkung die Vollbringung der Wirksamkeit, wirkend aber der, welcher die Wirksamkeit ausübt, d. h. die Hypostase. Man nennt aber auch die Wirksamkeit Bewirkung, und die Bewirkung Wirksamkeit, wie auch das Geschöpf Schöpfung; denn so sagen wir: „die ganze Schöpfung," um die Geschöpfe zu bezeichnen.

Es ist zu beachten, daß die Wirksamkeit eine Bewegung ist und vielmehr gewirkt wird als wirkt, wie der Theologe Gregor in der Rede vom heiligen Geiste sagt:[1] „Wenn er aber eine Wirksamkeit ist, so wird er offenbar gewirkt werden und nicht wirken, und zugleich mit dem Gewirktsein aufhören."

Man muß aber wissen, daß auch das Leben selbst eine Wirksamkeit ist, und die erste Wirksamkeit des lebendigen Wesens; auch die ganze Einrichtung des lebendigen Wesens: die ernährliche und wachsthümliche, oder pflanzliche [vegetative], die willkürliche oder empfindsame [animalische] und die denkende oder selbstmächtige [freie] Bewegung. Die Wirksamkeit ist aber Vollendung der Möglichkeit [Macht]. Wenn wir nun alles Dieses in Christus erblicken, so werden wir ihm auch eine menschliche Wirksamkeit zuschreiben.

(Andere Arten von Wirksamkeit. Wie die Naturen, so unterscheiden sich auch die Wirksamkeiten in Christo.)

Wirksamkeit[2] heißt auch der erste in uns entstehende Gedanke, und er ist eine einfache und verhältnißlose ($ἄσχετος$) Wirksamkeit des Geistes, der nach seiner Weise unsichtbar seine Gedanken hervorbringt, ohne die er mit Recht nicht einmal Geist genannt werden kann. Wieder aber heißt

---

1) Rede 37 nicht weit vom Anfang.
2) **Anast. Antioch.**

Wirksamkeit auch die Offenbarung und Kundgebung des Gedachten durch die Aussprache des Wortes. Diese aber ist nicht mehr verhältnißlos und einfach, sondern in einem Verhältnisse (σχέσις), aus Gedanke und Aussprache zusammengesetzt. Aber auch das Verhalten (σχέσις) selbst, welches der Handelnde zu dem Geschehenden hat, ist eine Wirksamkeit; auch die Vollbringung selbst heißt Wirksamkeit. Und das erste ist Sache der Seele allein, das zweite der den Körper gebrauchenden Seele, das dritte des geistig [denkend] beseelten Körpers, das vierte aber Vollbringung. Der Geist nämlich betrachtet zum voraus, was geschehen soll, und wirkt so durch den Körper. Der Seele kommt also die Herrschaft zu, denn sie gebraucht den Körper wie ein Werkzeug, ihn führend und leitend. Das Andere aber ist die Wirksamkeit des von der Seele geführten und bewegten Körpers. Die Vollbringung aber ist von Seite des Körpers die Berührung, das Festhalten und gleichsam Handhaben dessen, was gemacht wird, von Seite der Seele aber die gleichsam Formirung und Gestaltung dessen, was geschieht. So war auch bei unserem Herrn Jesus Christus die Macht der Wunder eine Wirksamkeit seiner Gottheit, die Handleistung aber und das Wollen und Sagen: „Ich will, sei rein"[1] war eine Wirksamkeit seiner Menschheit; Vollbringung aber war von Seite der menschlichen Natur die Brechung der Brode,[2] die Anhörung des Aussätzigen, das: „Ich will;" von Seite der göttlichen aber die Vermehrung der Brode und die Reinigung des Aussätzigen. Durch Beides nämlich, durch die Wirksamkeit sowohl der Seele als des Körpers, zeigte er als eine und dieselbe, verwandte und gleiche, seine göttliche Wirksamkeit. Wie wir nämlich die Naturen als vereint und sich einander durchdringend erkennen, und doch ihren Unterschied nicht leugnen, sondern sie sowohl zählen, als auch als ungetrennt erkennen, so erkennen wir auch von den Willen und Wirksamkeiten

---

[1] Matth 8, 3. — [2] Joh. 6, 11.

sowohl die Verbindung, als auch anerkennen wir den Unterschied, und zählen sie und führen doch keine Trennung ein. Denn gleichwie das Fleisch sowohl vergottet wurde, als auch eine Veränderung seiner eigenen Natur nicht erlitt, ebenso wurden auch der Wille und die Wirksamkeit sowohl vergottet als auch überschritten sie ihre eigenen Grenzen nicht. Denn Einer ist der, der dieses und jenes ist, und auf diese und jene Weise, d. h. auf göttliche und menschliche, wollte und wirkte.

Man muß also die Wirksamkeiten in Christo für zweifach erklären wegen der Zweifachheit der Natur. Denn wovon die Natur verschieden ist, davon ist auch die Wirksamkeit verschieden, und wovon die Wirksamkeit verschieden ist, davon ist auch die Natur verschieden; und umgekehrt, wovon die Natur dieselbe ist, davon ist auch die Wirksamkeit dieselbe und wovon die Wirksamkeit eine ist, davon ist auch die Wesenheit eine, nach den gotterleuchteten Vätern.[1] Man muß also Eines von Beiden: entweder, wenn man die Wirksamkeit in Christo für eine erklärt, auch die Wesenheit für eine erklären, oder, wenn wir uns an die Wahrheit halten und nach dem Evangelium und den Vätern die Wesenheiten als zwei bekennen, auch die auf entsprechende Art ihnen folgenden Wirksamkeiten als zwei bekennen. Denn da er Gott dem Vater wesensgleich ist, wird er ihm auch in der Wirksamkeit gleich sein, und da der Nämliche nach seiner Menschheit uns wesensgleich ist, wird er uns auch in der Wirksamkeit gleich sein. Denn der selige Gregor, Bischof von Nyssa, sagt:[2] "Wovon die Wirksamkeit eine ist, davon ist gewiß auch das Vermögen dasselbe." Denn jede Wirksamkeit ist Vollendung eines Vermögens. Unmöglich aber kann die Natur oder Macht oder Wirksamkeit der ungeschaffenen und geschaffenen Natur eine und dieselbe sein. Wenn wir aber die Wirksamkeit Christi für eine erklären, dann wer-

---

1) Siehe PP. loca act. 10. sextae synodi.
2) Orat. de natura et hyp.

ben wir der Gottheit des Wortes die Affektionen der denkenden Seele zuschreiben, nämlich Furcht und Trauer und Todesangst.

(Ausflucht der Gegner. Widerlegung.)

Wenn sie aber sagen,[1]) daß die heiligen Väter, von der heiligen Dreiheit handelnd, erklärten: "Wovon die Wesenheit eine ist, davon ist auch die Wirksamkeit eine, und wovon die Wesenheit verschieden ist, davon ist auch die Wirksamkeit verschieden," und man dürfe nicht die Sätze der Gotteslehre auf die Heilsordnung übertragen, so werden wir sagen, wenn die Väter bloß von der Gotteslehre redeten und der Sohn nicht auch nach der Fleischwerdung von derselben Wirksamkeit ist mit dem Vater,[2]) dann wird er auch nicht von derselben Wesenheit sein. Wem aber werden wir dann den Ausspruch zuschreiben?[3]) "Mein Vater wirket bis jetzt, und auch ich wirke," und "was er den Vater thun sieht, das thut auf gleiche Weise auch der Sohn", und "wenn ihr mir nicht glaubet, so glaubet meinen Werken", und "die Werke, die ich thue, geben Zeugniß von mir," und "wie der Vater die Todten erweckt und lebendig macht, so macht auch der Sohn, welche er will, lebendig." Dieses alles nämlich zeigt ihn nicht bloß als wesensgleich auch nach der Fleischwerdung, sondern auch als von derselben Wirksamkeit.

Und wieder: Wenn die Vorsehung über das Seiende nicht bloß des Vaters und heiligen Geistes, sondern auch des Sohnes ist, auch nach der Fleischwerdung, dieses aber eine Wirksamkeit ist, so ist er auch nach der Fleischwerdung von derselben Wirksamkeit mit dem Vater.

Wann wir aber aus den Wundern Christum als von derselben Wirksamkeit mit dem Vater erkennen, die Wunder

---

1) Max. Dial. cum Pyrrho.
2) Max. Dial. cum Pyrrho, ibid.
3) Joh. 5, 17, 19, 21, 25.

aber eine Wirksamkeit Gottes sind, so ist er nach der Fleischwerdung von derselben Wirksamkeit mit dem Vater.

Wenn aber die Wirksamkeit seiner Gottheit und seines Fleisches eine ist, so wird sie zusammengesetzt sein, und er wird entweder von anderer Wirksamkeit sein als der Vater, oder es wird auch der Vater von zusammengesetzter Wirksamkeit sein; wenn aber von zusammengesetzter Wirksamkeit, dann offenbar auch von solcher Natur.

Wenn sie aber sagen, mit der Wirksamkeit werde zugleich eine Person (πρόσωπον) eingeführt, so werden wir erwidern:[1]) Wenn zugleich mit der Wirksamkeit eine Person eingeführt wird, so wird nach der folgerichtigen Umkehrung auch zugleich mit der Person eine Wirksamkeiten eingeführt werden, und es werden, wie drei Personen oder Hypostasen der heiligen Dreiheit, so auch drei Wirksamkeit sein, oder, wie eine Wirksamkeit, so eine Person und eine Hypostase. Die heil. Väter aber haben einstimmig erklärt, das, was dieselbe Wesenheit habe, habe auch dieselbe Wirksamkeit.

Ferner aber, wenn zugleich mit der Wirksamkeit eine Person eingeführt wird, so haben die, welche bestimmt haben, die Wirksamkeiten Christi weder eine noch zwei zu nennen, angeordnet, weder eine Person bei ihm anzunehmen noch zwei.

Aber auch bei dem feurig gemachten Schwerte sind, wie die Naturen des Feuers und des Eisens bewahrt bleiben, so auch zwei Wirksamkeiten und deren Wirkungen. Denn das Eisen hat die Eigenschaft zu schneiden, und das Feuer, zu brennen, und der Schnitt ist die Wirkung von der Wirksamkeit des Eisens und das Brennen von der des Feuers; und ihr Unterschied bleibt bewahrt in dem gebrannten Schnitte und in dem geschnittenen Brande, wenn auch weder das Brennen ohne den Schnitt geschieht, nach

---

1) Max. ibid.
2) Max. lib. de duab. vol. et dial. cum Pyrrho.

der Vereinigung, noch der Schnitt ohne das Brennen; und weder sagen wir wegen der Zweifachheit der natürlichen Wirksamkeit, es seien zwei feurig gemachte Schwerter, noch machen wir wegen der Einzigkeit des feurigen Schwertes eine Vermischung ihres wesenhaften Unterschiedes. So gehört auch in Christo die göttliche und allmächtige Wirksamkeit seiner Gottheit an, die uns gemäße aber seiner Menschheit. Vollbringung aber der menschlichen war es, daß er das Mädchen bei der Hand nahm und zog,[1]) der göttlichen aber die Lebendigmachung.[2]) Denn etwas Anderes war dieses und etwas Anderes jenes, wenn auch Beide von einander ungetrennt waren in der gottmenschlichen Wirksamkeit. Wenn aber darum, weil die Hypostase des Herrn eine ist, auch die Wirksamkeit eine sein wird, dann wird wegen der einen Hypostase auch die Wesenheit eine sein.

Und wieder: Wenn wir eine Wirksamkeit bei dem Herrn behaupten, so werden wir diese entweder göttlich nennen, oder menschlich, oder keines von beiden. Aber wenn göttlich,[3]) so werden wir ihn für Gott erklären ohne die uns gleiche Menschheit; wenn aber menschlich, dann werden wir ihn einen bloßen Menschen lästern; wenn aber weder göttlich noch menschlich, weder für Gott noch für einen Menschen, weder dem Vater noch uns wesensgleich. Denn durch die Einigung entstand die persönliche Identität, nicht aber wurde auch der Unterschied der Naturen aufgehoben. Wenn aber der Unterschied der Naturen bewahrt bleibt, werden offenbar auch deren Wirksamkeiten bewahrt bleiben. Denn es gibt keine unwirksame Natur.

(Die natürliche Wirksamkeit ist ein Kennzeichen der Natur.)

Wenn die Wirksamkeit Christi des Herrn eine ist,[4]) so wird sie entweder geschaffen sein oder ungeschaffen; denn

---

1) Luk. 8, 54.
2) Max. Dial cum Pyrrho.
3) Max ibid. — 4) Max. ibid.

zwischen diesen ist keine Wirksamkeit, wie auch keine Natur. Wenn nun geschaffen, so wird sie nur eine geschaffene Natur anzeigen; wenn aber ungeschaffen, wird sie nur eine ungeschaffene Wesenheit kennzeichnen. Denn das Natürliche muß jedenfalls den Naturen entsprechend sein; denn eine unvollständige Natur kann keine Existenz haben. Denn die naturgemäße Wirksamkeit wirkt nichts Fremdartiges, und es ist klar, daß die Natur ohne ihre naturgemäße Wirksamkeit weder sein noch erkannt werden kann. Denn durch das, was es wirkt, erweist Jedwedes seine Natur, sofern es sich nicht ändert.

Wenn die Wirksamkeit Christi eine ist, so thut die nämliche das Göttliche und Menschliche; kein Seiendes aber kann, wenn es in dem bleibt, was seiner Natur gemäß ist, das Gegentheil thun; denn das Feuer kann nicht kühlen und wärmen, noch das Wasser trocknen und naß machen. Wie also hat der, der Gott ist von Natur und Mensch wurde von Natur, sowohl die Wunder als die Leiden durch eine Wirksamkeit vollbracht?

Wenn also Christus einen menschlichen Geist ($νοῦς$) oder eine denkende und vernünftige Seele annahm, so wird er gewiß gedacht haben und immer gedacht haben; eine Wirksamkeit des Geistes aber ist das Denken; also ist Christus auch als Mensch wirksam [thätig] und immer wirksam.

(Christi Leiden ist ein Thun.)

Der hochweise und große heilige Johannes Chrysostomus aber sagt in seiner Erklärung der Apostelgeschichte in der zweiten Rede:[1] „Man wird nicht irren, wenn man auch sein Leiden ein Thun nennt. Denn dadurch, daß er Alles litt, that er jenes große und wunderbare Werk, indem er den Tod vernichtete und alles Andere vollbrachte."

---

1) Hom. 1.

(Die Thätigkeiten beider Naturen Christi sind gemeinsam.)

Wenn jede Wirksamkeit als wesenhafte Bewegung einer Natur definirt wird, wie die hierin Tüchtigen lehren, wo weiß Jemand eine unthätige oder völlig unwirksame Natur, oder wo hat er eine Wirksamkeit gefunden, die nicht Bewegung eines natürlichen Vermögens wäre. Daß aber Gott und Geschöpf eine einzige natürliche Wirksamkeit haben, wird wohl kein Vernünftiger zugeben, gemäß dem seligen Cyrillus;[1]) und weder macht die menschliche Natur den Lazarus lebendig,[2]) noch weint die göttliche Machtvollkommenheit; denn die Thräne ist der Menschheit eigen, das Leben aber dem an sich subsistirenden Leben. Aber doch ist Beides·Beiden gemeinsam[3]) wegen der Identität der Person. Denn Einer ist Christus und Eine ist seine Person oder Hypostase; aber doch hat er zwei Naturen, seiner Gottheit und seiner Menschheit. Von der Gottheit her nun ist die Herrlichkeit, die naturgemäß von ihr ausgeht, beiden gemein geworden wegen der Identität der Hypostase, vom Fleische her aber ist das Niedrige Beiden gemein. Denn einer und derselbe ist der, welcher sowohl dieses ist als jenes, nämlich Gott und Mensch, und des Nämlichen sind sowohl die Eigenschaften der Gottheit als die der Menschheit. Denn die Wunder wirkte die Gottheit, aber nicht ohne das Fleisch, das Niedrige aber das Fleisch, aber nicht ohne die Gottheit. Denn sowohl mit dem leidenden Fleische war die Gottheit verbunden, die leidensfrei blieb und die Leiden heilbringend machte, als auch war mit der wirkenden Gottheit des Wortes der heilige Sinn ($\nu o\tilde{\nu}\varsigma$) verbunden, der das, was vollbracht wurde, bedachte und wußte.

Ihre eigenen Vollkommenheiten theilt die Gottheit dem Leibe mit, sie selbst aber bleibt von den Leiden des Fleisches

---

1) Lib 32. thes. c. 2.
2) Joh. 11, 1.
3) Leo epist. 10

unberührt. Denn nicht so, wie durch das Fleisch die Gottheit wirkte, litt auch durch die Gottheit sein Fleisch; denn das Fleisch war Werkzeug der Gottheit. Wenn daher auch von der ersten Empfängniß an durchaus keine Trennung war zwischen beiden Formen, sondern die Handlungen der einen Person jederzeit von beiderlei Form waren, so vermischen wir doch, was ungetrennt geschah, keineswegs, sondern erkennen aus der Beschaffenheit der Werke, was Sache der einen oder der andern Form sei.

(Auf den Wink des Wortes vollbrachte die Menschheit das Ihrige.)

Es wirkt also Christus[1]) nach jeder seiner beiden Naturen, und es wirkt jede von beiden Naturen in ihm in Gemeinschaft mit der andern, indem das Wort wirkt, was des Wortes ist, durch die Würde und Macht der Gottheit, dergleichen alles Erhabene und Königliche ist; der Leib aber nach dem Willen des mit ihm geeinten Wortes, dem er auch angehört. Denn nicht von sich selbst erregte es den Antrieb zu den natürlichen Affekten, noch auch die Abneigung und den Widerwillen gegen das Lästige, oder litt es das von auffen her Zustoßende, sondern es bewegte sich naturgemäß, indem das Wort heilsordnungsmäßig wollte und zuließ, daß es das Seinige leide und thue, damit durch die Werke die Wahrheit der Natur beglaubigt würde.

(Christus that das Menschliche auf göttliche Weise und umgekehrt.)

Gleichwie[2]) er aber in überwesentlicher Weise Wesenheit annahm, als von einer Jungfrau empfangen, so wirkte er auch in übermenschlicher Weise, was Sache der Menschen ist, indem er [z. B.] auf unstätem Wasser mit irdischen Füßen wandelte, nicht indem das Wasser Erde wurde, sondern indem es durch die übernatürliche Macht der Gottheit zu-

---

1) Leo das.
2) Dionys. c. 2. de div. nom. et epist. 4.

sammengehalten wurde, so daß es nicht zerfloß und der Schwere der materiellen Füße nicht nachgab. Denn nicht auf menschliche Weise that er das Menschliche, weil er ja nicht bloß Mensch war, sondern auch Gott, weßhalb auch seine Leiden lebendig=machend und heilbringend waren; und nicht auf göttliche Weise wirkte er das Göttliche, weil er ja nicht bloß Gott war, sondern auch Mensch, weßhalb er durch Berührung, Wort und dergleichen die Wunder wirkte.

(Antwort der Monotheleten. Der Zustand keiner Sache wird durch Vergleichung erkannt.)

Wenn aber Jemand sagen wollte: Nicht zur Aufhebung der menschlichen Wirksamkeit behaupten wir eine Wirksamkeit in Christo, sondern weil im Gegensatze zur göttlichen Wirksamkeit die menschliche Wirksamkeit ein Leiden genannt wird, insofern behaupten wir eine Wirksamkeit in Christo — so werden wir antworten: Demgemäß behaupten auch Diejenigen, welche eine Natur behaupten, diese nicht zur Aufhebung der menschlichen, sondern weil im Gegensatze zur göttlichen Natur die menschliche Natur leidend heißt. Von uns aber sei es ferne, daß wir im Gegensatze zur göttlichen Wirksamkeit die menschliche Bewegung ein Leiden nennen. Denn von keiner Sache, um allgemein zu sprechen, wird die Existenz durch Gegenüberstellung oder durch Vergleichung erkannt und bestimmt. Auf diese Weise würden ja die Dinge wechselseitig als Ursachen von einander erfunden werden. Denn wenn darum, weil die göttliche Bewegung eine Wirksamkeit ist, die menschliche ein Leiden ist, so wird gewiß auch darum, weil die göttliche Natur gut ist, die menschliche schlecht sein; und umgekehrt wird, weil die menschliche Bewegung ein Leiden genannt wird, die göttliche Bewegung eine Wirksamkeit genannt und, weil die menschliche Natur böse ist, wird die göttliche gut sein; aber auch alle Geschöpfe werden auf diese Weise schlecht sein, und

---

1) Max. Dial. cum Pyrrho.

lügen wird der, welcher sagt:¹) "Und Gott sah Alles, was er gemacht hatte, und sieh, es war sehr gut."

(Verschiedene Namen für die menschliche Thätigkeit.)

Wir aber sagen:²) Die hl. Väter benannten die menschliche Bewegung je nach den vorhabenden Gedanken auf mehrfache Weise. Sie nannten sie nämlich Vermögen und Wirksamkeit und Unterschied und Bewegung und Eigenthümlichkeit und Beschaffenheit und Leiden [Affekt], nicht im Gegensatze zur göttlichen, sondern als bleibend und wandellos [nannten sie dieselbe] "Vermögen", "Wirksamkeit" aber, als charakteristisch und die Gleichheit in allen Gleichartigen anzeigend, "Unterschied", als unterscheidend, "Bewegung", als sich kund gebend, "Eigenthümlichkeit", als constitutiv und nur ihr selbst und keiner andern zukommend, "Beschaffenheit" aber, als Form bildend, "Leiden", als bewegt (denn Alles, was aus Gott ist und nach Gott, leidet, indem es bewegt wird, da es nicht Selbstbewegung oder Selbstmacht ist); nicht³) im Gegensatz also, wie gesagt, sondern nach dem ihr von der das All begründenden Ursache schöpferisch eingepflanzten Begriffe, weßhalb sie dieselbe auch Wirksamkeit nannten, in gleicher Bezeichnung mit der göttlichen. Denn der gesagt hat:⁴) "Es wirkt nämlich jede von beiden Formen in Gemeinschaft mit der andern," was hat der Anderes gethan, als der gesagt hat:⁵) "Denn nachdem er vierzig Tage gefastet hatte, hungerte ihn hernach" (er überließ es nämlich, wann er wollte, der Natur, das Ihrige zu wirken,)⁶) oder die eine verschiedene, oder zweifache oder andere und andere Wirksamkeit in ihm lehrten?⁷) Denn

---

1) Gen. 1, 31.
2) Max. Dial. cum Pyrrho
3) Das οὐ fehlt im Texte, ist aber nothwendig.
4) Leo epist. 10.
5) Matth. 4, 2.
6) Nyss. adv. Apoll.
7) Chrysost. hom. in s. Thom.

das bezeichnet durch eine Antithese zwei Wirksamkeiten; oft nämlich wird durch ein Antithese die Zahl angezeigt, wie auch dadurch, daß man sagt: göttlich und menschlich.[1] Denn der Unterschied ist ein Unterschied von Etwas, was sich unterscheidet; wie soll sich unterscheiden, was nicht ist?

16. Gegen Diejenigen, welche sagen: Wie der Mensch zwei Naturen und Thätigkeiten hat, muß man bei Christus drei Naturen und ebensoviele Thätigkeiten annehmen.

(Jeder Mensch ist von zweifacher Natur.)

Da jeder Mensch aus zwei Naturen besteht, Seele und Leib, und diese unverändert in sich hat, so kann man mit Recht von ihm sagen, er habe zwei Naturen; er bewahrt nämlich auch nach der Einigung die natürliche Eigenthümlichkeit einer jeden von beiden. Denn weder ist der Körper unsterblich, sondern vergänglich, noch die Seele sterblich, sondern unsterblich; weder der Körper unsichtbar, noch die Seele für leibliche Augen sichtbar, sondern diese vernünftig, denkend und unkörperlich, jener grob, sichtbar und unvernünftig. Nicht einer Natur aber ist, was sich der Wesenheit nach gegenübersteht; nicht einer Natur also ist Seele und Leib.

Und wieder: Wenn der Mensch ein vernünftiges, sterbliches Lebewesen ist, jedes Wesensmerkmal aber die in Rede stehenden Naturen anzeigt, das Vernünftige aber gemäß dem Begriffe der Natur nicht dasselbe ist mit dem Sterblichen, so wird der Mensch nicht einer Natur sein gemäß der Regel seiner Definition.

(Alle Menschen sind einer Natur, wenn man die Natur

---

1) Cyrill. in Joan. lib. 8.

nimmt für die Art, ja sogar alle Geschöpfe. Auf keine von beiden Weisen ist in Christo eine Natur.)

Wenn aber bisweilen der Mensch von einer Natur genannt wird, so wird der Name Natur genommen für Art, wenn wir [z. B.] sagen, ein Mensch unterscheide sich vom andern durch keinen Unterschied der Natur, sondern da alle Menschen den nämlichen Bestand haben und aus Seele und Leib zusammengesetzt sind und Jeder zwei Naturen ausmacht, werden Alle unter eine Definition gebracht. Und das ist nicht ungereimt, da ja der hl. Athanasius sogar von einer Natur aller Geschöpfe, soferne sie geworden sind, redet, indem er in der Rede gegen die Lästerer des heiligen Geistes also sagt: Daß aber der heilige Geist über der Schöpfung ist und verschieden von der Natur der gewordenen Wesen und der Gottheit eigen, ist wiederum leicht einzusehen. Denn Alles, was gemeinsam und in Vielen sich findet, und nicht in dem einen mehr, im andern weniger existirt, heißt Wesenheit.[1]) Da nun jeder Mensch aus Seele und Leib zusammengesetzt ist, insofern heißt die Natur der Menschen eine. Bei der Hypostase des Herrn aber können wir nicht von einer Natur reden, denn sie bewahren auch nach der Einigung jede ihre natürliche Eigenthümlichkeit und eine Art von Christusen gibt es nicht. Es gibt ja keinen anderen aus Gottheit und Menschheit bestehenden Christus, der zugleich Gott und Mensch wäre.

Und wieder: Nicht dasselbe ist die Art-Einheit des Menschen und die Wesenseinheit von Seele und Leib; die Art-Einheit des Menschen nämlich zeigt die in allen Menschen vorhandene Gleichheit an, die Wesens-Einheit von Seele und Leib aber zerstört deren Sein und bringt sie völlig zum Nichtsein. Denn entweder wird das Eine in die Wesenheit des Andern verwandelt werden, oder aus beiden ein Anderes entstehen und Beide verwandelt werden, oder sie werden, in den eigenen Grenzen bleibend, zwei

---

1) Epist. 2. ad Serap. versus finem.

Naturen sein. Denn nach dem Begriffe der Wesenheit ist der Körper nicht identisch mit dem Unkörperlichen. Es ist also nicht nothwendig, wenn man vom Menschen eine Natur aussagt, nicht wegen der Identität der wesenhaften Beschaffenheit von Seele und Leib, sondern wegen der Unverschiedenheit der unter eine Art befaßten Individuen, auch von Christo eine Natur auszusagen, wo eine viele Hypostasen umfassende Art nicht ist.

Ferner aber: Jede Zusammensetzung, sagt man, sei zusammengesetzt aus den zunächst Verbundenen; denn wir nennen das Haus nicht zusammengesetzt aus Erde und Wasser, sondern aus Ziegelsteinen und Holz. Sonst müßte man ja auch den Menschen wenigstens aus fünf Naturen zusammengesetzt nennen, aus den vier Elementen und der Seele. So ziehen wir auch bei unserem Herrn Jesus Christus nicht die Theile der Theile in Betracht, sondern das zunächst Verbundene, Gottheit und Menschheit.

Ferner aber: Wenn wir, weil wir den Menschen für zwei Naturen erklären, genöthigt sein werden, bei Christus drei Naturen anzunehmen, dann werdet auch ihr, weil ihr den Menschen aus zwei Naturen bestehen lasset, von Christus lehren, er bestehe aus drei Naturen, und ebenso von den Wirksamkeiten; denn die Wirksamkeit muß der Natur angemessen sein. Daß aber der Mensch zweier Naturen genannt wird und ist, bezeugt der Theologe Gregor, da er sagt:[1] „Denn zwei Naturen sind Gott und Mensch, weil auch Seele und Leib es sind;" und in der Rede über die Taufe sagt er Dieses:[2] „Da wir zweifach sind, aus Seele und Leib, und aus einer sichtbaren und unsichtbaren Natur, so ist zweifach auch die Reinigung, durch Wasser und Geist."

---

1) Epist. 1. ad Cledon.
2) Oratio 4. nicht weit vom Anfang.

17. Von der Vergottung der Natur des Fleisches des Herrn und seines Willens.

Man muß wissen, daß man nicht nach einem Uebergang oder einer Wandlung oder Veränderung oder Vermischung der Natur sagt, das Fleisch des Herrn sei vergottet und Mitgott und Gott geworden, wie der Gotteslehrer Gregor sagt: „Von denen das Eine vergottete, das Andere vergottet wurde und, ich wage zu sagen, Mitgott," und Mensch geworden sei das Salbende und Gott, was gesalbt wurde.[2]) Denn das sagt man nicht nach einer Umwandlung der Natur, sondern nach der heilsordnungsmäßigen Einigung, der hypostatischen nämlich, nach welcher es unzertrennlich mit Gott dem Worte geeint ist, und nach dem Ineinandersein der Naturen, wie wir auch von einem Feurigwerden des Eisens reden. Denn wie wir die Menschwerdung ohne Verwandlung und Veränderung bekennen, so werden wir auch glauben, daß die Vergöttung des Fleisches geschah. Denn weder trat das Wort dadurch, daß es Fleisch wurde, aus den Grenzen seiner Gottheit und den ihr zukommenden göttlichen Vollkommenheiten heraus noch wurde das Fleisch durch die Vergottung in seiner Natur und ihren natürlichen Eigenschaften verwandelt. Es blieben nämlich auch nach der Einigung sowohl die Naturen unvermengt, als deren Eigenschaften unversehrt; das Fleisch des Herrn aber gewann die göttlichen Wirksamkeiten durch seine lauterste, nämlich hypostatische Vereinigung mit dem Worte, ohne einen Verlust seiner natürlichen Eigenschaften zu erleiden. Denn nicht in eigener Wirksamkeit, sondern durch das mit ihm vereinigte Wort wirkte es das Göttliche, indem das Wort durch dasselbe seine eigene Wirksamkeit erwies. Es brennt ja das feuriggemachte Eisen nicht, weil es durch seine Natur die brennende Wirksamkeit besitzt,

---

1) Orat. 42.
2) Greg. v. Naz. Rede 39; Max. lib. de duabus voluntatibus.

sondern weil es durch seine Vereinigung mit dem Feuer dieses erlangte.¹)

(Auch der menschliche Wille Christi ist vergottet.)

Das Nämliche ist also sterblich durch sich selbst und lebendigmachend durch seine hypostatische Vereinigung mit dem Worte. Deßgleichen behaupten wir auch die Vergottung des Willens, nicht als ob seine natürliche Bewegung wäre verwandelt worden, sondern weil sie vereint ward mit seinem göttlichen und allmächtigen Willen und derselbe Wille des menschgewordenen Gottes wurde,²) weßhalb er, da er verborgen bleiben wollte, es durch sich selbst nicht konnte,³) da es Gott dem Worte gefiel, daß die in ihm in Wahrheit vorhandene Schwäche des menschlichen Willens sich zeige. Da er aber wollte, bewirkte er die Reinigung des Aussätzigen⁴) durch die Vereinigung mit dem göttlichen Willen.

Man muß aber wissen, daß die Vergottung sowohl der Natur als des Willens ganz klar und deutlich die zwei Naturen und die zwei Willen erkennen läßt. Denn wie das Feurigwerden nicht die Natur des Feuriggewordenen in die des Feuers verwandelt, sondern sowohl das Feuriggewordene als das Feurigmachende anzeigt, und nicht Eines sondern zwei erkennen läßt, so stellt auch die Vergottung nicht eine einzige zusammengesetzte Natur her, sondern beide und ihre hypostatische Vereinigung. Darum sagt der Theologe Gregor:⁵) „Von denen das Eine vergottete, das Andere vergottet wurde;" denn da er sagte: „Von denen das Eine und das Andere," drückte er zwei aus.

18. **Abermals von der Zweiheit des Willens,**

---

1) Max. Epist. ad Nicandr.
2) Greg. v. Naz. Rede 35.
3) Mark. 7, 24. — 4) Matth. 8, 3.
5) Greg. v. Naz. Rede 42.

der Selbstmacht, dem Verstande, der Erkenntniß und Weisheit.

(Die menschliche Natur wurde angenommen, damit sie selbst in Christo den Teufel besiegte.)

Indem wir Christum als vollkommenen Gott und vollkommenen Menschen bekennen, werden wir ihm gewiß Alles zugestehen, was sowohl dem Vater als der Mutter natürlich ist. Denn er wurde Mensch, damit das Besiegte siege. Denn nicht unmächtig war der Allmächtige, auch durch seine Alles vermögende Macht und Kraft den Menschen von seinem Thrannen zu befreien; aber das wäre ein Stoff zur Klage für den Thrannen gewesen, der den Menschen besiegt hatte, und von Gott überwunden wurde. Da also der barmherzige und menschenfreundliche Gott den Gefallenen selbst als Sieger darstellen wollte, wird er Mensch, um durch das Gleiche das Gleiche zurückzurufen.

(Es wurde eine menschliche Seele und ein menschlicher Geist angenommen, gegen die Apollinaristen.)

Daß aber der Mensch ein vernünftiges, denkendes Lebewesen sei, wird Niemand widersprechen. Wie nun ist er Mensch geworden, wenn er ein beseeltes Fleisch oder eine geistlose ($\check{\alpha}\nu o \nu \varsigma$) Seele annahm? Denn das ist kein Mensch. Was aber auch haben wir für einen Nutzen von der Menschwerdung, wenn der Erstverwundete nicht gerettet und nicht durch die Verbindung mit der Gottheit erneuert und gestärkt wurde? Denn das Nichtangenommene ist ungeheilt. Er nimmt also den ganzen Menschen an, auch sein Bestes, das aus Schwachheit gefallen war, um dem ganzen das Heil zu schenken.[1]) Einen unweisen Geist aber, ohne Erkenntniß, wird es nie geben. Denn wenn er ohne Thätigkeit und Bewegung ist, ist er gewiß auch ohne Existenz.

---

1) Greg. v. Naz. ad Cledon.

(Der Geist, das „Ebenbildliche" im Menschen, steht in der Mitte zwischen dem Worte und dem Fleische.)

Da also Gott das Wort¹) das Ebenbildliche erneuern wollte, wurde er Mensch. Was aber ist das Ebenbildliche, außer der Geist (νοῦς)? Mit Auslassung des Besseren also soll er das Geringere angenommen haben? Denn der Geist ist zwischen Gott und dem Fleische, diesem als Hausgenosse, Gott als Ebenbild. Geist also verbindet sich mit Geist, und der Geist vermittelt zwischen der Reinheit Gottes und der Grobheit des Fleisches; denn wenn der Herr eine geistlose Seele annahm, nahm er die Seele eines unvernünftigen Thieres an.

(Widerlegung des Einwurfes des Apollinaristen. Seele und Fleisch steht in der Schrift für Mensch.)

Wenn aber der Evangelist sagte, „das Wort sei Fleisch geworden," so ist zu wissen, daß von der heiligen Schrift der Mensch bald Seele genannt wird, wie z. B.: „In fünfundsiebzig Seelen kam Jakob nach Egypten,"²) bald aber Fleisch, wie z. B.: „Alles Fleisch wird das Heil Gottes sehen."³) Nicht unbeseeltes oder geistloses Fleisch also, sondern Mensch ist der Herr geworden. Er sagt ja doch selbst:⁴) „Was schlägst du mich, einen Menschen, der ich euch die Wahrheit gesagt habe?" Er nahm also Fleisch an, beseelt mit einer vernünftigen und denkenden Seele, die über das Fleisch herrschte, selbst aber beherrscht war von der Gottheit des Wortes.

(Der menschliche Wille Christi dem göttlichen unterthan.)

Er hatte also von Natur aus sowohl als Gott wie als Mensch das Wollen. Es folgte und gehorchte aber seinem

---

1) Greg. v. Naz. carm. senar. adv. Apollin., epist. ad Cled. et alibi.
2) Gen. 46, 27 nach d. Sept.; Apostelgesch. 7, 14.
3) Isai. 40, 5.; Luk. 3, 6.
4) Joh. 8, 40.

[göttlichen] Willen der menschliche, nicht bewegt durch eine eigene Meinung, sondern das wollend, was sein göttlicher Wille wollte. Denn indem der göttliche Wille es zuließ, erlitt er naturgemäß das Eigene.¹) Denn als er den Tod sich verbat, verbat er ihn sich naturgemäß, indem sein göttlicher Wille das wollte und zuließ, und hatte Todesangst und Furcht; und als sein göttlicher Wille wollte, daß sein menschlicher Wille den Tod erwähle, wurde ihm das Leiden freiwillig. Denn nicht bloß als Gott übergab er sich freiwillig in den Tod, sondern auch als Mensch, wodurch er auch uns Muth verlieh gegen den Tod. Denn so sagt er vor dem heilbringenden Leiden:²) „Vater, wenn es möglich ist, gehe dieser Kelch an mir vorüber." Natürlich sollte er als Mensch den Kelch trinken, nicht als Gott. Als Mensch also will er, daß der Kelch vorübergehe. Das sind die Worte der natürlichen Furcht. „Doch nicht mein Wille geschehe,"³) d. h. nämlich, sofern ich von dir wesensverschieden bin, „sondern der deine" d. h. der meine und deine, sofern ich dir wesensgleich bin. Das sind wieder Worte des Muthes. Denn nachdem die Seele des Herrn, der in Wahrheit Mensch geworden ist, nach seinem Wohlgefallen, zuerst die natürliche Schwachheit erfahren hatte, da sie bei der Trennung von dem Leibe auch ein natürliches Schmerzgefühl erlitt, faßt sie, durch den göttlichen Willen gestärkt, wieder Muth gegen den Tod. Denn weil derselbe ganz Gott war mit seiner Menschheit und ganz Mensch mit seiner Gottheit, unterwarf er als Mensch in sich und durch sich das Menschliche Gott dem Vater, indem er uns sich selbst als bestes Vorbild und Muster gab, und wurde dem Vater gehorsam.

---

1) Sophron. epist. Synod.
2) Matth. 26, 39; Luk. 22, 42. Eine oft von Athanas., Greg. v. Naz. und Chrysost. erklärte Stelle. Vgl. cit. act. 10 **sextae synodi**.
4) Das.

(Umsonst ist im Menschen die Vernunft, wenn ihm die
Freiheit fehlt.)

Freiwillig aber wollte er durch den göttlichen und
menschlichen Willen. Denn aller vernünftigen Natur ist
gewiß der freie Wille angeboren. Denn wozu wird sie die
Vernunft haben, wenn sie nicht frei überlegt? Denn das
natürliche Begehren hat der Schöpfer auch den unvernünf=
tigen Thieren eingepflanzt, das sie mit Nothwendigkeit zur
Erhaltung ihrer Natur lenkt. Denn die der Vernunft nicht
theilhaftigen Wesen können nicht lenken, sondern werden
gelenkt durch den Naturtrieb, weßhalb auch bei ihnen, so=
bald der Trieb sich regt, sogleich auch der Angriff zur
Handlung folgt, denn sie gebrauchen keine Vernunft, keine
Berathung oder Erwägung oder Beurtheilung. Daher
werden sie weder als nach Tugend strebend gelobt und selig
gepriesen, noch als Böses thuend bestraft. Die vernünftige
Natur aber hat zwar ein natürliches Verlangen, das sich
regt, das aber in dem, was die Naturgemäßheit bewahrt,
von der Vernunft gelenkt und geregelt wird; denn das ist
der Vorzug der Vernunft, der freie Wille, den wir eine
natürliche Bewegung in dem Vernünftigen nennen; darum
wird sie auch als der Tugend nachgehend gelobt und selig
gepriesen und als dem Bösen nachgehend bestraft.

(Unterschied des göttlichen und menschlichen Willens in
Christo.)

Daher wollte die Seele des Herrn in freiwilliger Be=
wegung, aber sie wollte das, was sein göttlicher Wille wollte,
daß sie wolle. Denn nicht auf den Wink des Wortes be=
wegte sich das Fleisch; denn auch Moses und alle Heiligen
bewegten sich auf den göttlichen Wink, sondern da er zu=
gleich Gott und Mensch war, wollte er nach dem göttlichen
sowohl als dem menschlichen Willen. Darum unterschieden
sich nicht durch Gesinnung, sondern vielmehr durch natür=
liche Macht die beiden Willen des Herrn von einander.

---

1) Max. Dial. cum Pyrrho; Greg. v. Naz. ep. 1. ad Cled.

Denn sein göttlicher Wille war anfangslos und allwirkend, von der Macht begleitet, und leidenslos; sein menschlicher Wille aber begann in der Zeit, und dieser erfuhr die natürlichen und tadellosen Affecte, und war zwar von Natur nicht allmächtig, da er aber in Wahrheit und der Natur nach Gottes des Wortes wurde, auch allmächtig.

19. Von der gottmenschlichen Wirksamkeit.

Indem der selige Dionysius [1] sagt, Christus habe uns eine neue gottmenschliche Wirksamkeit dargelebt, sagt er, nicht weil er die natürlichen Wirksamkeiten aufhob, aus der göttlichen und menschlichen sei eine Wirksamkeit geworden (denn so könnten wir auch von einer einzigen neuen Natur reden, die aus der göttlichen und menschlichen entstand; denn wovon die Wirksamkeit eine ist, davon ist auch die Wesenheit eine, nach den heiligen Vätern), sondern weil er die neue und unaussprechliche Weise der Erscheinung der natürlichen Wirksamkeiten Christi, der unaussprechlichen Weise des Ineinanderseins der Naturen Christi entsprechend, und sein fremdartiges, wunderbares und der Natur der Wesen unbekanntes Walten als Mensch, [2] wie die Weise der der unaussprechlichen Einigung gemäßen Wechselmittheilung zeigen wollte; denn nicht getrennt lassen wir die Wirksamkeiten sein und nicht getrennt die Naturen wirken, sondern vereinigt jede in Gemeinschaft mit der andern das wirken, was sie Eigenthümliches hatte. [3] Denn weder das Menschliche wirkte er auf menschliche Weise (denn er war kein bloßer Mensch), noch das Göttliche bloß auf göttliche (denn er war nicht bloß Gott, sondern Gott und Mensch zugleich). Denn wie wir von den Naturen sowohl die Einheit als den Unterschied wissen, so auch von den natürlichen Willen und Wirksamkeiten.

---

1) Dionys. epist. 4., quae est ad Cajum.
2) Max. Dial. cum Pyrrho.
3) Leo epist. 1. ad Flav.

(Wechselmittheilung der Wirksamkeiten Christi.)

Man muß also wissen, daß wir von unserem Herrn Jesus Christus bald als von zwei Naturen reden, bald als von einer Person, aber Dieses wie Jenes bezieht sich auf einen Gedanken; denn die zwei Naturen sind ein Christus, und der eine Christus ist zwei Naturen. Es ist also Dasselbe, zu sagen: Es wirkt Christus nach jeder seiner beiden Naturen, und: Es wirkt jede von beiden Naturen in Christo — in Gemeinschaft mit der andern. Es hat also die göttliche Natur Theil am Fleische, welches wirkt, weil ihm durch das Wohlgefallen des göttlichen Willens eingeräumt wird, das Seinige zu leiden und zu thun, und weil die Wirksamkeit des Fleisches gewiß heilbringend ist; das Fleisch aber an der Gottheit des Wortes, welche wirkt, weil sie wie durch ein Werkzeug des Leibes die göttlichen Wirksamkeiten ausübt, und weil Einer ist Derjenige, der zugleich göttlich und menschlich wirkt.

(Wie der menschliche Geist am Worte Theil habe.)

Man muß aber wissen, daß seine heilige Vernunft ($\nu o\tilde{\upsilon}\varsigma$) auch ihre natürlichen Thätigkeiten bethätigt, indem sie bedenkt und weiß, sie sei Vernunft Gottes und werde von der ganzen Schöpfung angebetet, und ihres Wirkens und Leidens auf Erden sich erinnert; daß sie aber Theil hat an der wirkenden und das All lenkenden und regierenden Gottheit des Wortes, indem sie denkt und erkennt und lenkt, nicht als bloße Vernunft eines Menschen, sondern als hypostatisch geeint mit Gott und als Vernunft Gottes sich gerirend.

(Die gottmenschliche Wirksamkeit Christi.)

Das also bedeutet die gottmenschliche Wirksamkeit, daß, nachdem Gott ein Mann oder Mensch geworden, auch seine menschliche Wirksamkeit göttlich oder vergottet war und nicht untheilhaftig seiner göttlichen Wirksamkeit, sondern jede von beiden mit der andern verbunden. Man heißt aber diese Weise Umschreibung ($\pi\varepsilon\varrho\iota\varphi\varrho\alpha\sigma\iota\varsigma$), wenn man Zweierlei mit einem Ausdruck umfaßt.¹) Denn wie wir den geschnittenen Brand und den gebrannten Schnitt des feurigen Schwertes einen nennen, für eine andere Wirksamkeit aber das Schneiden halten und für eine andere das Brennen, und von verschiedenen Naturen, vom Feuer das Brennen, vom Eisen aber das Schneiden, so verstehen wir auch, wenn wir von einer gottmenschlichen Wirksamkeit Christi reden, die zwei Wirksamkeiten seiner zwei Naturen, die göttliche Wirksamkeit seiner Gottheit und die menschliche seiner Menschheit.

20. Von den natürlichen und untadelhaften Affekten.

Wir bekennen aber, daß er alle natürlichen und untadelhaften Affekte des Menschen annahm. Denn den ganzen Menschen und alles Menschliche nahm er an, außer die Sünde. Denn diese ist nicht natürlich, noch vom Schöpfer uns eingepflanzt, sondern ist durch die Daraussaat des Teufels in unserem Willen freiwillig entstanden, ohne mit Gewalt über uns zu herrschen. Natürliche und untadelhafte Affekte aber sind, die nicht von uns abhängen, welche in Folge der Verurtheilung wegen der Uebertretung in das menschliche Leben hereinkamen, wie z. B. Hunger, Durst, Ermüdung, Mühe, die Thräne, der Untergang, die Scheu vor dem Tode, die Furcht, die Todesangst, woher der Schweiß, die Blutstropfen, die Hilfe der Engel wegen der Schwachheit der Natur und dergleichen, was allen Menschen naturgemäß zukommt.

Alles also nahm er an, um Alles zu heiligen. Er wurde versucht und siegte, um uns den Sieg zu bereiten und der Natur Kraft zu geben, den Widersacher zu besiegen, damit die ehedem besiegte Natur durch diejenigen

---

1) Max. Dogm. ad Marin. p. 43.

Angriffe, durch welche sie besiegt wurde, den ehemaligen Sieger besiege.

(Christus wurde versucht ohne innere Einflüsterung.)

Der Böse also griff ihn von aussen an, nicht durch Gedanken, wie auch den Adam, denn auch Diesen nicht durch Gedanken, sondern durch die Schlange. Der Herr aber schlug den Angriff zurück und löste ihn auf wie Rauch, damit die Affekte, die ihn angriffen und besiegt wurden, auch von uns leicht niedergekämpft würden und der neue Adam den alten rette.

(Unsere Affekte waren in ihm der Natur gemäß und über die Natur.)

Ohne Zweifel waren unsere Affekte in Christo gemäß der Natur und über der Natur. Gemäß der Natur nämlich regten sie sich in ihm, wenn er dem Fleische einräumte, das Seinige zu erleiden; über der Natur aber, weil in dem Herrn das Natürliche nicht den Willen beherrschte; denn nichts Gezwungenes findet sich in ihm, sondern lauter Freiwilliges. Denn freiwillig hungerte, freiwillig durstete, freiwillig zagte, freiwillig starb er.

21. Von der Unwissenheit und Knechtschaft.

(Die Seele Christi ist durch die Einigung von aller Unwissenheit frei.)

Man muß wissen,[1]) daß er zwar eine unwissende und dienende Natur annahm; denn die menschliche Natur ist sowohl Gott ihrem Schöpfer unterworfen, als auch hat sie nicht die Kenntniß der Zukunft. Wenn du also, nach Gregor dem Theologen, das Sichtbare von dem Geistigen absonderst, heißt das Fleisch dienend und unwissend. Durch die Identität der Hypostase aber und die unzertrennliche

---

1) Greg. v. Naz. Rede 36.

Einigung besaß die Seele des Herrn die Kenntniß der Zukunft, wie auch die übrigen Wunder. Denn wie das Fleisch der Menschen seiner eigenen Natur nach nicht lebendigmachend ist, das hypostatisch mit Gott dem Worte selbst geeinte Fleisch des Herrn aber zwar der natürlichen Sterblichkeit nicht enthoben war, aber lebendigmachend wurde durch die hypostatische Einigung mit dem Worte, und wir nicht sagen können, daß es nicht lebendigmachend war und immer ist, so besaß zwar die menschliche Natur nicht wesenhaft die Kenntniß der Zukunft, die Seele des Herrn aber gewann durch die Einigung mit Gott dem Worte selbst und durch die hypostatische Identität, wie gesagt, mit den übrigen Wundern auch die Kenntniß der Zukunft.

(Christus kann nicht Knecht genannt werden, obwohl die Natur, die er annahm, knechtisch ist. Es ist nestorianische Ketzerei, Christum Knecht zu nennen.

Es ist aber zu beachten,¹) daß wir ihn auch nicht Knecht nennen können, denn der Name der Knechtschaft und der Herrschaft sind nicht Bezeichnungen einer Natur, sondern von Beziehungen, wie der der Vaterschaft und der Sohnschaft; denn diese zeigen nicht eine Wesenheit, sondern ein Verhältniß an. Wie wir nun auch von der Unwissenheit sagten, wenn du in reinen Gedanken oder feinen Vorstellungen des Verstandes das Geschaffene von dem Ungeschaffenen absonderst, ist das Fleisch knechtisch, wenn es nicht geeint ist mit Gott dem Worte; einmal aber hypostatisch geeint, wie wird es knechtisch sein? Denn da Christus Einer ist, kann er nicht sein eigener Knecht und Herr sein. Denn diese Bezeichnungen gehören nicht zu den schlechthinigen [absoluten], sondern zu den auf ein Anderes bezüglichen [relativen]. Wessen Knecht also wird er sein? Des Vaters? Also gehört nicht Alles, was der Vater hat, auch dem Sohne, wenn er nämlich ein Knecht des Vaters

---

1) Greg. v. Naz. Rede 24.

ist; sein eigener aber ist er gewiß nicht. Wie aber sagt von uns, die wir durch ihn zu Söhnen wurden, der Apostel:[1] „Daher bist du nicht mehr Knecht, sondern Sohn," wenn er selbst ein Knecht ist? Zunamsweise[2] also wird er Knecht genannt, nicht als ob er selbst dieses wäre, sondern weil er unsertwegen Knechtsgestalt annahm und mit uns sich Knecht nennen ließ. Denn obwohl leidenslos unterwarf er sich unsertwegen den Leiden und wurde Diener unseres Heiles. Die ihn aber Knecht nennen, trennen den einen Christus in zwei, wie Nestorius. Wir aber nennen ihn Gebieter und Herrn der ganzen Schöpfung, den einen Christus, der zugleich Gott ist und Mensch und Alles weiß. Denn[3] „in ihm sind alle verborgenen Schätze der Weisheit und der Erkenntniß".

22. Vom Fortschritte.

(Zunahme Christi an Weisheit und Gnade. Die Gnade der Seele Christi stammt aus der Einigung und ist in ihm als in der Quelle.)

Er nahm aber zu, wie es heißt,[4] an Weisheit und Alter und Gnade, da er an Alter wuchs, durch das Wachsthum des Alters aber die in ihm vorhandene Weisheit zur Offenbarung brachte, ferner aber, da er den Fortschritt der Menschen in Weisheit und Gnade und die Erfüllung des Willens des Vaters, d. h. die Gotteserkenntniß und das Heil der Menschen zu seinem eigenen Fortschritt machte und überall das Unsrige sich aneignete.[5] Die aber sagen, er habe zugenommen an Weisheit und Gnade, als habe er eine Zulage hievon empfangen, die lassen die Einigung nicht mit der anfänglichen Entstehung des Fleisches geschehen sein und lehren auch keine hypostatische Einigung, sondern dem eitelsinnigen Nestorius glaubend fabeln sie von einer

---

[1] Galat. 4, 7. — [2] Προσηγορικῶς. — [3] Koloss. 2, 3. — [4] Luk. 2, 52. — [5] Greg. v. Naz. Rede 20 u. 36.

Verhältniß-Einigung ¹) und bloßen Einwohnung, „ohne zu wissen weder, was sie sagen, noch worüber sie Behauptungen aufstellen." ²) Denn wenn in Wahrheit das Fleisch im Anfange seiner Existenz mit Gott dem Worte geeint wurde oder vielmehr in ihm seinen Anfang nahm und die hypostatische Identität mit ihm hatte, wie besaß es dann nicht vollkommen alle Weisheit und Gnade? Nicht weil es der Gnade theilhaftig wurde oder aus Gnade an dem Theil nahm, was des Wortes ist, sondern vielmehr weil es durch die hypostatische Einigung, wodurch sowohl das Menschliche als das Göttliche dem einen Christus eigen wurde (da der Nämliche zugleich Gott und Mensch war), zur Quelle der Gnade und Weisheit und Fülle aller Güter für die Welt wurde.

23. Von der Furcht.

(Zweifache Furcht. Welche Furcht natürlich ist, und wie sie in Christo ist.)

Der Name der Furcht hat einen doppelten Sinn. Es ist nämlich eine natürliche Furcht, wenn die Seele vom Körper sich nicht trennen will wegen der ursprünglich vom Schöpfer ihr eingepflanzten natürlichen Zuneigung und Angehörigkeit, wegen welcher sie naturgemäß Furcht und Angst hat und den Tod von sich abwehrt. Ihre Definition ist diese: Naturgemäße Furcht ist eine mit Beklommenheit am Sein festhaltende Macht. ³) Denn wenn Alles vom Schöpfer aus dem Nichtsein ins Dasein gebracht wurde, so hat es naturgemäß ein Verlangen nach dem Sein und nicht nach dem Nichtsein. Diesem aber ist von Natur aus eigen das Streben nach dem, was das Sein erhält. Auch der Mensch gewordene Gott das Wort also hatte dieses Verlangen, indem er zu dem, was die Natur erhält, eine Zuneigung

---

1) Σχετικὴν ἕνωσιν.
2) I. Tim. 1, 7.
3) Max. Dial. cum Pyrrho.

zeigte, sowohl nach Speise und Trank als nach Schlaf begehrend und naturgemäß Dieses erfahrend, gegen das aber, was ihr verderblich ist, eine Abneigung, so daß er zur Zeit des Leidens freiwillig die Beklommenheit vor dem Tode durchmachte. Denn wenn auch durch ein Naturgesetz das geschah, was geschah, aber doch nicht wie bei uns auf gezwungene Weise. Denn frei wollend nahm er das Natürliche an. Darum gehört dieses Zagen, diese Furcht und Todesangst zu den natürlichen und untadelhaften und keiner Sünde unterliegenden Affekten.

(Die nicht-natürliche Furcht; diese ließ Christus nicht zu.)

Es gibt dagegen eine Furcht, die aus Rathlosigkeit und Mißtrauen und Unkenntniß der Stunde des Todes entspringt, wie wenn wir uns Nachts fürchten, wenn ein Geräusch entsteht. Diese ist widernatürlich, und wir definiren sie so: Widernatürliche Furcht ist eine ungegründete Beklommenheit. Diese hat der Herr nicht angenommen, darum fürchtete er sich auch nie, ausser zur Zeit des Leidens und wenn er heilsordnungsmäßig oft sich selbst betrübte; denn ihm war die Zeit nicht unbekannt.

Daß er aber in Wahrheit sich fürchtete, sagt der heilige Athanasius in der Rede [Abhandlung] gegen Apollinarius: „Darum sprach der Herr:[1] Jetzt ist meine Seele betrübt. Das „Jetzt" aber heißt: als er wollte. Gleichwohl gab er kund, was wirklich der Fall war; denn er nannte nicht das Nichtwirkliche als wirklich, als ob, was er sagte, nur zum Schein geschähe; denn wirklich und in Wahrheit geschah Alles;" und bald darauf: „Keineswegs läßt die Gottheit ein Leiden zu, ohne leidenden Körper, noch auch zeigt sie Betrübniß und Trauer, ohne trauernde und betrübte Seele, noch ängstiget sie sich und betet, ohne sich ängstigenden und betenden Geist; denn wenn auch das, was geschah, nicht

---

[1] Joh. 12, 27.

durch ein Erliegen seiner Natur sich zutrug, so geschah es doch zum Beweise dessen, was er wirklich war."¹) Daß aber das, was geschah, nicht durch Erliegen seiner Natur sich zutrug, beweist das, daß er Dieses nicht unfreiwillig litt.

24. Vom Gebete des Herrn.

Gebet ist eine Erhebung des Geistes zu Gott oder eine Anrufung Gottes um das Zuträgliche. Wie also betete der Herr bei Lazarus oder zur Zeit des Leidens? Denn seine heilige Vernunft ($νοῦς$), die einmal hypostatisch mit Gott dem Worte vereint war, bedurfte weder einer Erhebung zu Gott noch einer Anrufung Gottes; denn Christus ist Einer. Aber [er that es] weil er unsere Stelle ($πρόσωπον$) vertrat und das Unsrige in sich darstellte und uns ein Muster wurde und uns Gott anrufen und uns nach ihm auszustrecken lehrte und uns durch seine heilige Vernunft den Weg bahnte zur Erhebung zu Gott. Denn wie²) er die Affekte auf sich nahm, um uns den Sieg über sie zu verleihen, so betete er auch, wie gesagt, um uns den Weg zu bahnen zur Erhebung zu Gott und für uns alle Gerechtigkeit zu erfüllen, wie er zu Johannes sagte,³) und uns seinen Vater zu versöhnen und um diesen als Grund und Princip zu ehren und zu zeigen, er sei kein Gottesfeind. Denn als er bei Lazarus sagte:⁴) „Vater, ich danke dir, daß du mich erhört hast. Ich aber wußte, daß du mich allzeit erhörst, aber wegen des umstehenden Volkes habe ich es gesagt, damit sie erkennen, daß du mich gesandt hast," ist da nicht für Alle ganz klar, daß er Dieses sagte, um seinen Vater auch als sein Prinzip zu ehren und zu zeigen, er sei kein Gottesfeind?⁵)

---

1) Athan. De salut. adventu Christi, contra Apollinarem versus finem.
2) Greg. v. Naz. Rede 26.
3) Matth. 3, 15. — 4) Joh. 2, 42.
5) Greg. v. Naz. Rede 42; Chrys. hom. 63. in Joan.

Als er aber sagte:¹⁾ „Vater, wenn es möglich ist, gehe dieser Kelch an mir vorüber, doch nicht wie ich, sondern wie du willst," ist es denn nicht Jedem klar,²⁾ er habe das gesagt, um uns zu lehren, in den Versuchungen von Gott allein Hilfe zu erflehen und den göttlichen Willen dem unsrigen vorzuziehen, und um zu zeigen, daß er in Wahrheit unsere Natur sich angeeignet habe, und daß er in der That zwei natürliche und seinen Naturen entsprechende, aber nicht entgegengesetzte Willen besaß? „Vater," sprach er, als wesensgleich, „wenn es möglich ist," nicht weil er es nicht wußte (was aber auch ist Gott unmöglich?), sondern um uns zu unterweisen, den göttlichen Willen dem unsrigen vorzuziehen; denn nur das ist unmöglich, was Gott nicht will und auch nicht zuläßt;³⁾ „doch nicht wie ich, sondern wie du willst;" denn als Gott zwar ist er gleichen Willens mit dem Vater, als Mensch aber zeigt er naturgemäß den Willen der Menschheit, denn dieser scheut naturgemäß den Tod.

Jenes aber: „Mein Gott, mein Gott, warum hast du mich verlassen?"⁴⁾ sprach er, weil er unsere Stelle vertrat. Denn weder ist der Vater sein Gott, wenn er nicht, indem man durch seine Vorstellungen des Verstandes das Sichtbare von dem Geistigen absondert, mit uns zusammengestellt wird, noch wurde er je von seiner eigenen Gottheit verlassen, sondern w i r waren die Verlassenen und Verschmähten. Daher betete er Dieses, indem er unsere Stelle vertrat.⁵⁾

25. Von der Aneignung (Appropriatio).

(Auf zweierlei Weise kann man sich Etwas aneignen.)

Man muß aber wissen,⁶⁾ daß es zwei Aneignungen

---

1) Matth. 26, 39.
2) Chrys. in Cat. in Matth. 26.
3) Greg. Rede 36.
4) Matth. 27, 46.
5) Greg. v. Nyss. Rede 36.
6) Max. in Marin. in solut. 1. dubit. Theod.; Greg. v. Naz. Rede 36.

gibt, eine natürliche und wesenhafte, und eine vertretungs- und theilnahmsweise (προσωπική καὶ σχετική). Natürlich nun und wesenhaft ist die, nach welcher aus Menschenliebe der Herr unsere Natur und alles Natürliche annahm, indem er von Natur und in Wahrheit Mensch wurde und das Natürliche an sich erfuhr; vertretungs- und theilnahmsweise aber ist sie, wann Jemand aus Theilnahme, Mitleid nämlich oder Liebe, die Person eines Andern vertritt und statt seiner für ihn die Reden vorbringt, die ihm selber nicht zukommen, nach welcher er unseren Fluch und unsere Verlassenheit und dergleichen, was nicht natürlich ist, sich aneignete, nicht indem er selbst dieses war oder wurde, sondern indem er unsere Rolle annahm und mit uns sich zusammenstellte. Das aber bedeutet auch das: „da er für uns zum Fluche geworden ist."[1])

26. Von dem Leiden des Leibes des Herrn und der Leidenslosigkeit seiner Gottheit.

Das Wort Gottes selbst also ertrug Alles im Fleische, während seine göttliche und allein leidenslose Natur leidenslos blieb. Denn da der eine Christus, der aus Gottheit und Menschheit zusammengesetzt und sowohl in Gottheit als Menschheit war, litt, litt das Leidensfähige, als von Natur aus geeignet zu leiden, das Leidenslose aber litt nicht mit. Denn zwar die Seele, die leidensfähig ist, hat, wenn der Leib geschnitten wird, obwohl sie selbst nicht geschnitten wird, zugleich mit dem Leibe Schmerz und leidet mit; die Gottheit aber, die leidenslos ist, litt nicht mit dem Leibe.

(Gott litt im Fleische, aber nicht die Gottheit.)

Man muß aber wissen, daß wir zwar sagen: Gott litt im Fleische, keineswegs aber: die Gottheit litt im Fleische,

---

1) Galat. 3, 13.

oder Gott litt durch das Fleisch. Denn wenn, während die Sonne den Baum bescheint, die Axt den Baum behaut, bleibt die Sonne unbehaut und leidenslos; um viel mehr bleibt die leidenslose, mit dem Fleische hypostatisch geeinte Gottheit des Wortes, während das Fleisch leidet, leidenslos.[1] Und wie, wenn Jemand auf ein feurig gemachtes Schwert Wasser gießt, das, was geeignet ist, vom Wasser zu leiden, das Feuer nämlich, erlischt, das Eisen aber unversehrt bleibt (denn es ist nicht geeignet, vom Wasser verletzt zu werden); um viel mehr ließ beim Leiden des Fleisches die allein leidenslose Gottheit das Leiden nicht zu, obwohl sie von ihm ungetrennt blieb; denn es ist nicht nöthig, daß die Beispiele völlig und ohne Mangel ähnlich sind. Man muß ja in den Beispielen sowohl die Ähnlichkeit sehen als die Verschiedenheit, sonst wäre es kein Beispiel. Denn das in Allem Gleiche wäre das Nämliche und kein Gleichniß, und besonders bei den göttlichen Dingen. Denn es ist unmöglich, ein in Allem gleiches Beispiel zu finden, sowohl in der Gotteslehre als in der Heilsordnung.

27. **Daß die Gottheit des Wortes von der Seele und dem Leibe ungetrennt bleibe, auch im Tode des Herrn, und eine Hypostase bleibe.**

Da unser Herr Jesus Christus sündelos war, denn „es hat keine Sünde gethan, der die Sünde der Welt aufhebt, noch ward ein Trug erfunden in seinem Munde,"[2] so war er dem Tode nicht unterworfen, da ja durch die Sünde der Tod in die Welt kam.[3] Er stirbt also, den Tod für uns auf sich nehmend, und bringt sich selbst dem Vater als Opfer für uns dar. Denn ihm haben wir gesündigt, und er mußte den Lösepreis für uns übernehmen und wir so von der Verdammung erlöst werden. Denn

---

1) Athan. lib. de salut. advent. Christi.
2) Jf. 53, 9; Joh. 1, 29. — 3) Röm. 5, 12.

ferne sei es, daß das Blut des Herrn dem Tyrannen dargebracht wurde.¹) Es kommt also der Tod heran, und den Köder des Leibes verschluckend wird er von dem Hacken der Gottheit durchbohrt, und nachdem er den sündlosen und lebendigmachenden Leib gekostet, geht er zu Grunde und gibt Alle wieder von sich, die er zuvor verschlungen hat. Denn wie die Finsterniß beim Herzubringen des Lichtes verschwindet, so wird das Verderben durch den Angriff des Lebens vertrieben, und Allen wird Leben zu Theil, Verderben aber dem Verderber.

(Christi Person ist eine, wenn auch die Theile getrennt sind.)

Wenn er also auch starb als Mensch und seine heilige Seele von dem unbefleckten Leibe getrennt wurde, so blieb doch die Gottheit ungetrennt von Beiden, von der Seele nämlich und dem Leibe, und auch so wurde die eine Hypostase nicht in zwei Hypostasen getrennt. Denn der Leib und die Seele hatten zugleich von Anfang an in der Hypostase des Wortes ihre Existenz, und obwohl im Tode von einander getrennt, blieb jedes derselben in der einen Hypostase des Wortes. Daher war die eine Hypostase des Wortes Hypostase sowohl des Wortes als der Seele und des Leibes. Denn nie hatte weder die Seele noch der Leib eine eigene Hypostase auffer der Hypostase des Wortes, die Hypostase des Wortes aber ist immer eine und nie zwei. Daher ist die Hypostase Christi immer eine. Denn wenn auch örtlich die Seele vom Leibe getrennt war, aber hypostatisch war sie durch das Wort vereint.

28. Von der Verderbniß und Verwesung.

(Doppelte Verderbniß. Nach der ersten Art war der Leib

---

1) Greg. Rede 42.

Christi vor der Auferstehung verderblich, nach der zweiten unverderblich.)

Der Name Verderbniß[1]) bedeutet Zweierlei. Er bedeutet nämlich diese menschlichen Leidenheiten: Hunger, Durst, Ermüdung, Durchbohrung mit Nägeln, Tod oder Trennung der Seele vom Leibe und dergleichen. Nach dieser Bedeutung nennen wir den Leib Christi verderblich; denn all Dieses nahm er freiwillig an. Es bedeutet aber die Verderbniß ($\varphi\vartheta o\varrho\acute{a}$) auch die völlige Auflösung des Leibes in die Elemente, woraus er besteht, und seine Vernichtung, welche von Vielen lieber Verwesung ($\delta\iota\alpha\varphi\vartheta o\varrho\acute{a}$) genannt wird. Diese erfuhr der Leib des Herrn nicht, wie der Prophet David sagt:[2]) „Denn du wirst meine Seele nicht in der Unterwelt lassen noch deinem Heiligen die Verwesung zu schauen geben."

(Die Ketzerei des Julian und Gajan.)

Unverderblich also den Leib des Herrn zu nennen, wie der verkehrtgesinnte Julian und Gajan, nach der ersten Bedeutung von Verderbniß, vor der Auferstehung, ist irreligiös. Denn wenn er unverderblich war, war er uns nicht wesensgleich, sondern nur scheinbar und nicht wirklich geschah, was die Evangelisten erzählen von seinem Hunger und Durst, den Nägeln, der Seitenwunde, dem Tode. Wenn es aber nur scheinbar geschah, dann ist Blendwerk und ein Schauspiel das Geheimniß der Menschwerdung, und scheinbar und nicht wirklich ist er Mensch geworden, und scheinbar und nicht wirklich sind wir gerettet. Aber fort damit, und die Solches sagen, sollen am Heil nicht Theil haben![3]) Wir aber haben das wahre Heil erlangt und werden es erlangen. — Nach der zweiten Bedeutung von Verderbniß aber bekennen wir den Leib des Herrn als un-

---

1) Leont. De sect. act. 10. et dial. contra Aphthartodoc.
2) Pf. 15, 10.
3) Anast. Sinait in Ὁδηγῷ, p. 293.

verderblich d. h. unverweslich, wie uns die gotterleuchteten Väter überliefert haben. Nach der Auferstehung des Heilandes von den Todten jedoch erklären wir, auch nach der ersten Bedeutung, den Leib des Herrn für unverderblich. Denn auch unserem Leibe hat der Herr durch seinen Leib die Auferstehung und die darauffolgende Unverderblichkeit geschenkt, da er selbst für uns der Erstling der Auferstehung, der Unverderblichkeit und Leidenslosigkeit geworden ist.¹) „Es muß nämlich dieses Verderbliche die Unverderblichkeit anziehen," sagt der göttliche Apostel.²)

29. Vom Hinabsteigen in die Unterwelt.

Es stieg die vergottete Seele in die Unterwelt hinab, damit, wie den Erdbewohnern die Sonne der Gerechtigkeit aufging,³) so auch den Unterirdischen, in Finsterniß und Schatten des Todes Sitzenden das Licht aufleuchtete;⁴) damit, wie er den Erdbewohnern den Frieden, den Gefangenen Erlösung, den Blinden ein neues Gesicht verkündete⁵) und den Gläubigen Ursache ewigen Heiles wurde, den Ungläubigen aber ein Vorwurf des Unglaubens, so auch denen in der Unterwelt;⁶) „damit ihm jegliches Knie sich beuge der Himmlischen, Irdischen und Unterirdischen."⁷) Und so, nachdem er die seit Weltaltern Gefesselten erlöst hatte, erstand er wieder von den Todten, indem er uns den Weg zur Auferstehung bahnte.

---

1) I. Kor. 15, 20. — 2) Daſ. 53. — 3) Malach. 4, 2. — 4) Iſai. 9, 2. — 5) Iſai. 61, 1 ; Luk. 4, 19. — 6) I. Petr. 3, 19. — 7) Phil. 2, 6.

Viertes Buch.

1. Von dem Zustande Christi nach der Auferstehung.

(Christus war nach der Auferstehung leidenslos. Warum er nach derselben Speise nahm. Alles Menschliche war in ihm unversehrt.)

Nach der Auferstehung von den Todten aber legte er alle Leidenheiten ab, Verderbniß nämlich, Hunger und Durst, Schlaf und Ermüdung und dergleichen. Denn wenn er auch nach der Auferstehung Speise kostete,[1]) so doch nicht nach dem Naturgesetz [denn ihn hungerte nicht], sondern heilsordnungsweise, um die Wahrheit seiner Auferstehung zu bekräftigen, daß es dasselbe Fleisch sei, das gelitten hat und auferstand. Keinen aber von den Theilen der Natur legte er ab, nicht den Leib, nicht die Seele, sondern er besitzt sowohl den Leib als die vernünftige und denkende, wollende und werkthätige Seele, und so sitzt er zur Rechten des Vaters, indem er auf göttliche sowohl als

---

1) Luk. 24, 43.

menschliche Weise unser Heil will und wirkt, auf göttliche die Vorsehung, Erhaltung und Leitung von Allem, auf menschliche aber, weil er eingedenk ist seiner Thaten auf Erden und sieht und weiß, daß er von der ganzen vernünftigen Schöpfung angebetet wird. Es weiß ja seine heilige Seele, daß sie hypostatisch mit Gott dem Worte geeint ist und mitangebetet wird, als Seele Gottes und nicht als Seele schlechthin. Auch die Auffahrt aber von der Erde zum Himmel und die Wiederherabkunft sind Wirksamkeiten eines umschriebenen Leibes. Denn „so", heißt es,[1]) „wird er wieder zu euch kommen, wie ihr ihn sahet fortgehen in den Himmel."

2. Vom Sitzen zur Rechten des Vaters.

Zur Rechten aber Gottes des Vaters, sagen wir, sitze Christus leibhaftig, nicht aber lehren wir eine örtliche Rechte des Vaters. Denn wie sollte der Unumschriebene eine örtliche Rechte haben? Denn eine Rechte und Linke haben nur umschriebene Wesen. Unter der Rechten aber des Vaters verstehen wir die Herrlichkeit und Ehre der Gottheit, in welcher der Sohn Gottes vor den Weltaltern existirend, als Gott und dem Vater wesensgleich, nachdem er zuletzt Fleisch geworden, auch leibhaftig sitzt, da sein Fleisch mit= verherrlicht ist; denn er wird in einer Anbetung mit seinem Fleische von der ganzen Schöpfung angebetet.[2])

3. Gegen die, welche sagen: Wenn Christus zwei Naturen ist, so dienet ihr entweder auch dem Geschöpfe, da ihr eine geschaffene Natur anbe=

---

1) Apostelg. 1, 11.
2) **Athan. Jun. p. 45. ad Aut.**; Basil. lib. de spir. sancto c. 6.

tet, oder ihr saget, eine Natur sei anzubeten
und die andere nicht.

(Das Fleisch Christi ist als Fleisch des Wortes anzubeten,
nicht an sich.)

Den Sohn Gottes beten wir an mit dem Vater und dem heiligen Geiste, der unkörperlich war vor der Menschwerdung und jetzt als derselbe Fleisch und Mensch geworden ist, nebstdem daß er Gott ist. Sein Fleisch nun ist, seiner eigenen Natur nach,[1]) wenn du in feinen Gedanken [Abstraktion] das Sichtbare von dem Geistigen absonderst, nicht anzubeten, als geschaffen; vereint aber mit Gott dem Worte wird es durch ihn und in ihm angebetet. Denn wie der König sowohl nackt angebetet wird als bekleidet, und der Purpur, als bloßer Purpur getreten und weggeworfen, als königliches Gewand aber geehrt und hochgehalten wird, und wenn ihn Jemand verunehrt, er, wie es oft geschieht, zum Tode verurtheilt wird; und wie das bloße Holz[2]) der Berührung nicht unzugänglich ist, mit dem Feuer verbunden aber und Kohle geworden, nicht durch sich selbst, sondern durch das damit verbundene Feuer unberührbar wird, und nicht die Natur des Holzes unberührbar ist, sondern die Kohle oder das feurige Holz, so ist auch das Fleisch, seiner eigenen Natur nach nicht anzubeten, es wird aber in dem fleischgewordenen Gott dem Worte angebetet, nicht durch sich selbst, sondern durch den mit ihm hypostatisch verbundenen Gott das Wort. Und wir sagen nicht, daß wir bloßes Fleisch anbeten, sondern das Fleisch Gottes oder den fleischgewordenen Gott.

4. Warum der Sohn Gottes Mensch wurde und

---

1) Athan. lib. 1. cont. Apoll. Epist. ad Adelph. Epiphan. Ancor. §. 51.
2) Ein den Vätern geläufiges Gleichniß. Vgl. oben 3. B. 8. Kap.

nicht der Vater und der heilige Geist; und was er als Mensch geworden vollbracht habe.

Der Vater ist Vater und nicht Sohn,[1] der Sohn Sohn und nicht Vater, der Geist heiliger Geist und nicht Vater noch auch Sohn. Denn die Eigenthümlichkeit ist unbeweglich; oder wie bliebe sie Eigenthümlichkeit, wenn sie bewegt würde und überginge? Darum wird der Sohn Gottes Sohn eines Menschen, damit die Eigenthümlichkeit unbewegt bleibe. Denn da er Sohn Gottes war, wurde er Sohn eines Menschen, Fleischgeworden aus der heiligen Jungfrau und seine Sohnes-Eigenthümlichkeit nicht ablegend.

(Merkmale und Kennzeichen der göttlichen Natur. Warum der Sohn Mensch wurde.

Es wurde aber der Sohn Gottes Mensch, um das, wozu er den Menschen gemacht hatte, ihm wieder zu geben; er hatte ihn nämlich gemacht nach seinem Bilde, denkend und selbstmächtig, und nach seinem Gleichnisse, d. h. vollkommen in Tugenden, wie es der Natur eines Menschen erreichbar ist. Denn das sind gleichsam die Kennzeichen der göttlichen Natur: die Kummer- und Sorgenlosigkeit, die Ungetrübtheit, die Güte, Weisheit, Gerechtigkeit, die Freiheit von allem Uebel. Indem er also den Menschen mit sich in Gemeinschaft setzte (denn zur Unvergänglichkeit erschuf er ihn),[2] erhob er ihn durch die Gemeinschaft mit sich zur Unvergänglichkeit. Nachdem wir aber durch die Uebertretung des Gebotes die Züge des göttlichen Bildes trübten und verwischten und, böse geworden, die göttliche Gemeinschaft verloren („denn welche Gemeinschaft hat das Licht mit der Finsterniß?")[3] und, des Lebens verlustig, dem

---

1) Greg. orat. 39.
2) Vulg. Weish. 2, 23 inexterminabilem.
3) I. Kor. 1, 14.

Verderben des Todes anheimfielen; nachdem er uns das Bessere mittheilte und wir es nicht bewahrten: nimmt er an dem Schlechteren Theil, an unserer Natur nämlich, um durch sich und in sich die Form des Bildes und Gleichnisses wieder herzustellen, uns aber auch den tugendhaften Lebenswandel zu lehren, indem er durch sich uns denselben leicht machte, und um uns durch die Theilnahme am Leben vom Verderben zu befreien, indem er der Erstling unserer Auferstehung wurde, und um das abgenützte und verbrauchte Gefäß zu erneuern, um uns von der Thyrannei des Teufels zu erlösen, indem er uns zur Gotteserkenntniß berief, und uns zu stärken und zu unterweisen durch Geduld und den Thrannen zu überwinden.[1]

(Was durch die Menschwerdung geleistet wurde. Kraft des Kreuzes Christi.

Aufgehört hat nun der Cult der Dämonen, die Schöpfung ist geheiligt durch das göttliche Blut. Götzen-Altäre und Tempel sind niedergerissen, Gotteserkenntniß ist gepflanzt, die wesensgleiche Dreiheit, die ungeschaffene Gottheit wird angebetet ein wahrer Gott, Schöpfer und Herr von Allem, Tugenden werden gepflegt, Hoffnung auf Auferstehung ist durch die Auferstehung Christi gewährt, vor den ehedem unterworfenen Menschen fürchten sich die Dämonen, und das Wunderbare ist, daß Dieses alles durch Kreuz und Leiden und Tod vollbracht wurde; auf der ganzen Erde ist das Evangelium der Gotteserkenntniß verkündet; nicht durch Krieg und Waffen und Heere die Gegner schlagend, sondern wenige nackte, arme, ungelehrte, verfolgte, geschmähte, sterbende Menschen haben, den im Fleische Gekreuzigten und Gestorbenen verkündend, über die Weisen und Mächtigen gesiegt; denn es folgte ihnen die allmächtige Macht des Gekreuzigten. Der ehedem höchst furchtbare Tod ist überwunden und der ehedem gehaßte und gescheute wird jetzt

---

1) Athan. lib. de incarn.; Cyrill. lib. I. in Joan.

dem Leben vorgezogen. Das sind die Großthaten der Erscheinung Christi, das die Kennzeichen seiner Macht. Denn nicht wie durch Moses hat er ein Volk aus Egypten und der Knechtschaft des Pharao, das Meer theilend, gerettet,[1] sondern vielmehr die ganze Menschheit hat er vom Verderben des Todes und dem harten Thrannen, der Sünde, befreit, indem er die Sünder nicht mit Gewalt zur Tugend trieb, nicht mit Erde verschüttete und mit Feuer brannte und sie zu steinigen befahl, sondern mit Sanftheit und Langmuth die Menschen beredete, die Tugend zu erwählen und mit den Mühen für sie zu ringen und dabei sich zu freuen. Denn früher wurden die Sünder gequält und hielten doch noch fest an der Sünde, und als Gott galt ihnen die Sünde, jetzt aber erwählen sie für Frömmigkeit und Tugend Qualen und Martern und Tod.

Wohlan, o Christus, Gottes Wort und Weisheit und Macht, und allherrschender Gott, was sollen wir Arme für alles Dieses dir entgegengeben? Denn dein ist Alles und du verlangst von uns Nichts, als daß wir uns retten lassen, indem du selbst auch Dieses gibst und den Empfängern Dank weist aus unsäglicher Güte. Dank dir, der du das Sein gabst und das Wohlsein verliehest und die desselben verlustig Gewordenen wieder dazu zurückführtest durch deine unaussprechliche Herablassung!

5. Gegen die, welche fragen, ob die Hypostase Christi geschaffen ist oder ungeschaffen.

(Abweisung einer monophysitischen Spitzfindigkeit. Die Person Christi ist ungeschaffen und geschaffen.)

Die Hypostase Gottes des Wortes war vor der Fleischwerdung einfach, unzusammengesetzt, unkörperlich und ungeschaffen, in der Fleischwerdung aber wurde dieselbe auch

---

[1] Exod. 14, 16.

für das Fleisch zur Hypostase und wurde zusammengesetzt aus der Gottheit, die sie immer hatte, und dem Fleische, das sie annahm, und trägt die Eigenschaften der zwei Naturen, da sie in zwei Naturen sich darstellt, so daß dieselbe eine Hypostase sowohl ungeschaffen ist der Gottheit nach, als geschaffen der Menschheit nach, sichtbar und unsichtbar. Sonst werden wir genöthigt, entweder den einen Christus zu theilen, indem wir zwei Hypostasen behaupten, oder den Unterschied der Naturen zu leugnen und eine Umwandlung und Vermischung einzuführen.

6. Wann Christus so genannt wurde.

Nicht, wie Einige falsch lehren,[1] wurde vor der Fleischwerdung aus der Jungfrau die Vernunft ($νοῦς$) mit Gott dem Worte geeint und seit damals Christus genannt. Diese Ungereimtheit gehört zu den Fabeleien des Origenes, der eine Präexistenz der Seelen lehrte. Wir aber sagen, der Sohn und das Wort Gottes sei Christus geworden, seitdem er im Schooße der heiligen Immer=Jungfrau Wohnung nahm und unverwandelt Fleisch wurde und das Fleisch gesalbt wurde mit der Gottheit. Denn diese ist die Salbung der Menschheit, wie Gregor der Theologe sagt.[2] Auch der höchst ehrwürdige Cyrillus aber von Alexandrien sagt in einem Schreiben an den König [Kaiser] Theodosius also:[3] „Denn ich wenigstens meine, man dürfe weder das Wort aus Gott ohne Menschheit, noch den aus dem Weibe gebornen Tempel ohne Einigung mit dem Worte Christum Jesum nennen. Denn unter Christus versteht man das in heilsordnungsweiser Einigung auf unaussprechliche Art mit der Menschheit verbundene Wort aus Gott." Und an die Königinen [Schwestern des Kaisers, schreibt er] so:[4]

---

1) Origenes lib. II. $περὶ\ ἀρχῶν$ cap. 6.
2) Rede 36, nicht weit vom Ende.
3) Edit. Paris. p. 25. — 4) Das. p. 54.

„Einige sagen, daß der Name Christi auch dem allein und an und für sich gedachten und existirenden, aus Gott dem Vater gezeugten Worte zukomme. Wir aber sind nicht so zu denken oder zu sagen gelehrt worden; denn als das Wort Fleisch wurde, damals, sagen wir, sei es auch Christus Jesus genannt worden. Denn weil er von Gott dem Vater gesalbt wurde mit dem Oele des Frohlockens, d. h. dem Geiste, darum wird er Christus genannt.[1]) Daß aber die Salbung an dem Menschlichen stattfand, daran wird wohl keiner von denen zweifeln, die richtig zu denken gewohnt sind." Auch der allberühmte Athanasius aber sagt in der Rede über die heilbringende Erscheinung Christi etwa so: „der vorherexistirende Gott war vor seinem Leben im Fleische nicht Mensch, sondern war Gott bei Gott, als unsichtbar und leidenslos; als er aber Mensch wurde, wird ihm der Name Christus wegen des Fleisches beigelegt, da dem Namen das Leiden und der Tod folgen."

Wenn aber auch die heilige Schrift sagt:[2]) „Darum hat Gott, dein Gott, dich gesalbt mit dem Oele des Frohlockens," so ist zu wissen, daß die heilige Schrift oft die vergangene Zeit gebraucht, statt der künftigen, wie z. B. „Hierauf wurde er auf der Erde gesehen und ist mit den Menschen verkehrt;"[3]) denn Gott wurde noch nicht gesehen und ist nicht mit den Menschen verkehrt, als Dieses gesagt wurde. Und ferner: „An den Flüssen Babylons, da saßen wir und weinten;"[4]) denn das war noch nicht geschehen.

7. Gegen die, welche fragen, ob die heilige Gottesgebärerin zwei Naturen gebar und ob zwei Naturen am Kreuze hingen.

(Lösung eines Einwurfes der Severianer. Das zuerst Ge-

---

1) Hebr. 1, 9. — 2) Pf. 44, 8. — 3) Baruch. 3, 38. — 4) Pf. 136, 1.

schaffene ist immer ungezeugt. Gezeugt oder geboren wird die Person, nicht die Natur.)

Das Ungeworden- und Gewordensein ($ἀγένητον$ und $γενητόν$ mit einem $ν$ geschrieben) ist Sache der Natur, was soviel heißt als Ungeschaffen- und Geschaffensein; das Ungezeugt- und Gezeugtsein aber ($ἀγέννητον$ und $γεννητόν$ mit zwei $νν$) betrifft nicht die Natur, sondern die Hypostase. Es ist also die göttliche Natur ungeworden oder ungeschaffen. Alles aber, was nach der göttlichen Natur kommt, geworden oder geschaffen. Es findet sich nun in der göttlichen und ungeschaffenen Natur das Ungezeugtsein im Vater (denn er ist nicht erzeugt), das Gezeugtsein aber im Sohne (denn er ist ewig aus dem Vater erzeugt), das Ausgehen aber im heiligen Geiste. In jeder Art von lebendigen Wesen aber sind die ersten zwar ungezeugt, aber nicht ungeworden; denn sie sind geworden durch den Schöpfer, wurden aber nicht erzeugt von ihres Gleichen. Werden nämlich ist Schöpfung, Erzeugung aber bei Gott der Hervorgang des wesensgleichen Sohnes aus dem Vater allein, bei den Körpern aber der Hervorgang einer wesensgleichen Hypostase aus der Verbindung von Männchen und Weibchen, woraus wir erkennen, daß das Gezeugtwerden nicht Sache der Natur, sondern der Hypostase ist. Denn wäre es Sache der Natur, so fände sich nicht in der [nämlichen] Natur das Gezeugte und das Ungezeugte. Eine Hypostase also gebar die heilige Gottesgebärerin, die in zwei Naturen sich darstellt, da sie der Gottheit nach zeitlos aus dem Vater erzeugt ist, zuletzt aber in der Zeit aus ihr Fleisch annahm und dem Fleische nach geboren wurde.

(Christus ist zwei Naturen. Er litt nach der Natur, die leidensfähig war.)

Wenn aber die Frager sticheln, der aus der heiligen Gottesgebärerin Geborne sei zwei Naturen, so sagen wir: Ja, er ist zwei Naturen; denn derselbe ist Gott und Mensch;

und ebenso sagen wir auch hinsichtlich der Kreuzigung, Auferstehung und Himmelfahrt. Nicht Sache der Natur nämlich ist Dieses, sondern der Hypostase. Es litt also Christus, der in zwei Naturen existirt, und wurde gekreuzigt der leidensfähigen Natur nach; denn dem Fleische nach hing er am Kreuze und nicht der Gottheit nach. Denn wenn sie auf unsere Frage: Sind zwei Naturen gestorben? antworten: Nein, so werden wir sagen: Also wurden auch nicht zwei Naturen gekreuzigt. Aber geboren wurde Christus oder das Menschgewordene göttliche Wort, geboren dem Fleische nach, gekreuzigt dem Fleische nach, litt dem Fleische nach, starb dem Fleische nach, während seine Gottheit leidenslos blieb.

8. Wie der Eingeborne Sohn Gottes Erstgeborner heisse.

Erstgeborner ist der zuerst Geborne, sei er nun eingeboren oder auch vor andern Brüdern. Wenn nun der Sohn Gottes Erstgeborner genannt würde, Eingeborner aber nicht genannt würde, so könnten wir meinen, er sei unter Geschöpfen zuerstgeboren, als ein Geschöpf.[1]) Da er aber sowohl Erstgeborner als auch Eingeborner genannt wird, muß man auch beides bei ihm festhalten. Erstgeboren vor aller Schöpfung[2]) nennen wir ihn, weil sowohl er selbst aus Gott ist als auch die Schöpfung aus Gott ist; aber er, der allein zeitlos aus der Wesenheit Gottes des Vaters geboren ist, wird mit Recht erstgeborner, eingeborner Sohn Gottes genannt werden, und nicht erstgeschaffener; denn die Schöpfung ist nicht aus der Wesenheit des Vaters, sondern durch seinen Willen aus dem Nichtsein in das Sein hervorgebracht;[3]) „Erstgeborner aber unter vielen

---

1) Greg. v. Nyss. lib. 3. contra Eunom.
2) Koloss. 1, 15.
3) Athan. expos. fidei.

Brüdern"¹) (denn eingeboren ist er auch von der Mutter), weil er gleich uns an Blut und Fleisch Theil hatte und Mensch wurde, auch wir aber durch ihn Söhne Gottes wurden, als Söhne angenommen durch die Taufe. Er, der Sohn Gottes von Natur ist Erstgeborner geworden unter uns, die durch Annahme und Gnade Söhne Gottes wurden und als seine Brüder gelten, weßhalb er sprach:²) „Ich steige auf zu meinem Vater und eurem Vater" (er sagte nicht: unserem Vater, sondern „meinem Vater", nämlich von Natur, „und eurem Vater", durch Gnade), „und meinem Gott und eurem Gott"; und er sagte nicht unserem Gott, sondern „meinem Gott" (wenn du in subtilen Gedanken das Sichtbare von dem Geistigen trennst) „und eurem Gott", als dem Schöpfer und Herrn.

9. Von Glauben und Taufe.

(Kraft der Taufe. Eine Taufe. Zur Taufe nothwendig ist die Anrufung der Trinität. Was die dreifache Untertauchung bedeute. Was auf Christus getauft werden heisse. Eucharistie und Taufe flossen aus der Seite des Herrn. Die Taufe ist doppelt wie auch der Mensch.)

Wir bekennen aber eine Taufe zur Nachlassung der Sünden und zum ewigen Leben. Denn die Taufe bedeutet den Tod des Herrn;³) wir werden nämlich durch die Taufe mit dem Herrn begraben, wie der göttliche Apostel sagt.⁴) Wie also der Tod des Herrn einmal vollbracht wurde, so muß man auch einmal getauft werden, getauft werden aber nach dem Worte des Herrn auf den Namen des Vaters und des Sohnes und des heiligen Geistes,⁵) indem uns das Bekenntniß des Vaters und des Sohnes und des hl. Geistes gelehrt wird. Alle also, die, nachdem sie auf den Vater und den Sohn und den hl. Geist getauft sind, belehrt über

---

1) Röm. 8, 21. — 2) Joh. 20, 17. — 3) Röm. 6, 4. — 4) Koloss. 2, 12. — 5) Matth. 28, 19.

die eine Natur der Gottheit in drei Personen, sich nochmal wiedertaufen lassen, kreuzigen Christum aufs Neue, wie der göttliche Apostel sagt:¹) „Denn es ist unmöglich, die einmal Erleuchteten u. s. f. wieder zur Buße zu erneuern, da sie für sich Christum auf's Neue kreuzigen und verhöhnen." Alle aber, die nicht auf die heilige Dreieinigkeit getauft sind, müssen wiedergetauft werden. Denn wenn auch der göttliche Apostel sagt:²) „Wir sind auf Christus und seinen Tod getauft," so sagt er doch nicht, daß in dieser Weise die Anrufung der Taufe geschehen müsse, sondern daß die Taufe ein Bild des Todes Christi ist. Denn durch die drei Untertauchungen deutet die Taufe die drei Tage der Begrabung des Herrn an.³) Das auf Christus getauft sein also bedeutet, daß man im Glauben an ihn getauft werde. Unmöglich aber ist es an Christus zu glauben, wenn man nicht das Bekenntniß auf Vater, Sohn und heiligen Geist gelernt hat.⁴) Denn Christus ist der Sohn des lebendigen Gottes,⁵) den der Vater gesalbt hat mit dem heiligen Geiste, wie der göttliche David sagt:⁶) „Darum hat Gott, dein Gott, dich gesalbt mit dem Oele des Frohlockens vor deinen Genossen;" und Isaias in der Person des Herrn:⁷) „Der Geist des Herrn ist auf mir. Darum hat er mich gesalbt." Da jedoch der Herr seinen Jüngern die Anrufung lehrte, sprach er:⁸) „Taufet sie auf den Namen des Vaters und des Sohnes und des heiligen Geistes." Denn weil uns Gott zur Unvergänglichkeit geschaffen,⁹) nach der Uebertretung seines heilsamen Gebotes aber zum Verderben des Todes verurtheilt hat, damit das Böse nicht unsterblich sei, als barmherzig aber, zu den Knechten herabsteigend und uns gleich geworden, durch sein eigenes Leiden

---

1) Hebr. 4, 6. — 2) Röm. 6, 3.
3) Auct. Quaest. ad Antioch.
4) Basil. lib. de bapt. 1. c. 12.
5) Matth. 16, 16. — 6) Ps. 44, 3. — 7) Isai. 61, 1. —
8) Matth. 28, 19.
9) Method. lib. de resurr.

uns vom Verderben erlöst hat, ließ er uns aus seiner heiligen und unbefleckten Seite eine Quelle der Nachlassung entspringen:[1] Wasser zur Wiedergeburt und Abwaschung der Sünde und des Verderbens, Blut aber als ewiges Leben gewährenden Trank. Auftrag aber gab er uns, durch Wasser und Geist wiedergeboren zu werden,[2] indem durch Gebet und Anrufung der heilige Geist zum Wasser hinzukommt.[3] Denn weil der Mensch zweifach ist, aus Seele und Leib, gab er uns auch eine zweifache Reinigung, durch Wasser und Geist, indem der Geist die Form des Bildes und Gleichnisses in uns erneuert, das Wasser aber durch die Gnade des Geistes den Leib von der Sünde reinigt und vom Verderben befreit, und das Wasser das Bild des Todes darstellt, der Geist aber das Pfand des Lebens darreicht.

(Reinigende Kraft des Wassers.)

Am Anfange nämlich „schwebte der Geist Gottes über den Wassern",[4] und vor Alters bezeugt die Schrift dem Wasser, daß es ein Reinigungsmittel ist.[5] Unter Noe aber verschwemmte Gott durch Wasser die Sünde der Welt.[6] Durch Wasser wurde jeder Unreine nach dem Gesetze gereinigt, indem selbst die Gewänder mit Wasser gespült wurden. Elias zeigte die Gnade des heil. Geistes als mit dem Wasser verbunden, da er das Brandopfer mit Wasser verbrannte.[7] Und fast Alles wird nach dem Gesetze mit Wasser gereinigt. Denn das Sichtbare ist Symbol des Geistigen. Die Wiedergeburt jedoch geschieht an der Seele, denn der Glaube vermag uns, obwohl wir Geschöpfe sind, durch den Geist zu Söhnen zu machen und zur ursprünglichen Seligkeit zu führen.

---

1) Joh. 19, 34. — 2) Joh. 3, 5.
3) Greg. or. 48.
4) Gen. 1, 2. — 5) Levit. 15, 10. — 6) Gen, 6, 17. —
7) III. Kön. 18, 32.

(Die Gnade der Taufe je nach dem Glauben und der
Reinheit der Empfänger.)

Die Nachlassung der Sünden nun wird Allen auf gleiche Weise durch die Taufe verliehen, die Gnade des Geistes aber dem Glauben und der Reinigung entsprechend. Jetzt also empfangen wir durch die Taufe die Erstlinge des heiligen Geistes, und die Wiedergeburt wird uns Anfang eines anderen Lebens, und Siegel und Schutzwehr und Erleuchtung.

Wir müssen uns aber mit aller Kraft sicher rein bewahren von schmutzigen Werken, damit wir nicht, wie ein Hund wieder zu dem eigenen Gespei zurückkehrend,[1]) uns neuerdings zu Sclaven der Sünde machen. Denn Glaube ohne Werke ist todt,[2]) gleichwie auch Werke ohne Glauben. Denn der wahre Glaube erweist sich durch die Werke.

(Warum wir auf die Trinität getauft werden.)

Wir werden aber auf die heilige Dreieinigkeit getauft,[3]) weil eben das, was getauft wird, der heil. Dreieinigkeit zu seiner Begründung und Fortdauer bedarf und es unmöglich ist, daß nicht die drei Personen beisammen seien; denn untrennbar ist die hl. Dreiheit.

(Verschiedene Taufen. Die Johannes-Taufe von der Taufe
Christi verschieden. Die Buß-Taufe, die Blut-Taufe, diese
ist die vornehmste; Taufe der ewigen Qual.)

Die erste Taufe war die der Sündfluth zur Vertilgung der Sünde;[4]) die zweite war die durch das Meer und durch die Wolke;[5]) denn ein Symbol war die Wolke — des Geistes, das Meer aber — des Wassers; die dritte war die gesetzliche; denn jeder Unreine wusch sich mit Wasser und

---

1) II. Petr. 2, 22. — 2) Jak. 2, 26.
3) Greg. v. Naz. Rede 30; **Athan. ad Serap. de spir. sancto.**
4) Gen. 7, 17. — 5) I. Kor. 10, 1.

spülte seine Gewänder und so trat er ein in das Lager;[1]) die vierte[2]) war die des Johannes, eine einleitende und die Getauften zur Buße führende, damit sie an Christus glauben möchten. Denn „Ich", sprach er,[3]) „taufe euch mit Wasser; der aber nach mir kommt, der tauft euch (sagt er) im heil. Geiste und Feuer." Voraus also reinigt Johannes auf den Geist durch das Wasser. Die fünfte war die Taufe des Herrn, mit der er selbst getauft wurde; er wird aber getauft, nicht als bedürfte er selbst einer Reinigung, sondern weil er meine Reinigung sich zueignet. um die Häupter der Drachen im Wasser zu zerschlagen,[4]) um die Sünde abzuwaschen und den alten Adam im Wasser zu begraben, um den Täufer zu heiligen, um das Gesetz zu erfüllen, um das Geheimniß der Dreieinigkeit zu offenbaren, um ein Vorbild und Muster für uns zu werden, uns taufen zu lassen. Es werden aber auch wir getauft mit der vollkommenen Taufe des Herrn, mit der durch Wasser sowohl als Geist. Mit Feuer aber, heißt es, taufe Christus,[5]) denn in Gestalt feuriger Zungen goß er auf die heiligen Apostel die Gnade des Geistes aus, wie der Herr selbst sagt:[6]) „Johannes hat mit Wasser getauft, ihr aber werdet im heiligen Geiste und Feuer getauft werden nach nicht vielen Tagen von jetzt," oder wegen der Straf=Taufe des künftigen Feuers. Die sechste ist die durch Buße und Thränen,[7]) in der That eine mühselige; die siebente[8]) ist die durch Blut und Martyrium, mit der auch Christus selbst für uns getauft wurde,[9]) als einer sehr ehrwürdigen und glückseligen, die durch keine zweiten Schmutzflecken mehr besudelt wird. Die achte[10]) ist die fleischliche, die nicht heilsam ist, sondern

---

1) Lev. 14, 15.
2) Greg. or. 40 ; Basil. hom. de bapt. ; Chrys. in Matth. 10.
3) Matth. 3, 11. — 4) Ps. 73, 13. — 5) Greg. Rede 40.
6) Apostelg. 1, 5. — 7) Greg. Rede 40. — 8) Das. —
9) Luk. 12, 50. — 10) Greg. Rede 40.

die Bosheit zwar aufhebt (denn nicht mehr waltet da Bosheit und Sünde), aber ohne Ende straft.

(Der hl. Geist in Tauben- und Feuer-Gestalt.)

In körperlicher Gestalt aber, wie eine Taube, kam der hl. Geist [auf Christus] herab,¹) die Erstlinge unserer Taufe andeutend und den Leib ehrend, denn auch dieser, nämlich der Leib, ist durch die Vergottung Gott, und ausserdem pflegte ehedem eine Taube das Aufhören der Fluth zu verkünden. Auf die hl. Apostel aber kam er feuergestaltig herab.²) Denn er ist Gott, "Gott aber ist ein verzehrendes Feuer."³)

(Die Salbung mit Oel.)

Das Oel aber wird zur Taufe genommen, weil es unsere Salbung anzeigt und uns zu Christen (Gesalbten) macht und uns durch den hl. Geist das Erbarmen Gottes verheißt, da den aus der Fluth Geretteten die Taube auch einen Oelzweig brachte.⁴)

(Johannes getauft.)

Johannes wurde getauft, da er seine Hand auf das göttliche Haupt des Herrn legte, und durch sein eigenes Blut.

Man darf die Taufe nicht verschieben,⁵) wann durch Werke der Glaube der Herzutretenden bezeugt ist. Denn wer in Heuchelei zur Taufe hintritt, wird vielmehr verdammt werden, als einen Nutzen davon haben.

10. Vom Glauben.

(Der Glaube ist eine Tugend. Ungläubig ist, wer der Ueberlieferung der Kirche nicht glaubt oder schlecht lebt.

Der Glaube nun ist zweifach; denn "der Glaube ent-

---

1) Greg. Rede 39. — 2) Das. Rede 44; Apostelg. 2, 2. — 3) Deut. 4, 24. — 4) Gen. 8, 11. — 5) Greg. Rede 40.

springt aus dem Hören." ¹) Indem wir nämlich die heiligen Schriften hören, glauben wir durch die Belehrung des hl. Geistes. Dieser [Glaube] aber wird vollendet durch alles von Christus Vorgeschriebene, indem er im Werke gläubig und fromm ist und die Gebote dessen thut, der uns erneuert hat. Denn wer die Ueberlieferung der katholischen Kirche nicht glaubt oder durch unstatthafte Werke mit dem Teufel Gemeinschaft hat, ist ein Ungläubiger.

(Der Glaube eine Gabe des Geistes.)

Wieder aber ist „Glaube ein Festhalten an dem, was man hofft, eine Ueberzeugung von Dingen, die man nicht sieht," ²) oder eine zweifellose und feste Hoffnung auf das, was uns von Gott verheissen ist, und auf die Erreichung unserer Bitten. Der erste Glaube nun ist Sache unserer Gesinnung [Entscheidung γνώμη], der zweite aber eine der Gaben des Geistes.

(Geistige Beschneidung.)

Man muss aber wissen, dass wir durch die Taufe beschnitten werden an der ganzen von der Geburt uns anhängenden Hülle, d. h. der Sünde, und geistige Israeliten und ein Volk Gottes werden.

11. Vom Kreuze, wobei abermals vom Glauben.

(Die Schöpfung selbst kann durch menschliche Schlüsse nicht begriffen werden. Der Glaube ist durchaus nothwendig. Was Glaube ist.)

„Die Lehre vom Kreuze ist denen, die verloren gehen, eine Thorheit, uns aber, die gerettet werden, eine Kraft Gottes." ³) „Denn der geistige Mensch beurtheilt Alles, der seelische aber fasst nicht, was des Geistes ist." ⁴) Thor-

---

1) Röm. 10, 17. — 2) Hebr. 11, 1. — 3) I. Kor. 1, 23. 4) I. Kor. 2, 15.

heit nämlich ist es für die, die es nicht im Glauben annehmen und nicht die Güte und die Allmacht Gottes bedenken, sondern durch menschliche und natürliche Schlüsse das Göttliche erforschen. Denn Alles, was Gottes ist, ist über Natur und Wort und Gedanke. Denn wenn Einer bedenkt, wie und warum Gott Alles aus dem Nichtsein ins Sein hervorbrachte und es mit natürlichen Schlüssen erhaschen will, erfaßt er es nicht. Denn seelisch ist solche Erkenntniß und dämonisch. Wenn aber Einer, vom Glauben geleitet, die Gottheit für gut, allmächtig, wahrhaft, weise und gerecht hält, wird er Alles glatt und eben und einen geraden Weg finden. Denn ohne Glauben ist es unmöglich, gerettet zu werden.[1] Auf Glauben nämlich beruht Alles, das Menschliche sowohl als das Geistige. Denn weder der Landmann[2] durchfurcht ohne Glauben die Erde, noch übergibt der Kaufmann auf kleinem Holze seine Seele der rasenden Tiefe des Meeres, noch werden Ehen gegründet noch etwas Anderes von dem, was im Leben vorkommt. Durch den Glauben denken wir, daß Alles durch die Macht Gottes aus dem Nichtsein ins Dasein gesetzt sei, und alles Göttliche und Menschliche vollbringen wir durch den Glauben. Glaube aber ist eine Zustimmung ohne Grübelei.[3]

(Von Christi Thaten ist keine wunderbarer als das Kreuz. Seine Wohlthaten.)

Jede Handlung nun und Wunderwirkung Christi ist sehr groß und göttlich und wunderbar, aber bewundernswerther als alle ist sein kostbares Kreuz. Denn durch nichts Anderes wurde der Tod vernichtet, die Sünde des Stammvaters gelöst, die Hölle beraubt, die Auferstehung geschenkt, die Kraft uns gegeben, das Gegenwärtige und selbst den Tod zu verachten, die Rückkehr zur ursprünglichen Seligkeit

---

1) Hebr. 11, 6.
2) Basil. in psal. 115. — 3) Das.

vollbracht, die Pforten des Paradieses geöffnet, sitzt unsere Natur zur Rechten Gottes und wurden wir Kinder Gottes und Erben, außer durch das Kreuz unseres Herrn Jesu Christi. Durch das Kreuz nämlich wurde Alles vollbracht; denn „Alle, die wir auf Christus getauft sind", sagt der Apostel,[1] „sind auf seinen Tod getauft;" „Alle aber, die wir auf Christus getauft sind, haben Christum angezogen;"[2] „Christus aber ist Gottes Macht und Gottes Weisheit."[3] Siehe, der Tod Christi, d. h. das Kreuz, hat uns mit der subsistirenden Weisheit und Macht Gottes bekleidet. Macht Gottes aber ist das Wort vom Kreuze, entweder weil uns die Macht Gottes, d. h. der Sieg über den Tod, durch dasselbe offenbar wurde, oder weil, wie die vier Enden des Kreuzes durch das mittlere Centrum gehalten und verbunden sind, so durch die Macht Gottes die Höhe und Tiefe, Länge und Breite, d. h. alle sichtbare und unsichtbare Schöpfung zusammengehalten wird.[4]

Dieses [Kreuz] ist uns als Zeichen auf die Stirne gegeben, wie dem [Volke] Israel die Beschneidung; denn durch dasselbe unterscheiden wir Gläubige uns von den Ungläubigen und erkennen uns. Dieses ist Schild und Waffe und Trophäe gegen den Teufel; dieses ein Siegel, damit uns nicht der Verderber berühre, wie die Schrift sagt;[5] dieses Auferstehung der Darniederliegenden, Halt der Stehenden, Stütze der Schwachen, Stab der Geweideten, Führer der sich Bekehrenden, Vollendung der Fortschreitenden, Heil der Seele und des Leibes, Abwehr aller Uebel, Gewähr aller Güter, Tilgung der Sünde, Gewächs der Auferstehung, Baum [Holz] des ewigen Lebens.

---

1) Röm. 6, 3. — 2) Galat. 3, 27. — 3) I. Kor. 1, 24.
4) Basil. in cap. 11. Isaiae.
5) Exod. 9, 12.

(Anbetung des Kreuzes und anderer Dinge, die Christus durch seine Berührung geheiligt hat.)

Ebendieses in der That kostbare und verehrungswürdige Holz nun, an welchem Christus sich selbst für uns zum Opfer dargebracht hat, ist als durch die Berührung des heiligen Leibes und Blutes geheiligt anzubeten, deßgleichen die Nägel, die Lanze, die Gewänder und seine heiligen Stätten, als da sind die Krippe, die Höhle, das heilbringende Golgatha, das lebengebende Grab, Sion die Burg der Kirchen und dergleichen; wie der Gottes-Stammvater ($\vartheta\varepsilon o\pi\acute\alpha\tau\omega\varrho$) David sagt:[1] „Laßt uns eintreten in seine Wohnstätten, anbeten an dem Orte, wo seine Füße standen." Daß er aber das Kreuz meint, zeigt das Folgende:[2] „Stehe auf, o Herr, in deine Ruhe!" Es folgt ja dem Kreuze die Auferstehung. Denn wenn von denen, die wir lieben, uns Haus und Bett und Anzug theuer sind, um wie viel mehr das, was Gottes und unseres Heilandes ist, wodurch wir auch gerettet wurden!

Anzubeten ist die Figur des Kreuzes als Zeichen Christi, nicht die Materie desselben.)

Wir beten aber auch das Bild des kostbaren und lebengebenden Kreuzes an, auch wenn es von anderem Stoffe ist, da wir nicht den Stoff ehren (das sei ferne), sondern das Bild, als Symbol Christi. Denn er sprach zu seinen Jüngern verfügend:[3] „Alsdann wird das Zeichen des Menschensohnes am Himmel erscheinen," das Kreuz nämlich. Darum sprach auch zu den Weibern der Engel der Auferstehung:[4] „Ihr suchet Jesum von Nazareth, den Gekreuzigten," und der Apostel:[5] „Wir predigen Christum, den Gekreuzigten." Es gibt viele Christus und

---

1) Pf. 131, 7. — 2) Daf. 8. — 3) Matth. 24, 30. — 4) Marc. 16, 6. — 5) I. Kor. 1, 23.

Jesus, aber nur **einen Gekreuzigten**. Er sagte nicht: den mit der Lanze Durchbohrten, sondern: den Gekreuzigten. Anzubeten also ist das Zeichen Christi. Denn wo das Zeichen ist, da wird auch er selbst sein. Der Stoff aber, woraus das Bild des Kreuzes besteht, wenn es auch Gold oder kostbare Steine wären, ist nach der etwaigen Zerstörung des Bildes nicht anzubeten. Alles Gott Geweihte also beten wir an, ihm die Verehrung darbringend.

(Der Baum des Lebens ein Bild des Kreuzes.)

Von diesem kostbaren Kreuze ein Vorbild war der von Gott im Paradiese gepflanzte Baum des Lebens. Denn weil durch einen Baum der Tod,[1]) mußte durch einen Baum das Leben und die Auferstehung geschenkt werden. Der Stammvater Jakob, der die Spitze des Stabes des Joseph anbetete,[2]) sinnbildete das Kreuz, und mit übereinandergelegten Händen dessen Söhne segnend[3]) beschrieb er ganz deutlich das Zeichen des Kreuzes; ebenso[4]) der Stab des Moses, der kreuzförmig das Meer schlug und Israel rettete, den Pharao aber ertränkte;[5]) die kreuzweise ausgestreckten und die Amalakiter in die Flucht schlagenden Hände;[6]) das durch Holz süß gemachte Wasser;[7]) der durch Holz geborstene und Wasser ergießende Fels;[8]) der Stab, der dem Aaron die Würde des Priesterthums verlieh;[9]) die als todt, wie eine Trophäe am Holze erhöhte Schlange,[10]) indem das Holz Diejenigen, welche den todten Feind ansahen, wenn sie glaubten, errettete, wie Christus in dem keine Sünde kennenden Fleische der Sünde angenagelt war;

---

1) Gen. 2 und 3.
2) Gen. 47; 31 nach d. Sept.; Hebr. 11, 21.
3) Gen. 48, 14.
4) Auct. Quaest. ad Antioch. qu. 63.
5) Exod. 14, 16. — 6) Exod. 17, 11. — 7) Exod. 15, 25. — 8) Exod. 17, 6. — 9) Num. 17, 8. — 10) Num. 21, 9.

der große Moses, welcher rief:¹) „Ihr werdet euer Leben am Holze hängend vor euren Augen sehen;" Isaias, wenn er sagt:²) „Den ganzen Tag strecke ich meine Hände aus gegen ein ungläubiges und widerspenstiges Volk." — Möchten doch wir, die es anbeten, Christi des Gekreuzigten theilhaftig werden! Amen.

12. Von der Anbetung gegen Morgen (Sonnenaufgang).

(Warum die Kirche gegen Morgen und äusserlich anbete. Ungeschriebene Ueberlieferung.)

Nicht grundlos und zufällig beten wir gegen Aufgang an, sondern weil wir aus einer sichtbaren und unsichtbaren, d. h. sinnlichen und geistigen Natur zusammengesetzt sind, bringen wir dem Schöpfer auch eine doppelte Anbetung dar; gleichwie wir auch mit dem Geiste psalliren und mit den leiblichen Lippen und getauft werden mit Wasser und Geist und auf zweifache Weise mit dem Herrn verbunden werden, indem wir an den Mysterien (Sakramenten) Theil haben und an der Gnade des Geistes.

Weil also Gott ein geistiges Licht ist³) und Christus in den Schriften „Sonne der Gerechtigkeit"⁴) und „Aufgang"⁵) genannt ist, darum ist ihm der Aufgang zur Anbetung geweiht. Denn alles Schöne ist Gott zu weihen, durch den alles Gute gut ist. Es sagt aber auch der göttliche David:⁶) „Ihr Reiche der Erde, singet Gott, psalliret dem Herrn, der über den Himmel des Himmels hinschreitet gegen Aufgang." Ferner aber auch sagt die Schrift:⁷) „Es

---

1) Deut. 28, 66. — 2) Js. 65, 2.
3) I. Joh. 1, 5. — 4) Malach. 4, 2. — 5) Zach. 3, 8; Luk. 1, 78. — 6) Ps. 67, 33. — 7) Gen. 2, 8.

pflanzte Gott das Paradies in Eden gegen Aufgang; dahin setzte er den Menschen, den er gebildet," und nach der Uebertretung vertrieb er ihn und „siedelte ihn an gegenüber dem Paradiese der Wonne",¹) gegen Untergang nämlich. Das alte Vaterland also suchend und nach demselben hinblickend, beten wir Gott an. Auch das Mosaische Zelt aber [Stiftshütte] hatte den Vorhang und den Sühnaltar gegen Aufgang.²) Auch der Stamm Juda, als der geehrtere, schlug sein Lager gegen Aufgang.³) Auch in dem berühmten Tempel Salomons aber war die Pforte des Herrn gegen Aufgang gelegen. Aber auch der gekreuzigte Herr sah gegen Untergang, und so beten wir an, gegen ihn hinblickend. Und als er gen Himmel fuhr, schwebte er gegen Aufgang, und so beteten ihn die Apostel an, und so wird er kommen, wie sie ihn in den Himmel fortgehen sahen,⁴) wie der Herr selbst sagte:⁵) „Gleichwie der Blitz ausgeht von Aufgang und bis Untergang scheint, so wird auch die Ankunft des Menschensohnes sein." Ihn also erwartend beten wir gegen Aufgang an. Ungeschrieben aber ist diese Ueberlieferung der Apostel; denn Vieles haben sie uns ungeschrieben überliefert.⁶)

13. Von den heiligen und reinen Mysterien des Herrn.

(Veranstaltung des menschlichen Heiles.)

Der gute und allgute und übergute Gott,⁷) der ganz Güte ist, ertrug es wegen des überströmenden Reichthums seiner Güte nicht, daß nur das Gute, d. h. seine eigene Natur, existire, ohne daß Jemand an ihm Theil nehme, sondern schuf deßwegen auch erstens die geistigen und himm-

---

1) Gen. 3, 23. — 2) Lev. 16, 14. — 3) Num. 2, 3.
4) Apostelg. 2, 11. — 5) Matth. 24, 27.
6) Basil. De spiritu sancto, cap. 27.
7) Greg. v. Naz. Rede 42; Dion. c 3. de div. nom.

lischen Mächte, dann die sichtbare und sinnliche Welt, dann aus Geistigem und Sinnlichem den Menschen. Alles durch ihn Gewordene nun hat dem Sein nach Theil an seiner Güte. Denn er selbst ist für Alle das Sein, da „das Seiende in ihm ist", [1]) nicht bloß weil er sie aus dem Nichtsein ins Dasein hervorbrachte, sondern weil seine Wirksamkeit die durch ihn gewordenen Wesen bewahrt und erhält. In höherem Maaße aber die lebendigen Wesen; denn sie haben dem Sein nach und dem Besitze des Lebens nach an dem Guten Theil; die vernünftigen aber noch mehr, sowohl dem eben Genannten nach, als auch der Vernunft nach; denn sie sind gewissermaßen näher verwandt mit ihm, wenn er sie auch gewiß unvergleichlich überragt.

Der Mensch nun, als vernünftig und selbstmächtig, hatte die Macht empfangen, durch seine eigene Wahl unaufhörlich mit Gott vereint zu werden, wenn er im Guten beharrte, d. h. im Gehorsam seines Schöpfers. Weil er nun das Gebot dessen, der ihn geschaffen hatte, übertrat und dem Tode und Verderben verfiel, wurde der Bildner und Schöpfer unseres Geschlechtes wegen seiner innigsten Barmherzigkeit uns gleich, indem er nach Allem, die Sünde ausgenommen, ein Mensch wurde, und verband sich mit unserer Natur.[2]) Denn da er uns sein Bild und seinen Geist mittheilte und wir sie nicht bewahrten, nimmt er selbst unsere arme und schwache Natur an, um uns rein und unvergänglich und wieder seiner Gottheit theilhaftig zu machen.

(Kraft der Menschwerdung in den übrigen Menschen.)

Es sollte aber nicht bloß der Erstling unserer Natur zur Theilnahme an dem Guten gelangen, sondern auch

---

1) Röm. 11, 36.
2) Hebr. 2, 17.

jeder Mensch, der will, sowohl in zweiter Geburt geboren als auch mit neuer und der Geburt zuträglicher Nahrung genährt werden und so das Maaß der Vollkommenheit erreichen. Durch seine Geburt nun, d. h. Fleischwerdung, seine Taufe, sein Leiden und seine Auferstehung befreite er die Natur von der Sünde des Urvaters, dem Tode und Verderben und wurde Erstling der Auferstehung und machte sich selbst zum Weg und Vorbild und Muster, damit auch wir, seinen Fußtapfen folgend, durch S e t z u n g [Annahme] würden, was er ist von N a t u r, Söhne und Erben Gottes und seine Miterben.¹) Er gab uns also eine zweite Geburt, damit wir, wie wir, aus Adam geboren, Diesem gleich wurden, den Fluch und das Verderben erbend, so auch, aus ihm geboren, i h m gleich würden und seine Unvergänglichkeit, seinen Segen und seine Herrlichkeit erbten.

(Geburt durch Christus und zweifache Speise. Einsetzung der Eucharistie. Christus aß das alte Pascha.)

Weil aber dieser Adam geistig ist, mußte auch die Geburt geistig sein, deßgleichen auch die Speise. Aber weil wir Doppelwesen sind und zusammengesetzt, muß auch die Geburt doppelt sein, deßgleichen auch die Speise zusammengesetzt. Die Geburt nun ist uns durch Wasser und Geist gegeben (ich meine aber die heilige Taufe);²) die Speise aber ist das Brod des Lebens selbst, unser Herr Jesus Christus, der vom Himmel herabkam.³) Denn da er im Begriffe war, den freiwilligen Tod für uns zu übernehmen, in der Nacht, in welcher er sich übergab, vermachte er seinen heiligen Jüngern und Aposteln und durch sie allen an ihn Glaubenden ein neues Testament. Nachdem er also in dem Obersaal der heiligen und herrlichen Sion mit seinen

---

1) Röm. 7, 17.
2) Chrys. hom. 83. in Matth. — Joh. 3, 3.
3) Joh. 6, 48.

Jüngern das alte Pascha gegessen und das alte Testament erfüllt hatte, wäscht er den Jüngern die Füße,¹) ein Symbol der heiligen Taufe gebend. Dann brach er Brod und gab es ihnen mit den Worten:²) „Nehmet hin und esset, das ist mein Leib, der für euch gebrochen wird zur Vergebung der Sünden." Deßgleichen aber nahm er auch den Kelch mit Wein und Wasser und gab ihn ihnen mit den Worten:³) „Trinket Alle daraus, das ist mein Blut, das des neuen Bundes, das für euch vergossen wird zur Vergebung der Sünden. Dieses thut zu meinem Gedächtnisse! Denn so oft ihr dieses Brod esset und diesen Kelch trinket, verkündet ihr den Tod des Menschensohnes und bekennet seine Auferstehung, bis er kommt."

(Die Wahrheit der Eucharistie vertheidigt. Kraft der Worte des Herrn in der Eucharistie. Es geschieht durch die Kraft des Geistes, daß aus Brod das Fleisch wird.)

Wenn also das Wort des Herrn lebendig ist und wirksam⁴) und der Herr Alles, was er wollte, gemacht hat;⁵) wenn er sprach:⁶) „Es werde Licht, und es wurde, es werde das Firmament, und es wurde;" wenn „durch das Wort des Herrn die Himmel befestigt wurden und durch den Odem seines Mundes all ihre Kraft;"⁷) wenn der Himmel und die Erde, Wasser und Feuer und Luft und all ihre Zier durch das Wort des Herrn vollendet wurden und vollends dieses vielbesprochene Lebewesen, der Mensch; wenn Gott das Wort selbst freiwillig Mensch wurde und das reine und unbefleckte Geblüte der heiligen Immer-Jungfrau sich ohne Samen zum Fleische bildete, kann er

---

1) Joh. 13, 1 u. f.
2) Matth. 26, 26. **Liturg. s. Jacobi.**
3) Matth. 26, 27; Mark. 14, 21; Luk. 21, 17; I. Kor. 11, 24. 26.
4) Hebr. 5, 12. — 5) Pf. 134, 6. — 6) Gen. 1, 3. — 7) Pf. 32, 6.

dann nicht das Brod zu seinem Leibe und den Wein und das Wasser zu seinem Blute gemacht haben? Er sprach im Anfange:¹) „Es bringe die Erde Krautgewächs hervor," und bis jetzt bringt sie, wenn es Regen gibt, ihre Gewächse hervor, durch den göttlichen Befehl getrieben und befähigt. Es sprach Gott: „das ist mein Leib" und: „das ist mein Blut" und: „das thut zu meinem Gedächtnisse," und auf sein allmächtiges Gebot geschieht es, bis er kommt; denn so sprach er: „bis er kommt." Und es kommt als Regen auf diese neue Saat durch die Anrufung die überschattende Macht des heiligen Geistes. Denn wie Gott Alles, was er machte, durch die Wirksamkeit des heiligen Geistes machte, so wirkt auch jetzt die Wirksamkeit des heiligen Geistes das Uebernatürliche, was nur der Glaube fassen kann. „Wie wird mir das geschehen," sagt die heilige Jungfrau,²) „da ich keinen Mann erkenne?" Es antwortet der Erzengel Gabriel:³) „Der heilige Geist wird auf dich herabkommen und die Kraft des Höchsten dich überschatten." Und jetzt fragst du, wie das Brod Leib Christi wird und der Wein und das Wasser Blut Christi? Auch ich sage dir: der heilige Geist kommt dazu und thut das, was über Wort und Gedanke ist.

(Warum Brod und Wein zur Eucharistie angewendet werden.)

Brod aber und Wein wird dazu genommen;⁴) denn Gott kennt die menschliche Schwachheit; sie kehrt sich nämlich meistens von dem, was nicht im alltäglichen Gebrauche ist, unwillig ab. Gemäß seiner gewohnten Herablassung also vollbringt er durch das, woran die Natur gewohnt ist, das Uebernatürliche. Und wie er bei der Taufe, weil die Menschen sich mit Wasser zu waschen und mit Oel zu salben pflegen, mit dem Oel und Wasser die Gnade des

---

1) Gen. 1, 11. — 2) Luk. 1, 35. — 3) Das. 36
4) Greg. v. Nyss. Katech. Kap. 37.

Geistes verband und es zum Bade der Wiedergeburt machte, so verband er, weil die Menschen Brod zu essen und Wasser und Wein zu trinken pflegen, mit dieser seine Gottheit und machte sie zu seinem Leibe und Blute, damit wir durch das Gewohnte und Natürliche das Uebernatürliche erlangen.

(Der Leib Christi ist in der Eucharistie nicht durch Einführung, sondern durch Verwandlung der Elemente.)

Es ist wahrhaftig sein Leib vereint mit der Gottheit, der Leib aus der heiligen Jungfrau, nicht als ob der aufgefahrene Leib vom Himmel herabkäme, sondern weil das Brod und der Wein selbst verwandelt werden in Leib und Blut Gottes. Wenn du aber frägst um die Weise, wie es geschieht, so genügt dir zu hören, daß es durch den heil. Geist geschieht, wie auch aus der hl. Gottesgebärerin kraft des hl. Geistes der Herr durch sich und in sich dem Fleische Bestand gab; und mehr wissen wir nicht, als daß das Wort Gottes wahr ist und wirksam und allmächtig, die Weise aber ist unerforschlich.[1]) Nicht unpassend aber ist es, auch Dieses zu sagen, daß, wie auf natürliche Weise durch Essen das Brod und der Wein und das Wasser durch das Trinken in Leib und Blut des Essenden und Trinkenden verwandelt werden und nicht ein anderer Leib ausser seinem früheren entsteht, so das Opferbrod und Wein und Wasser durch die Anrufung und Dazukunft des heiligen Geistes auf übernatürliche Weise verwandelt werden in den Leib und das Blut Christi und nicht zwei sind, sondern eines und dasselbe.

Es gereicht also den im Glauben würdig Empfangenden zur Vergebung der Sünden und zum ewigen Leben und zur Bewahrung von Seele und Leib, den im Unglauben un-

---

1) Greg. v. Nyss. Katech. Kap. 37.

würdig Genießenden aber zur Züchtigung und Strafe, gleichwie auch der Tod des Herrn den Gläubigen Leben und Unvergänglichkeit wurde zum Genusse der ewigen Seligkeit, den Ungläubigen aber und den Mördern des Herrn zur ewigen Strafe und Pein.

(Der Leib des Herrn ist wirklich, nicht figürlich.)

Das Brod und der Wein sind nicht ein Bild des Leibes und Blutes Christi (das sei ferne!), sondern der vergottete Leib des Herrn selbst, da der Herr selber sprach: „Das ist mein" nicht Bild des Leibes, sondern „Leib" und nicht Bild des Blutes, sondern „Blut"; und vor diesem zu den Juden:[1] „Wenn ihr das Fleisch des Menschensohnes nicht esset und sein Blut nicht trinket, habt ihr das Leben nicht in euch; denn mein Fleisch ist wahrhaftig eine Speise, und mein Blut ist wahrhaftig ein Trank" und wieder: „Wer mich ißt, wird leben."

(Ritus, die Eucharistie in die Hände zu geben.)

Darum wollen wir mit aller Furcht und reinem Gewissen und zweifellosem Glauben hinzutreten, und gewiß wird uns geschehen, wie wir glauben, ohne zu zweifeln; ehren wir es aber durch jede Reinheit, sowohl seelische als leibliche, denn es ist zweifach; treten wir hin zu ihm mit glühendem Verlangen, und die Hände kreuzweise legend[2] laßt uns den Leib des Gekreuzigten empfangen; und Augen, Lippen und Stirne hinhaltend laßt uns die göttliche Glühkohle nehmen, damit das Feuer des Verlangens in uns in Verbindung mit der Gluth der Kohle unsere Sünden verbrenne und unsere Herzen erleuchte und wir durch die Theilnahme an dem göttlichen Feuer feurig und vergottet

---

1) Joh. 6, 54—58.
2) Cyrill. Hierosol. cat. mystag. 5; Chrys. hom. 3. in epist. ad Ephes. Trull. cau. 101.

werden. Eine glühende Kohle sah Isaias;[1]) Kohle aber ist kein einfaches Holz, sondern vereint mit Feuer; so ist auch das Brod der Gemeinschaft kein einfaches Brod, sondern vereint mit der Gottheit. Der mit der Gottheit vereinte Leib aber ist nicht e i n e Natur,[2]) sondern die eine ist die des Leibes, die andere aber die der mit ihm vereinten Gottheit, so daß Beides zusammen nicht e i n e Natur ist, sondern zwei.

(Vorbild der Eucharistie.)

Mit Brod und Wein empfing Melchisedech den von der Niederlage der fremden Stämme zurückkehrenden Abraham, der Priester Gottes des Höchsten.[3]) Jener Tisch bildete diesen mystischen Tisch vor, wie jener Priester ein Typus und Bild des wahren Hohenpriesters Christus war.[4]) Denn „du", heißt es,[5]) „bist Priester in Ewigkeit nach der Ordnung Melchisedechs." Dieses Brod sinnbildeten die Brode der Vorlage [Schaubrote]. Dieses ist das reine, freilich auch unblutige Opfer, von welchem der Herr durch den Propheten[6]) gesagt hat, daß es von Sonnen = Aufgang bis Untergang ihm dargebracht werde.

(Früchte der Eucharistie.)

Leib und Blut Christi gereichen zur Erhaltung unserer Seele und unseres Leibes, indem sie nicht aufgezehrt werden, nicht verderben, nicht zur Ausscheidung gelangen (das sei ferne!), sondern sie sind für unsere Wesenheit und Erhaltung eine Abwehr jeglichen Schadens und eine Reinigung von allem Schmutze, wie wenn man unlauteres Gold

---

1) Isai. 6, 2.
2) Basil. a. a. O.
3) Gen. 14, 5. — 4) Levit. 14, 5. — 5) Ps. 109, 4. —
6) Malach. 1, 10.

nimmt und es in der ausscheidenden Verbrennung reinigt, damit wir nicht in der Zukunft mit der Welt verdammt werden. Er reinigt nämlich durch Krankheiten und allerlei Geschicke, wie der göttliche Apostel sagt:[1] „Denn wenn wir uns selbst richteten, würden wir nicht gerichtet. Wenn wir aber gerichtet [geläutert] werden, werden wir von dem Herrn gezüchtigt, damit wir nicht mit der Welt verdammt werden." Und das meint er, wenn er sagt:[2] „Wer den Leib und das Blut des Herrn unwürdig genießt, ißt und trinkt sich das Gericht zu." Durch ihn gereinigt werden wir mit dem Leibe des Herrn und seinem Geiste vereint und werden der Leib Christi.

(Das „wesentliche" (= „tägliche" ἐπιούσιος) Brod ist entweder das künftige oder das wesenhafte. Das Fleisch des Herrn ist Geist.)

Dieses Brod ist die Erstlingsgabe[3] des künftigen Brodes, welches ist das wesentliche. Denn das „wesentlich" bedeutet entweder das künftige, d. h. das des künftigen Lebens, oder das zur Erhaltung unserer Wesenheit genommene. Sei es nun so oder so, es wird passend darunter der Leib des Herrn verstanden. Denn lebendigmachender Geist ist das Fleisch des Herrn,[4] weil es vom lebendigmachenden Geiste empfangen worden ist. Denn das vom Geiste Erzeugte ist Geist. Das aber sage ich, nicht um die Natur des Leibes aufzuheben, sondern um seine lebendigmachende und göttliche Kraft zu zeigen.

(In welchem Sinne Basilius die Eucharistie „Bild" des Leibes und Blutes Christi nannte.)

Wenn aber auch Einige das Brod und den Wein Bilder

---

1) I. Kor. 11, 31. — 2) Das. 29.
3) Cyrill. a. a. O.
4) Joh. 6, 64.

(ἀντίτυπα) des Leibes und Blutes des Herrn nannten, wie der gotterleuchtete Basilius sagte, so haben sie dieselben nicht nach der Consekration gemeint, sondern vor derselben, indem sie die Opfergabe selbst so nannten.

Theilnahme aber heißt sie; denn durch sie nehmen wir an der Gottheit Jesu Theil. Gemeinschaft aber heißt und ist sie in Wahrheit, weil wir durch sie mit Christo Gemeinschaft haben und seines Fleisches und seiner Gottheit theilhaftig werden, durch sie aber auch unter einander Gemeinschaft haben und verbunden werden; denn wir alle, die wir an einem Brode Theil nehmen, werden ein Leib Christi und ein Blut und Glieder von einander, da wir Christo einverleibt sind.

Mit aller Kraft nun wollen wir uns hüten, daß wir die „Theilnahme" von Häretikern nicht nehmen noch auch geben; denn „gebet das Heilige nicht den Hunden," sagt der Herr,[1] „noch werfet eure Perlen vor die Schweine"; damit wir nicht Genossen ihrer Irrlehre und ihrer Verdammung werden. Denn wenn sie gewiß eine Einigung mit Christo und mit einander ist, so verbinden wir uns gewiß auch mit Allen, die mit uns daran Theil nehmen dem Willen nach. Denn mit Willen geschieht diese Einigung, nicht ohne unsere Gesinnung; denn „wir alle sind ein Leib, weil wir an einem Brode Theil nehmen," wie der göttliche Apostel sagt.[2]

Bilder aber des Künftigen heissen sie, nicht als wären sie nicht wahrhaft Leib und Blut Christi, sondern weil wir jetzt durch sie an der Gottheit Christi Theil haben, dann aber geistig nur durch die Anschauung.

---

1) Matth. 7, 6.
2) II. Kor. 10, 17.

14. Vom Geschlechtsregister des Herrn und von der heiligen Gottesgebärerin.

Da wir von der heiligen und überaus preiswürdigen Immer-Jungfrau und Gottesgebärerin Maria in dem Vorausgehenden Einiges schon erörtert und das Hauptsächlichste festgestellt haben, daß sie im eigentlichen und wahren Sinne Gottesgebärerin ist und genannt wird, so wollen wir jetzt das noch Fehlende hinzuergänzen. Sie nämlich, die in dem vorweltlichen, vorsehenden Rathschlusse Gottes vorherbestimmt und durch verschiedene Bilder und Aussprüche von Propheten durch den heiligen Geist vorgebildet und vorherverkündet war, entsproßte in der vorherbestimmten Zeit aus Davidischer Wurzel, gemäß den an ihn ergangenen Verheissungen. Denn „es schwur der Herr", heißt es,[1]) „dem David Wahrheit, und er wird ihn nicht täuschen: Aus einer Frucht deines Schooßes will ich setzen auf deinen Thron," und wieder:[2]) „Einmal schwur ich in meinem Heiligthum, ich werde dem David nicht lügen; sein Same wird in Ewigkeit bleiben, und sein Thron wie die Sonne vor mir, und wie der volle Mond auf ewig, und der Zeuge im Himmel ist treu." Und Isaias sagt:[3]) „Aufsprossen wird ein Stab aus Jesse und eine Blüthe aus seiner Wurzel aufgehen."

(Scheinbare Verschiedenheit der Evangelisten im Geschlechtsregister Josephs.)

Daß nun Joseph aus Davidischem Stamme sich herleitet, haben Matthäus und Lukas, die höchst ehrwürdigen Evangelisten, deutlich gezeigt. Aber Matthäus leitet den Joseph aus David durch Salomon her, Lukas aber durch Nathan. Von der heiligen Jungfrau aber haben Beide die Abstammung verschwiegen.

---

1) Pf. 131, 11. — 2) Pf. 88, 36. — 3) Isai. 11, 1.

Man muß also wissen, daß es bei den Hebräern und auch in der heil. Schrift nicht Sitte war, die Stammlinie der Weiber zu verfolgen; ein Gesetz aber war, daß nicht ein Stamm aus einem anderen Stamme heirathe;[1]) Joseph aber, der aus Davidischem Stamme herstammte und gerecht war (denn das bezeugt ihm das heilige Evangelium), hätte nicht widergesetzlich die heilige Jungfrau zur Ehe genommen, wenn sie nicht aus demselben Scepter herstammte. Es genügte also, die Abstammung des Joseph gezeigt zu haben.

Man muß aber auch Dieses wissen, daß ein Gesetz bestand, daß, wenn ein Mann kinderlos starb, dessen Bruder die Gattin des Gestorbenen zur Ehe nehmen und dem Bruder einen Samen erwecken sollte.[2]) Die Nachkommenschaft nun gehörte der Natur nach dem Zweiten, d. h. dem Erzeuger, dem Gesetze nach aber dem Gestorbenen.

(Stammlinie Christi.)

Aus der Linie Nathans nun, des Sohnes Davids, erzeugt, zeugte Levi den Melchi und den Panther; Panther erzeugte den Barpanther (das war sein Zuname); dieser Barpanther erzeugte den Joachim. Joachim erzeugte die heilige Gottesgebärerin.[3]) Aus der Linie Salomons aber, des Sohnes Davids, hatte Matthan ein Weib, aus der er den Jakob zeugte; als aber Matthan starb, heirathete Melchi aus dem Stamme Nathans, der Sohn des Levi und Bruder des Panther, das Weib des Matthan, die Mutter des Jakob, und zeugte aus ihr den Heli. Es waren also Jakob und Heli Brüder aus **einer** Mutter, Jakob aus dem Stamme Salomons, Heli aber aus dem Stamme Nathans. Es starb aber Heli, der aus dem Stamme Nathans, kinder-

---

1) Num. 36, 6 u. f.
2) Deut. 25, 5. — 3) Luk. 3, 24.

los, und es nahm Jakob, sein Bruder, der aus dem Stamme Salomons, dessen Weib und erweckte seinem Bruder einen Samen und zeugte den Joseph. Joseph also ist der Natur nach ein Sohn Jakobs, aus der Linie Salomons, dem Gesetze nach aber Helis, des aus Nathan.

Joachim nun nahm die ehr- und lobwürdige Anna zur Ehe. Aber wie die frühere Anna, als unfruchtbar, durch Gebet und Verheissung den Samuel gebar,[1]) so empfängt auch diese durch Flehen und Verheissung von Gott die Gottesgebärerin, damit sie auch hierin keiner der berühmten [Frauen] nachstünde.[2]) Es gebärt also die Gnade (denn das bedeutet Anna) die Herrin (denn das zeigt der Name Maria an). Herrin wurde sie in der That aller Geschöpfe, da sie Mutter des Schöpfers wurde. Geboren aber wird sie in dem Hause der Schafhut Joachims und dem Heiligthume zugeführt. Sodann im Hause Gottes gepflanzt und fett gemacht durch den Geist, wurde sie, wie ein fruchttragender Oelbaum, eine Herberge aller Tugend, indem sie von aller weltlichen und fleischlichen Begier der Geist fern hielt und so jungfräulich die Seele mitsammt dem Leibe bewahrte, wie es sich geziemte für die, welche Gott in ihrem Schoosse aufnehmen sollte; denn er, der Heilige, ruht in Heiligen.[3]) So also geht sie der Heiligung nach und erweist sich als heiliger und wunderbarer, des höchsten Gottes würdiger Tempel.

Weil aber der Feind unseres Heiles die Jungfrauen belauerte, wegen der Vorhersagung des Jsaias,[4]) der sagt: „Siehe, die Jungfrau wird empfangen und einen Sohn

---

1) I. Kön. 1, 10 u. f.
2) Greg. Nyss. orat. in nativ. Domini; Eustath. in Hexaem.
3) Pf. 51, 10.
4) Jsai. 7, 14; Matth. 1, 23.

gebären, und man wird seinen Namen Emmanuel nennen" (was verdollmetscht heißt: Gott mit uns), darum wird, damit den sich immer mit Weisheit Brüstenden Derjenige köbere, der die Weisen in ihrer Schlauheit fängt,[1] die Jungfrau von den Priestern dem Joseph übergeben, die neue Buchrolle dem Schriftkundigen.[2] Die Vermählung aber war sowohl eine Hut der Jungfrau als eine Täuschung des die Jungfrau Belauernden. Als aber die Fülle der Zeit kam, wurde ein Engel des Herrn zu ihr gesandt, die Empfängniß des Herrn verkündend; und so empfing sie den Sohn Gottes, die subsistirende Macht des Vaters, „nicht aus Fleisches-Willen und nicht aus Mannes-Willen,"[3] d. h. aus Umarmung und Samen, sondern durch das Wohlgefallen des Vaters und Mitwirkung des hl. Geistes, und verlieh dem Schöpfer, geschaffen zu werden, und dem Bildner, gebildet zu werden, und dem Sohne Gottes und Gott, Fleisch und Mensch zu werden aus ihrem heiligen und makellosen Fleische und Blute, das Amt der Stamm-Mutter erfüllend. Denn wie jene ohne Umarmung aus Adam gebildet wurde, so gebar auch Diese den neuen Adam, der nach dem Gesetze der Schwangerschaft geboren wurde und über die Natur der Erzeugung. Denn geboren wird ohne Vater vom Weibe, der aus dem Vater ist ohne Mutter; und weil vom Weibe, nach dem Gesetze der Schwangerschaft, weil aber ohne Vater, über die Natur der Erzeugung; und weil zur gewöhnlichen Zeit (denn wer die neun Monate vollendet hat und in den zehnten geht, wird geboren), nach dem Gesetze der Schwangerschaft, weil aber ohne Wehen, über das Gesetz der Geburt; denn welcher keine Lust voranging, dieser folgten auch keine Wehen, gemäß dem Propheten, der sagt:[4] „Bevor sie Wehen hatte,

---

1) Job 5, 13; I. Kor. 3, 19.
2) Isai. 29, 11. — 3) Joh. 1, 13.
4) Isai. 66, 7.

gebar fie," und wieder:¹) „Bevor die Zeit der Wehen kam, entfloh sie und gebar ein Männliches."

Geboren ward also aus ihr der fleischgewordene Sohn Gottes, nicht ein Gott tragender Mensch, sondern der fleischgewordene Gott, nicht wie ein Prophet durch Wirksamkeit gesalbt, sondern durch die Anwesenheit des ganzen Salbenden, so daß Mensch wurde das Salbende und Gott das Gesalbte, nicht durch Umwandlung der Natur, sondern durch hypostatische Einigung. Denn der Nämliche war sowohl der Salbende als der Gesalbte, salbend als Gott sich selbst als Menschen. Wie ist also nicht Gottesgebärerin, die den fleischgewordenen Gott aus sich gebar? Fürwahr im eigentlichen und wahren Sinne ist sie Gottesgebärerin und Herrin und über alle Geschöpfe gebietend, da sie Magd und Mutter des Schöpfers ist. Gleichwie er aber in der Empfängniß die Empfangende jungfräulich erhielt, so bewahrte er auch in der Geburt ihre Jungfräulichkeit unversehrt, da er allein durch sie hindurchging und sie verschlossen erhielt.²) Durch Hören geschah die Empfängniß, die Geburt aber durch den gewöhnlichen Ausgang der Geburten, wenn auch Einige fabeln, durch die Seite der Gottesmutter sei er geboren worden. Es war ihm nicht unmöglich, auch durch die Pforte hindurchzugehen und deren Siegel nicht zu verletzen.

Es bleibt also auch nach der Geburt Jungfrau die Immer-Jungfrau, da sie bis zum Tode mit keinem Manne Umgang hatte. Denn wenn auch geschrieben steht:³) „Und er erkannte sie nicht, bis sie ihren erstgebornen Sohn gebar," so ist zu wissen, daß Erstgeborner ist der zuerst Geborne, wenn er auch eingeboren ist. Denn das „Erstgeborner" bedeutet, zuerst geboren zu sein, keineswegs aber zeigt es zugleich eine Geburt von Anderen an. Das „bis"

---

1) Isai. 66, 7. — 2) Ezech. 44, 2. — 3) Matth. 1, 25.

aber bezeichnet den Termin der bestimmten Zeit, nicht aber verneint es das Nachherige. Es sagt nämlich der Herr:[1] „Und sieh, ich bin bei euch alle Tage bis zum Ende der Welt," nicht als werde er nach dem Ende der Welt sich trennen. Es sagt ja der göttliche Apostel:[2] „Und so werden wir allzeit bei dem Herrn sein," nach der allgemeinen Auferstehung nämlich.

Wie denn sollte sie, nachdem sie Gott geboren und aus der Erfahrung dessen, was folgte, das Wunder erkannt hatte, eines Mannes Umarmung zugelassen haben? Fort damit! Keinem keuschen Sinne geziemt es sich, Solches zu denken, geschweige zu thun.

Aber diese Selige und der übernatürlichen Gaben Gewürdigte erlitt die Wehen, denen sie bei der Geburt entging, in der Zeit des Leidens, da sie aus mütterlicher Liebe die Zerreißung ihres Inneren erduldete, und indem sie den, welchen sie als Gott erkannte durch die Geburt, wie einen Missethäter fortgeschafft sah, wurde sie wie von einem Schwerte von Gefühlen zerrissen; und das ist es: „Auch deine Seele aber wird ein Schwert durchbohren."[3] Allein auf die Trauer folgte die Freude der Auferstehung, die den dem Fleische nach Gestorbenen als Gott verkündete.

15. Von der Verehrung der Heiligen und ihrer Reliquien.

Ehren muß man die Heiligen als Freunde Christi, als Kinder und Erben Gottes, wie Johannes der Theologe und Evangelist sagt:[4] „Die ihn aber aufgenommen haben, denen gab er die Macht, Kinder Gottes zu werden;" „daher

---

1) Matth. 28, 20. — 2) I. Thess. 4, 16. — 3) Luk. 2, 35. — 4) Joh. 1, 12.

sind sie nicht mehr Knechte, sondern Söhne; wenn aber Söhne, auch Erben, Erben Gottes und Miterben Christi."[1] Auch der Herr sagt in den hl. Evangelien zu den Aposteln: „Ihr seid meine Freunde."[2] „Ich nenne euch nicht mehr Knechte; denn der Knecht weiß nicht, was sein Herr thut."[3] Wenn aber auch König der Könige, Herr der Herren[4] und Gott der Götter[5] der Schöpfer und Herr von Allem genannt wird, so sind gewiß auch die Heiligen Götter und Herren und Könige. Ihr Gott und Herr und König ist und heißt Gott. Denn „ich bin", sagt er zu Moses,[6] „der Gott Abrahams und der Gott Isaaks und der Gott Jakobs." Und zum Gott des Pharao machte Gott den Moses.[7] Götter aber nenne ich sie und Könige und Herren, nicht von Natur, sondern sofern sie über die Affekte gebieten und herrschen, und die Aehnlichkeit des göttlichen Bildes, wonach sie auch geschaffen sind, unentstellt bewahren (denn König heißt auch das Bild des Königs), und sofern sie dem Willen nach geeint sind mit Gott und diesen als Gast aufnehmen und durch die Theilnahme an ihm aus Gnade das werden, was er selbst ist von Natur. Wie also soll man Diejenigen nicht ehren, welche Diener und Freunde und Söhne Gottes sind? Denn die Ehre gegen die gutgesinnten Mitknechte ist ein Beweis der Liebe gegen den gemeinsamen Herrn.[8]

Diese sind Schatzkammern Gottes und reine Herbergen; denn „ich will in ihnen wohnen und wandeln", spricht Gott,[9] „und werde ihr Gott sein." Daß nun „die Seelen der Gerechten in der Hand Gottes sind und der Tod sie

---

1) Gal. 4, 7; Röm. 8, 17.
2) Joh. 15, 14. — 3) Das. 15. — 4) Apokal. 19, 16. — 5) Ps. 49, 1. — 6) Exod. 3, 6. — 7) Exod. 7, 1.
8) Basil. orat. in 40 martyr.
9) Levit. 26, 12; II. Kor. 6, 16.

nicht berühre", sagt die heilige Schrift;¹) denn der Tod der Heiligen ist vielmehr ein Schlaf als Tod; denn „sie haben sich geplagt ihr Lebtag und werden leben am Ende;"²) und „kostbar vor dem Herrn ist der Tod seiner Heiligen".³) Was nun ist kostbarer, als in der Hand Gottes sein? Denn Leben ist Gott und Licht, und die in der Hand Gottes sind, sind im Leben und Lichte.

Daß aber auch durch ihren Geist (νοῦς) Gott auch in ihren Leibern wohnt, sagt der Apostel: „Wisset ihr nicht, daß eure Leiber ein Tempel des in euch wohnenden heiligen Geistes sind?"⁴) „Der Herr aber ist der Geist;"⁵) und: „Wenn Jemand den Tempel Gottes verdirbt, den wird Gott verderben."⁶) Wie also soll man nicht ehren die lebendigen Tempel Gottes, die lebendigen Zelte Gottes? Diese standen im Leben freimüthig Gott zur Seite.⁷)

Als heilbringende Quellen verlieh uns der Herr Christus die Reliquien der Heiligen, welche auf vielfache Weise die Wohlthaten ausströmen, eine duftende Salbe ergießen. Und Niemand sei ungläubig. Denn wenn aus hartem und festem Felsen in der Wüste Wasser quoll,⁸) weil Gott es wollte, und aus Esels=Kinnbacken dem durstigen Samson,⁹) ist es unglaublich, daß aus Martyrer=Reliquien eine duftige Salbe quelle? Keineswegs, wenigstens für die, welche die Macht Gottes kennen und die Ehre der Heiligen bei ihm.

Im Gesetze galt Jeder, der einen Todten berührte, für unrein;¹⁰) aber diese sind keine Todten. Denn seitdem der, der selbst das Leben ist, der Grund des Lebens, unter

---

1) Weish. 3, 1. — 2) Pf. 48, 9. — 3) Pf. 115, 15. — 4) I. Kor. 3, 6. — 5) II. Kor. 3, 17. — 6) I. Kor. 3, 17.
7) Aster. Hom. in ss. mart.
8) Exod. 17, 6.
9) Richter 15, 17. — 10) Num. 19, 11.

die Todten gerechnet ward, nennen wir die, welche in der Hoffnung auf Auferstehung und im Glauben an ihn entschlafen sind, nicht Todte. Denn wie kann ein todter Körper Wunder thun? Wie also werden durch sie Dämonen ausgetrieben, Krankheiten verscheucht, Kranke geheilt, Blinde sehend, Aussätzige rein, Versuchungen und Kümmernisse gehoben und kommt durch sie jede gute Gabe vom Vater der Lichter[1]) herab auf die, welche in zweifellosem Glauben bitten? Wie viele Mühe gäbest du dir, um einen Helfer zu finden, der dich einem sterblichen Könige vorstellte und einen Fürsprecher für dich machte! Die Fürsprecher nun des ganzen Geschlechtes, die Gott für uns ihre Bitten darbringen, sollte man nicht ehren? Ja gewiß, wir müssen sie ehren, indem wir Gott Tempel errichten auf ihren Namen, Früchte darbringen, ihr Andenken feiern und dabei uns auf geistige Weise freuen, damit die Freude denen, die uns dazu einladen, angemessen sei, auf daß wir nicht, während wir ihnen zu huldigen bestrebt sind, im Gegentheil sie erzürnen. Denn an dem, wodurch man Gott verehrt, werden sich auch seine Verehrer erfreuen; was aber Gott erzürnt, das wird auch seine Diener erzürnen. In Psalmen und Hymnen und geistigen Liedern[2]) und in Zerknirschung und Mitleid mit den Dürftigen sollen wir Gläubige die Heiligen verehren, wodurch am meisten auch Gott verehrt wird. Denksäulen wollen wir ihnen errichten und sichtbare Bilder und selbst lebendige Denksäulen und Bilder derselben werden durch Nachahmung ihrer Tugenden. Die Gottesgebärerin, als im eigentlichen und wahren Sinne Gottes Mutter, wollen wir ehren; den Propheten Johannes, als Vorläufer und Täufer, als Apostel und Martyrer (denn „unter den von Weibern Geborenen ist kein Größerer aufgestanden als Johannes", wie der Herr sagte,[3]) und er ist der erste Herold des Reiches gewesen); die Apostel, als Brüder des

Herrn und Augenzeugen und Diener seiner Leiden, die auch Gott der Vater „vorherwissend vorherbestimmt hat, gleichförmig zu werden dem Bilde seines Sohnes"¹) „erstens zu Aposteln, zweitens zu Propheten, drittens zu Hirten und Lehrern;"²) auch die aus jeder Rangordnung erwählten Martyrer des Herrn, als Streiter Christi, die auch seinen Kelch getrunken haben, als sie mit der Taufe des lebendigmachenden Todes selber getauft wurden, als Genossen seiner Leiden und seiner Herrlichkeit, deren Anführer der erste Diakon und Apostel Christi, der erste Martyrer Stephanus war; auch unsere heiligen Väter, die gotterfüllten Asketen, welche das langwierigere und mühsamere Martyrium des Gewissens durchkämpften, „die umhergingen in Schafpelzen, in Ziegenfellen, Mangel leidend, bedrängt, mißhandelt, in Einöden irrend und Bergen und Höhlen und den Klüften der Erde, deren die Welt nicht werth war;"³) Diejenigen endlich, die vor der Gnade lebten, die Propheten, Patriarchen, Gerechten, welche die Ankunft des Herrn vorherverkündeten; hinblickend auf den Wandel von all Diesen wollen wir nacheifern ihrem Glauben,⁴) ihrer Liebe, ihrer Hoffnung, ihrem Eifer, ihrem Leben, ihrer Ertragung der Leiden, ihrer Ausdauer bis auf's Blut, damit wir an den Ehrenkronen mit ihnen Theil haben.

16. Von den Bildern.

(Anbetung des Menschen wegen des göttlichen Bildes in ihm.)

Weil aber Einige uns tadeln, die wir dem Bild unseres Heilandes und unserer Herrin, dann aber auch der übrigen Heiligen und Diener Christi Ehrfurcht⁵) und Ehre bezeigen, so sollen sie hören, daß am Anfange Gott den Menschen nach

---

1) Röm. 8, 29. — 2) I. Kor. 12, 28. — 3) Hebr. 11, 37. — 4) Hebr. 13, 7.

5) Προσκυνεῖν, das Johannes von Damaskus anderwärts ausdrücklich von λατρεύειν unterscheidet.

seinem Bilde geschaffen hat.¹) Weßhalb also bezeigen wir einander Ehre, als weil wir nach dem Bilde Gottes geschaffen sind? Denn, wie der Gotteslehrer und in der Gotteserkenntniß große Basilius sagt,²) „die Ehre des Bildes geht über auf das Urbild;" Urbild aber ist das, dessen Bild dargestellt wird, von dem auch die Ableitung geschieht. Weßhalb betete das Mosaische Volk ringsherum das Zelt an?³) Weil es ein Abbild und Typus der himmlischen Dinge oder vielmehr der ganzen Schöpfung war? Es sprach nämlich Gott zu Moses:⁴) „Siehe, mache Alles nach dem Vorbilde, das dir auf dem Berge gezeigt wurde." Auch die Cherubim aber, die den Sühnaltar beschatteten, waren sie nicht ein Werk von Menschenhänden?⁵) Was aber war der berühmte Tempel in Jerusalem? War er nicht mit Händen gemacht und durch die Kunst von Menschen hergestellt?⁶)

(Nur die Anbetung der heidnischen Bilder ist verboten, wie auch die Götzenopfer.)

Die heilige Schrift aber klagt Diejenigen an, die die Skulpturen anbeten, aber auch, die den Dämonen opfern. Es opferten die Griechen [Heiden], es opferten aber auch die Juden; aber die Griechen den Dämonen, die Juden dagegen Gott. Und das Opfer der Griechen war verwerflich und verdammlich, das der Gerechten aber Gott angenehm. Denn „es opferte Noe, und Gott roch den Geruch des Duftes,"⁷) indem er den Wohlgeruch seines guten Willens und seiner Liebe zu ihm annahm. So sind die

---

1) Gen. 1, 26.
2) Basil. lib. de spir. sancto, cap. 18.
3) Exod. 23, 10.
4) Exod. 25, 40; Hebr. 8, 5.
5) Exod. 25, 18. — 6) III. Kön. 6, 1. — 7) Gen. 8, 21.

Skulpturen der Griechen, da sie Abbildungen von Dämonen waren, verwerflich und verpönt.

(Der Gebrauch von Bildern war nicht üblich im alten Testamente, da Gott bisher unsichtbar war. Warum er im neuen eingeführt wurde. Die Anbetung der Bilder stammt aus der Überlieferung.)

Überdieß wer kann von dem unsichtbaren, unkörperlichen, unumschriebenen und gestaltlosen Gott sich ein Abbild machen? Höchst thöricht also und gottlos ist es, die Gottheit zu gestalten. Daher war im alten Bunde der Gebrauch der Bilder nicht üblich. Nachdem aber Gott aus innigster Barmherzigkeit unseres Heiles wegen in Wahrheit Mensch geworden ist, nicht wie er dem Abraham erschien in Menschengestalt, auch nicht wie den Propheten, sondern wesenhaft wirklich Mensch wurde und auf Erde lebte und mit den Menschen verkehrte,[1]) Wunder that, litt, gekreuzigt wurde, auferstand, und alles Dieses wahrhaftig geschah und von den Menschen gesehen wurde, wurde es zwar zu unserer Erinnerung und zur Belehrung der damals nicht Gegenwärtigen aufgeschrieben, damit wir, die es nicht gesehen, aber gehört und geglaubt haben, der Seligpreisung des Herrn theilhaftig würden. Weil aber nicht Alle lesen können, auch zum Lesen nicht Zeit haben, schien es den Vätern gut, wie Heldenthaten diese Dinge in Bildern darstellen zu lassen zur kurzgefaßten Erinnerung. Gewiß oft, wo wir das Leiden des Herrn nicht im Sinne haben, erinnern wir uns beim Anblicke des Bildes der Kreuzigung Christi des heilbringenden Leidens und fallen nieder und beten an, nicht den Stoff, sondern den Abgebildeten, gleichwie wir auch nicht den Stoff des Evangeliums, auch nicht den Stoff des Kreuzes anbeten, sondern das Ausgedrückte. Denn wie unterscheidet sich ein Kreuz, das das Bild des

---

1) Baruch 3, 38.

Herrn nicht hat, von dem, das es hat? So ist es auch mit der Gottesmutter; denn die Verehrung gegen sie bezieht sich auf den aus ihr Fleischgewordenen. Ebenso aber auch ist es mit den Mannesthaten der heiligen Männer, die uns erwecken zur Mannhaftigkeit, zum Eifer, zur Nachahmung ihrer Tugend und zur Ehre Gottes. Denn, wie gesagt, die Ehre gegen die Edelsinnigen unserer Mitknechte ist ein Beweis der Liebe gegen den gemeinsamen Herrn, und die Verehrung des Bildes geht über auf das Urbild. ¹) Es ist aber Dieß eine ungeschriebene Ueberlieferung, wie auch die Anbetung gegen Aufgang und die Anbetung des Kreuzes und vieles Andere dergleichen.

Man erzählt aber auch eine Geschichte: ²) Als Abgar, König von Edessa, einen Maler absandte, um das Bild des Herrn abzubilden, und der Maler es nicht konnte wegen des strahlenden Glanzes seines Angesichts, habe der Herr selbst sein Oberkleid auf sein göttliches und lebengebendes Antlitz gelegt und sein Bild in dem Kleide abgeprägt und so dasselbe dem darnach verlangenden Abgar geschickt.

Daß aber die Apostel auch sehr Vieles ungeschrieben überliefert haben, schreibt der Völker-Apostel Paulus: ³) „Stehet also fest, Brüder, und bewahret die Ueberlieferungen, die ihr gelernt habt, sei es durch Wort oder Brief von uns;" und an die Korinthier: ⁴) „Ich lobe euch aber, Brüder, daß ihr in Allem meiner eingedenk seid und die Ueberlieferungen bewahret, wie ich sie euch übergeben habe."

---

1) Basil. in 40 mart. und De spir. s. cap. 27.
2) Evagr. lib. hist. c. 27.
3) II. Thess. 2, 14. — 4) I. Kor. 2, 2.

17. Von der Schrift.

(Ein Gott ist Urheber des alten und neuen Testamentes, gegen die Gnostiker.)

Einer ist Gott, der sowohl vom alten als neuen Testamente verkündet, der in Dreiheit besungen und verehrt wird, da der Herr sprach:[1] „Ich bin nicht gekommen, das Gesetz aufzulösen, sondern zu erfüllen." Er selbst ja wirkte unser Heil, wegen dessen alle Schrift und alles Mysterium ist. Und wieder:[2] „Forschet in den Schriften, denn sie geben Zeugniß von mir." Auch der Apostel sagt:[3] „Nachdem Gott vielfach und auf vielerlei Weise vordem zu unseren Vätern geredet hat durch die Propheten, hat er in diesen letzten Tagen zu uns geredet durch seinen Sohn." Durch den heiligen Geist also haben das Gesetz und die Propheten, Evangelisten, Apostel, Hirten und Lehrer geredet.

„Alle von Gott eingegebene Schrift" also „ist" gewiß auch „nützlich".[4] Daher ist es sehr gut und heilsam, die heiligen Schriften zu durchforschen. Denn „wie ein Baum, an den Bächen der Gewässer gepflanzt,"[5] so wird auch die mit der hl. Schrift getränkte Seele genährt und „gibt Frucht zu ihrer Zeit", den rechten Glauben, und prangt in immergrünen Blättern, den gottgefälligen Handlungen. Denn zu tugendhaftem Handeln und ungetrübter Betrachtung werden wir durch die heiligen Schriften angeleitet. Denn eine Ermahnung zu aller Tugend und eine Abwendung von allem Bösen finden wir in ihnen. Wenn wir also lernbegierig sind, werden wir auch viel lernen; denn durch Fleiß und Mühe und die Gnade des freigebigen Gottes wird Alles vollbracht. Denn „wer bittet, empfängt, und

---

1) Matth. 5, 17. — 2) Das. 39. — 3) Hebr. 1, 1. — 4) II. Tim. 3, 16. — 5) Ps. 1, 3.

wer sucht, findet, und wer anklopft, dem wird aufgethan werden."¹) Klopfen wir also an dem herrlichen Paradiese der Schriften, dem duftigen, höchst lieblichen, fruchtprangenden, das mit allerlei Liedern der geistigen, gottvollen Vögel unsere Ohren umtönt, das unser Herz berührt und in der Trauer tröstet, im Zorn aber sänftigt und mit ewiger Freude erfüllt, das unser Denken erhebt auf den goldstrahlenden und hellglänzenden Rücken der göttlichen Taube²) und durch deren leuchtende Flügel zu dem eingebornen Sohn und Erben des Pflanzers des geistigen Weinstockes³) hinaufführt und durch ihn dem Vater der Lichter⁴) zuführt. Aber nicht nachlässig wollen wir klopfen, sondern vielmehr inständig und anhaltend; wir wollen nicht müde werden im Klopfen. Denn so wird uns geöffnet werden. Wenn wir einmal gelesen haben und zweimal und nicht verstehen, was wir lesen, so wollen wir nicht ermüden, sondern aushalten, nachdenken, fragen. Denn „frage", heißt es,⁵) „deinen Vater, und er wird es dir verkünden, deine Vorgesetzten, und sie werden es dir sagen." Denn nicht Sache Aller ist die Erkenntniß.⁶) Schöpfen wir aus der Quelle des Paradieses stets=fließende und reinste Fluthen, die in's ewige Leben springen.⁷) Ergötzen wir uns daran, schwelgen wir unersättlich; denn sie enthalten eine unaufzehrbare Gnade. Wenn wir aber auch von den heidnischen Schriftstellern etwas Nützliches gewinnen können, so ist das nichts Verbotenes. Werden wir tüchtige Wechsler, die das rechte und reine Gold ansammeln, das falsche aber zurückweisen. Nehmen wir treffliche Reden an, lächerliche Götter aber und alberne Fabeln laßt uns den Hunden hinwerfen; denn aus ihnen können wir wohl eine große Kraft gegen sie erwerben.

---

1) Luk. 11, 10 — 2) Pf. 67, 14. — 3) Matth. 21, 38. — 4) Jak. 1, 17. — 5) Deut. 32, 7. — 6) I. Kor. 8, 7. — 7) Joh. 4, 14.

(Zahl der alttestamentlichen Bücher.)

Man muß aber wissen,¹) daß das alte Testament zweiundzwanzig Bücher hat, nach den Buchstaben der hebräischen Sprache. Sie haben nämlich zweiundzwanzig Buchstaben, von denen fünf verdoppelt werden, so daß es siebenundzwanzig werden. Doppelt nämlich sind das Kaph, das Mem, das Nun, das Pe und das Zade. Daher zählt man auch auf die Weise zweiundzwanzig Bücher, siebenundzwanzig aber findet man, weil fünf von ihnen doppelt sind. Es wird nämlich Ruth mit den Richtern verbunden und bei den Hebräern als ein Buch gezählt; das erste und zweite der Könige ein Buch, das dritte und vierte der Könige ein Buch, das erste und zweite Paralipomenon ein Buch, das erste und zweite Esdras ein Buch. So bestehen die Bücher in vier Pentateuchen [Bänden von je fünf Büchern] und bleiben noch zwei, so daß die recipirten Bücher diese sind: fünf gesetzliche, Genesis, Exodus, Levitikus, Numeri, Deuteronomium. Das ist der erste Pentateuch, der auch Gesetzgebung heißt. Dann der andere Pentateuch sind die sogenannten Geschichtsbücher oder Hagiographa nach Einigen, welche diese sind: Jesus, der Sohn Nave's, Richter mit Ruth, Könige, erstes und zweites ein Buch, drittes und viertes ein Buch, und die zwei Paralipomenon ein Buch. Das ist der zweite Pentateuch. Der dritte Pentateuch sind die Vers=Bücher: Job, der Psalter, die Sprüche Salomons, sein Prediger und sein hohes Lied. Der vierte Pentateuch ist der prophetische: die zwölf Propheten, ein Buch, Isaias, Jeremias, Ezechiel, Daniel, dann von Esdras, die zwei in ein Buch verbunden, und Esther. Der Tugendspiegel aber (Panaretos), d. h. die Weisheit Salomons und die Weisheit Jesu, welche der Vater des Sirach hebräisch herausgab, sein Enkel Jesus aber, des Sirach Sohn, in's Griechische übersetzte, sind zwar

---

1) Cyrill. Hieros. cat. 4.; Epiphan. de pond. et mens.

trefflich und gut, werden aber nicht gezählt und lagen auch nicht in der Bundeslade.

(Die Bücher des neuen Testamentes.)

Die Bücher des neuen Testamentes aber sind: die vier Evangelien, nach Matthäus, nach Markus, nach Lukas, nach Johannes; die Apostelgeschichte von Lukas dem Evangelisten; sieben katholische Briefe, einer des Jakobus, zwei des Petrus, drei des Johannes, einer des Judas; vom Apostel Paulus vierzehn Briefe; die Apokalypse des Evangelisten Johannes; die Kanones der heiligen Apostel durch Clemens.

18. Von den Aussagen über Christus.

(Vier Hauptgattungen von Aussagen; sechserlei Weisen vor der Inkarnation.)

Von den Aussagen von Christus gibt es vier Gattungsweisen. Die einen nämlich kommen ihm zu schon vor der Menschwerdung, die andern in der Einigung, die andern nach der Einigung, die andern nach der Auferstehung. — Und von denen vor der Menschwerdung gibt es sechs Weisen; die einen nämlich (1.) bezeichnen die Einheit der Natur und die Wesensgleichheit mit dem Vater, wie das: „Ich und der Vater sind Eins"[1] und: „Wer mich gesehen hat, hat den Vater gesehen"[2] und das: „der in der Gestalt Gottes existirte"[3] und dergleichen; die andern aber (2.) die Vollkommenheit der Hypostase, wie das: „der Sohn Gottes"[4] und Ebenbild seines Wesens,[5] und das: „Engel des großen Rathes, wunderbar, Mitrath,"[6] und ähnliche.

---

1) Joh. 10, 30. — 2) Joh. 14, 9. — 3) Philipp. 2, 6. — 4) Joh. 1, 3. — 5) Hebr. 1, 3. — 6) Jsai. 9, 6.

Andere aber (3.) das Ineinandersein der Hypostasen, wie das: „Ich im Vater und der Vater in mir"¹) und ihre unzertrennliche Verbindung, wie: Wort und Weisheit und Macht und Abglanz. Denn das Wort haftet untrennbar im Verstande (ich meine aber das wesenhafte Wort) und die Weisheit ebenso, und in dem Mächtigen die Macht, im Lichte der Abglanz, aus ihnen quellend.²)

Wieder andere (4.) das Begründetsein im Vater, wie das: „Der Vater ist größer als ich;"³) aus ihm nämlich hat er sowohl das Sein, als Alles, was er hat:⁴) das Sein, durch Zeugung und nicht durch Schöpfung, wie das: „Ich bin vom Vater ausgegangen und gekommen,"⁵) und: „Ich lebe durch den Vater;"⁶) Alles aber, was er hat, nicht geschenkweise oder belehrungsweise, sondern als aus seinem Grunde [Prinzip], wie das: „Der Sohn kann Nichts von sich selber thun, wenn er es nicht den Vater so thun sieht;"⁷) denn wenn der Vater nicht ist, ist auch der Sohn nicht; denn aus dem Vater ist der Sohn und im Vater und zugleich mit dem Vater und nicht nach dem Vater. Ebenso thut er auch, was er thut, aus ihm und mit ihm; denn einer und derselbe, nicht ähnlich, sondern derselbe ist der Wille und die Wirksamkeit und Macht des Vaters und des Sohnes und des heiligen Geistes.

Andere aber (5.) als Vollziehungen des väterlichen Wohlgefallens durch sein Wirken, und zwar nicht als durch ein Werkzeug, oder als das eines Knechtes, sondern als durch sein wesenhaftes und subsistirendes Wort, seine Weisheit und Macht, weil die Bewegung [Thätigkeit] im Vater

---

1) Joh. 14, 10.
2) Cyrill. lib. 34. thes. p. 341.
3) Joh. 14, 28.
4) Greg. v. Naz. Rede 36 und andere.
5) Joh. 16, 28. — 6) Joh. 6, 58. — 7) Joh. 5, 19.

und Sohn als eine sich darstellt, wie das: „Alles ist durch dasselbe geworden,"¹) und das: „Er sandte sein Wort und heilte sie,"²) und das: „damit sie erkennen, daß du mich gesandt hast." ³)

Andere aber (6.) prophetisch; und von diesen die einen als Künftiges, z. B. „Er wird sichtbar kommen,"⁴) und das von Zacharias:⁵) „Siehe, der Herr geht aus von von seinem Orte und wird herabkommen und die Höhen der Erde betreten;"⁶) die andern aber das Künftige als vergangen, wie das: „Dieser ist unser Gott. Hernach erschien er auf der Erde und verkehrte mit den Menschen,"⁷) und das: „Der Herr schuf mich als Anfang seiner Wege zu seinen Werken,"⁸) und das: „Darum hat Gott, dein Gott, dich gesalbt mit dem Oele des Frohlockens vor deinen Genossen,"⁹) und dergleichen.

(Dreierlei Weisen in der Einigung.)

Die Aussagen nun vor der Einigung werden auch nach der Einigung von ihm gelten, die nach der Einigung aber keineswegs vor der Einigung, ausser prophetisch, wie gesagt. Von den Aussagen in der Einigung aber gibt es dreierlei Weisen. Wenn wir nämlich (1.) von dem Höheren reden, sagen wir Vergottung und Wortwerdung ($\lambda \acute{o} \gamma \omega \sigma \iota \varsigma$) und Erhöhung des Fleisches und dergleichen, indem wir die dem Fleische durch seine Einigung und Verbindung mit dem höchsten Gott, dem Worte, zugewachsene Bereicherung anzeigen; wenn aber von dem Geringeren (2.), sagen wir Fleischwerdung, Menschwerdung, Entäusserung, Armuth, Erniedrigung Gottes des Wortes. Denn Dieses und Dergleichen wird wegen der Verbindung mit dem Menschlichen von dem Worte und Gott ausgesagt. Wenn aber von

---

1) Joh. 1, 3. — 2) Pf. 106, 20. — 3) Joh. 11, 42. —
4) Pf. 49, 3. — 5) Zach. 9, 9. — 6) Mich. 1, 3. —
7) Baruch 3, 38. — 8) Sprüchw. 8, 22. — 9) Pf. 44, 8.

Beiden zugleich (3.), dann sagen wir Einigung, Gemeinschaft, Salbung, Verwachsung, Zusammenformung und dergleichen. Wegen dieser dritten Weise also werden die beiden vorgenannten Weisen ausgesagt. Durch die Vereinigung nämlich wird angegeben, was jedes von beiden kraft der Verbindung und dem Ineinandersein des mit ihm zugleich Bestehenden hatte. Denn wegen der hypostatischen Einigung[1]) wird von dem Fleische gesagt, es sei vergottet und Gott geworden und Gott-gleich mit dem Worte, und von Gott dem Worte, er sei Fleisch und Mensch geworden und heiße ein Geschöpf und werde der Letzte[2]) genannt; nicht als ob die zwei Naturen in eine zusammengesetzte Natur sich verwandelt hätten, denn unmöglich können die natürlichen Gegensätze zugleich in einer Natur sein,[3]) sondern weil die zwei Naturen der Hypostase nach vereint sind und ohne Vermischung und Verwandlung in einander sind. Die Durchdringung aber geschah nicht von Seite des Fleisches, sondern von Seite der Gottheit; denn unmöglich kann das Fleisch die Gottheit durchdringen, sondern die göttliche Natur, welche einmal das Fleisch durchdrang, verlieh auch dem Fleische die unaussprechliche Durchdringung mit ihr, die wir eben Einigung nennen.

(Wechselseitige Aussagen.)

Man muß aber wissen, daß bei der ersten und zweiten Weise der Aussagen in der Einigung die Wechselseitigkeit stattfindet; denn wenn wir vom Fleische reden, sagen wir Vergottung und Wortwerdung und Erhöhung zum Höchsten und Salbung, denn zwar von der Gottheit her, aber am Fleische wird Dieses erblickt; wenn aber von dem Worte, sagen wir Entäußerung, Fleischwerdung, Menschwerdung,

---

1) Greg. v. Naz. Rede 39.
2) Isai. 63, 3.
3) Oben 3. Buch 2. Kap.

Erniedrigung und dergleichen, was, wie gesagt, vom Fleische her dem Worte und-Gott zugeschrieben wird; denn er selbst nahm Dieses freiwillig auf sich.

(Dreierlei Weisen nach der Einigung.)

Von den Aussagen nach der Einigung aber gibt es drei Weisen. Die erste zeigt die göttliche Natur an, wie das: „Ich im Vater und der Vater in mir," ¹) und das: „Ich und der Vater sind Eins;" ²) und Alles, was vor der Menschwerdung von ihm ausgesagt wurde, wird auch nach der Menschwerdung von ihm ausgesagt werden, nur das nicht, daß er nicht Fleisch und dessen natürliche Eigenschaften angenommen habe.

Die zweite, die menschliche, wie das: „Was suchet ihr mich zu tödten, einen Menschen, der ich euch die Wahrheit gesagt habe?" ³) und das: „So muß der Sohn des Menschen erhöht werden," ⁴) und dergleichen.

Von dem aber, was auf menschliche Art von Christo dem Heilande ausgesagt wird und geschrieben steht, sei es in Reden oder in Thaten, gibt es sechs Weisen. Denn Einiges davon wurde auf natürliche Art ($\kappa\alpha\tau\grave{\alpha}$ $\varphi\acute{\upsilon}\sigma\iota\nu$) heilsordnungsgemäß gethan sowohl als gesagt, wie z. B. die Geburt aus der Jungfrau, das Wachsthum und die Zunahme an Alter, der Hunger, der Durst, die Ermüdung, das Weinen, der Schlaf, die Durchbohrung der Nägel, der Tod und dergleichen, was natürliche und untadelhafte Zustände sind. ⁵) Denn in all Diesem ist eine Verbindung des Göttlichen mit dem Menschlichen vorhanden, wenn es auch in der That für Sache des Leibes gehalten wird, da das

---

1) Joh. 14, 10. — 2) Joh. 10, 30.
3) Joh. 8, 19 u. 7, 40.
4) Joh. 3, 14.
5) Oben 3. Buch 21., 22., 23. Kap.

Göttliche Nichts hievon erleidet, aber dadurch unser Heil besorgt.

Einiges aber auf verstellte Art (κατὰ προσποίησιν), wie die Frage: „Wo habt ihr den Lazarus hingelegt?"[1] sein Hingehen zum Feigenbaum,[2] sein sich Verbergen oder sich Zurückziehen,[3] sein Gebet,[4] das: „Er that dergleichen, weiter zu gehen."[5] Denn dieser und ähnlicher Dinge bediente er sich weder als Gott noch als Mensch, sondern gestaltete sich auf menschliche Art zu dem, was das Bedürfniß oder der Nutzen erheischte, wie z. B. das Gebet, um zu zeigen, daß er kein Gottesfeind sei,[6] da er den Vater auch als sein Prinzip ehrte;[7] die Frage, nicht aus Unwissenheit, sondern um zu zeigen, daß er in Wahrheit Mensch sei, nebstdem daß er Gott war; die Zurückziehung, um zu lehren, nicht unbesonnen zu sein und sich nicht selber preiszugeben.

Einiges aber aneignungs- und übernahms-weise (κατ' ἀναφοράν), wie das: „Mein Gott, mein Gott, warum hast du mich verlassen?"[8] und das: „Den, der keine Sünde kannte, hat er für uns zur Sünde gemacht,[9] und das: „der für uns zum Fluche geworden ist,"[10] und das: „Der Sohn selbst wird sich dem unterwerfen, der ihm Alles unterworfen hat."[11] Denn weder als Gott noch als Mensch[12] ist er je vom Vater verlassen worden, und weder Sünde noch Fluch ist er geworden, noch braucht er sich dem Vater zu unterwerfen; denn sofern er Gott ist,

---

1) Joh. 11, 34. — 2) Matth. 21, 19.
3) Matth. 12, 15 u. 14, 13.
4) Joh. 11, 41. — 5) Luk. 24, 28.
6) Greg. v. Naz. Rede 36.
7) Oben 3. Buch 24. Kap.
8) Matth. 27, 46. — 9) II. Kor. 5, 21. — 10) Gal. 3, 13. — 11) I. Kor. 15, 36.
12) Greg. v. Naz. Rede 36.

ist er dem Vater gleich und weder entgegengesetzt noch unterworfen; sofern er aber Mensch ist, war er dem Erzeuger nie ungehorsam, um einer Unterwerfung zu bedürfen. Unsere Person also sich aneignend und sich mit uns zusammenstellend sagt er Dieses. Denn wir waren die mit Sünde und Fluch Beladenen, als widerspenstig und ungehorsam und darum verlassen.

Manches aber durch eine Trennung in Gedanken [Abstraktion]. Denn wenn du das in der Wirklichkeit Untrennbare in Gedanken trennst, nämlich das Fleisch von dem Worte, heißt er auch Knecht und unwissend,[1] weil er auch die knechtische und unwissende Natur hatte; denn wäre das Fleisch nicht mit Gott dem Worte geeint, so wäre es knechtisch und unwissend;[2] allein wegen der hypostatischen Einigung mit Gott dem Worte war es weder knechtisch noch unwissend. So [in diesem Sinne] nannte er auch den Vater seinen Gott.

Manches aber wegen der Offenbarung und Beglaubigung vor uns: „Vater, verherrliche mich mit der Herrlichkeit, die ich, bevor die Welt war, hatte bei dir;"[3] denn er selbst war sowohl verherrlicht als ist er es, aber vor uns war seine Herrlichkeit nicht geoffenbart und beglaubigt; und der Ausspruch des Apostels:[4] „Der zum Sohne Gottes erkoren ward in Kraft, gemäß dem Geiste der Heiligung durch die Auferstehung von den Todten;" denn durch die Wunder und die Auferstehung und die Herabkunft des heil. Geistes auf ihn wurde er der Welt geoffenbart und beglaubigt, daß er der Sohn Gottes ist;[5] und das: „Er nahm zu an Weisheit und Gnade."[6]

---

1) Greg. v. Naz. Rede 36.
2) Oben 3. Buch 21. Kap.
3) Joh. 17, 5. — 4) Röm. 1, 4.
5) Chrysost. hom. 1. in epist. ad Rom. et alii.
6) Luk. 2, 32.

Manches endlich in Aneignung der Person der Juden, indem er sich zu den Juden rechnete, wie er zur Samariterin sagt:¹) „Ihr betet an, was ihr nicht wisset; wir beten an, was wir wissen; denn das Heil kommt von den Juden."

Die dritte Weise zeigt die eine Hypostase an und stellt Beides zusammen dar, wie z. B. das: „Ich lebe durch den Vater, und wer mich ißt, der wird leben durch mich,"²) und das: „Ich gehe zum Vater, und ihr sehet mich nicht mehr,"³) und das: „Sie hätten den Herrn der Herrlichkeit nicht gekreuzigt"⁴) und das: „Niemand ist in den Himmel aufgestiegen, außer der vom Himmel herabkam, der Sohn des Menschen, der im Himmel ist,"⁵) und dergleichen.

(Aussagen nach der Auferstehung.)

Auch von den Aussagen nach der Auferstehung sind die einen Gott angemessen, wie das: „Taufet sie im Namen des Vaters, des Sohnes und des heiligen Geistes,"⁶) des Sohnes natürlich als Gottes; und das: „Siehe, ich bin bei euch alle Tage bis zum Ende der Welt,"⁷) und dergleichen; denn als Gott ist er bei uns; die andern aber dem Menschen angemessen, wie das: „Sie hielten seine Füße,"⁸) und das: „Dort werden sie mich sehen,"⁹) und dergleichen.

Von den dem Menschen angemessenen nach der Auferstehung aber gibt es verschiedene Weisen. Denn Einiges geschah wirklich, aber nicht auf natürliche Weise, sondern heilsordnungsgemäß zur Beglaubigung, daß derselbe Leib, der litt, auch auferstand, wie die Wundmale, das Essen und

---

1) Joh. 5, 22. — 2) Joh. 5, 58. — 3) Joh. 15, 10. — 4) I. Kor. 2, 8. — 5) Joh 3, 13. — 6) Matth. 25, 19. — 7) Das. 20. — 8) Das. 9. — 9) Das. 10.

Trinken nach der Auferstebung; Anderes aber wirklich und naturgemäß, wie das mühelose Uebergehen von einem Ort zum andern und das Eingehen durch verschlossene Thüren; Anderes auf verstellte Weise, wie das: „Er that dergleichen, weiter zu gehen;"[1]) Einiges aber gilt von beiden Naturen zusammen, wie das: „Ich steige auf zu meinem Vater und eurem Vater und zu meinem Gott und eurem Gott."[2]) und das: „Einziehen wird der König der Herrlichkeit,"[3]) und das: „Er sitzet zur Rechten der Majestät in der Höhe;"[4]) Anderes aber von dem sich mit uns Zusammenstellenden in der Weise der Trennung in bloßen Gedanken, wie das: „meinem Gott und eurem Gott."

(Man muß jeder Natur das ihr Angemessene zuweisen.)

Man muß also das Erhabene der göttlichen und über Leidenheiten und Körperlichkeit erhabenen Natur zutheilen, das Niedrige dagegen der menschlichen, das Gemeinsame aber dem Zusammengesetzten, d. h. dem einen Christus, welcher Gott ist und Mensch, und muß wissen, daß Beides einem und demselben Jesus Christus, unserem Herrn, zukomme. Denn wenn wir das Eigenthümliche erkennen und Beides als von Einem geschehen betrachten, werden wir recht glauben und nicht irren. Aus all dem wird der Unterschied der geeinten Naturen erkannt, und daß Gott und Menschheit in natürlicher Beschaffenheit nicht Dasselbe sind, wie der göttliche Cyrillus sagt;[5]) aber Einer ist Sohn und Christus und Herr, und da er Einer ist, so ist auch seine Person eine, da durch die Anerkennung des Unterschieds der Naturen auf keine Weise die hypostatische Einheit getheilt wird.

---

1) Luk. 25, 27. — 2) Joh. 20, 18. — 3) Pf. 20, 7. — 4) Hebr. 1, 3.
5) Epist. apologetica ad Acacium Melitin. episc., longe a medio.

19. Daß Gott nicht Urheber des Bösen ist.

(Die Schrift nennt die Zulassung oft ein Wirken.)

Man muß wissen,[1] daß die heilige Schrift die Zulassung Gottes seine Wirksamkeit zu nennen pflegt, wie wenn der Apostel im Briefe an die Römer sagt:[2] „Hat der Töpfer des Thons nicht Macht, aus derselben Masse zu machen das eine Gefäß zur Ehre, das andere zur Unehre?" weil nämlich Er sowohl dieses als jenes macht; denn nur er ist der Schöpfer von Allem. Aber nicht er selbst macht sie geehrt oder ungeehrt, sondern der eigene Wille eines Jeden.[3] Und das erhellt aus dem, was derselbe Apostel im zweiten Briefe an Timotheus sagt:[4] „In einem großen Hause gibt es nicht bloß goldene und silberne Gefäße, sondern auch hölzerne und irdene, und die einen zur Ehre, die andern zur Unehre. Wenn sich also Jemand von diesen rein hält, wird er ein Gefäß zur Ehre sein, geheiligt und brauchbar für den Herrn, geschickt zu jedem guten Werke." Offenbar aber geschieht die Reinigung als freiwillig, denn „wenn Einer", sagt er, „sich selbst rein hält." Der folgerichtige Gegensatz aber dazu lautet: Wenn sich aber Einer nicht rein hält, wird er ein Gefäß zur Unehre sein, unbrauchbar für den Herrn, der Zerbrechung werth. Der vorliegende Ausspruch also und das:[5] „Gott hat Alle im Unglauben verschlossen," und das:[6] „Gott gab ihnen einen Geist der Vernagelung [Betäubung], Augen, um nicht zu sehen, und Ohren, um nicht zu hören," alles Dieses ist nicht so zu nehmen, als ob Gott es wirke, sondern daß

---

1) Damasc. Dial. cont. Manich.
2) Röm. 9, 21.
3) Basil. hom. Quod Deus non sit auctor malor.
4) II. Tim. 2, 20. — 5) Röm. 2, 32.
6) Jsai. 6, 10; Röm. 11, 10.

Gott es zulasse, weil der Wille frei und das Gute zwangs-
los ist.

Seine Zulassung also pflegt die heilige Schrift ein
Wirken und Thun zu nennen, aber gewiß auch, wenn sie
sagt, „Gott schaffe Böses,"¹) und „es sei in der Stadt kein
Uebel, das der Herr nicht machte,"²) bezeichnet sie nicht
Gott als Urheber,³) sondern [sagt so], weil der Name des
Bösen zweideutig ist und zweierlei ausdrückt; denn bis-
weilen bedeutet er das durch seine Natur Schlechte, was
nämlich der Tugend und dem Willen Gottes entgegen ist,
bisweilen aber das für unsere Empfindung Ueble oder
Lästige, d. h. die Trübsale und Mißgeschicke. Diese jedoch
sind zwar scheinbar übel, da sie schmerzlich sind, in Wahr-
heit aber gut, denn sie gereichen den Einsichtsvollen zur
Belehrung und zum Heile. Von diesen sagt die heilige
Schrift, daß sie durch Gott geschehen.

Man muß aber wissen, daß auch hieran wir schuld
sind; denn aus den freiwilligen Übeln entspringen die unfreiwilligen.

(Was erfolgsweise geschieht, wird oft verursachsweise gesagt.)

Auch das aber ist zu wissen, daß die heilige Schrift
Manches, was erfolgsweise gesagt werden sollte, verursachsweise sagt,⁴) wie das: „Dir allein habe ich gesündigt und
Böses vor dir gethan, damit du gerechtfertigt werdest in
deinen Reden und siegest, wenn man mit dir rechtet;"⁵) denn

---

1) Isai. 45, 7.
2) Amos 3, 6.
3) Chrysost. peculiari tractatu: Quorum Deus malo-
rum causa sit.
4) Basil. loc. cit.
5) Ps. 50, 6.

nicht hat, der sündigte, darum gesündigt, damit Gott siege, noch auch bedurfte Gott unserer Sünde, damit er dadurch als Sieger erscheine (denn er trägt unvergleichlich den Sieg davon über Alle, auch die nicht sündigen, weil er Schöpfer ist, und unerfaßbar und ungeschaffen, und von Natur aus die Herrlichkeit hat und nicht eine erworbene), sondern weil er, wenn wir sündigen, nicht ungerecht ist, sofern er zürnt, und, wenn wir uns bekehren, verzeiht, zeigt er sich als Sieger über unsere Bosheit. Nicht dazu aber sündigen wir, sondern die Sache geht eben so aus. Wie, wenn Jemand an der Arbeit sitzt und ein Freund dazu kommt, er sagt: Damit ich heute Nichts arbeite, kam der Freund daher. Der Freund also kam nicht, damit er Nichts arbeite, sondern es geschah eben so; denn mit dem Empfang des Freundes beschäftigt arbeitet er nicht. Man heißt auch das erfolgsweise, weil die Sachen so erfolgen. Gott will aber nicht allein gerecht sein, sondern daß Alle ihm möglichst ähnlich werden.

20. Daß es nicht zwei Prinzipien gibt.

(Gegen die Manichäer.)

Daß es nicht zwei Prinzipien (ἀρχαί) gibt,[1]) ein gutes und ein böses, werden wir daraus erkennen. Einander entgegengesetzt nämlich sind das Gute und das Böse und heben einander auf und können nicht in einander oder mit einander bestehen. Jedes von ihnen wird also in einem Theile des All sein. Und für's Erste[2]) werden sie nicht bloß von dem All, sondern jedes von ihnen auch von einem Theile des All umschrieben [auf denselben beschränkt] sein.

---

1) Athan. cont. gentes.
2) Athan. cont. omnes haeret.

Sodann,¹) wer hat einem jedem seinen Platz angewiesen? Denn man wird nicht sagen, sie hätten sich mit einander vertragen und verglichen, da das Böse nicht böse ist, wenn es Friede hält und sich vergleicht mit dem Guten, und das Gute nicht gut, wenn es sich freundlich verhält zu dem Bösen. Wenn es aber ein Anderer ist, der jedem von ihnen seinen Aufenthalt anwies, so wird vielmehr dieser Gott sein.

Es ist aber auch eins von Beiden nothwendig, entweder daß sie einander berühren und verderben, oder daß ein Mittleres sei, worin weder Gutes noch Böses sein wird, das wie eine Scheidewand beide von einander ausschließt. Und dann werden nicht zwei, sondern drei Prinzipe sein.

Es ist aber auch von diesen das eine nothwendig, entweder Friede zu halten, was das Böse nicht kann (denn was Frieden hält, ist nicht böse), oder zu kämpfen, was das Gute nicht kann (denn was kämpft, ist nicht vollkommen gut); oder daß das Böse kämpft, das Gute aber nicht dawiderkämpfe, sondern von dem Bösen vernichtet oder immerfort getränkt und angefeindet werde, was kein Merkmal des Guten ist. Es ist also ein Prinzip, das frei ist von allem Bösen.

(Das Böse eine Beraubung des Guten, keine Substanz.)

Aber, wenn es so ist, sagen sie, woher das Böse?²) Denn unmöglich kann aus dem Guten das Böse den Ursprung haben. Wir sagen also: das Böse ist nichts Anderes als Beraubung des Guten und eine Verkehrung aus dem Naturgemäßen in das Naturwidrige, denn Nichts ist böse von Natur aus. Denn Alles, was Gott gemacht hat, war

---

1) Damasc. dial. cont. Manich.
2) Basil. hom. Deum non esse caus. malor.

sehr gut,¹) sofern es existirte. Wenn es also so bleibt, wie es geschaffen ist, ist es sehr gut; wenn es aber aus dem Naturgemäßen heraustritt und zum Naturwidrigen übergeht, wird es böse.

Naturgemäß nun ist Alles dem Schöpfer unterthan und gehorsam. Wann also eines der Geschöpfe freiwillig die Zügel abwirft und seinem Schöpfer ungehorsam wird, begründet es in sich selbst das Böse. Denn das Böse ist keine Wesenheit noch Eigenschaft einer Wesenheit, sondern etwas Dazukommendes, d. h. der freiwillige Abfall von dem Naturgemäßen in das Naturwidrige, was eben Sünde ist.

(Vater der Sünde der Teufel, durch den Willen, nicht von Natur.)

Woher also die Sünde?²) Eine Erfindung der freien Entschließung des Teufels. Ist also der Teufel böse? Sofern er geschaffen ist, ist er nicht böse, sondern gut; denn als lichter und hellstrahlender Engel wurde er vom Schöpfer geschaffen, selbstmächtig als vernünftig; und freiwillig verließ er die naturgemäße Tugend und gerieth in die Finsterniß der Bosheit, sich entfernend von Gott, dem allein Guten und Lebengeber und Lichtspender; denn durch ihn ist alles Gute gut, und sofern es sich von ihm entfernt der Gesinnung nach (nicht nämlich dem Orte nach), wird es böse.

21. Weßhalb der vorauswissende Gott Diejenigen erschuf, welche sündigen und nicht Buße thun würden.

(Die vorhergewußten Bösen erschafft Gott, damit seine

---

1) Gen. 1, 31.
2) Basil. loc. cit.

Güte nicht durch das Böse überwunden zu werden scheine.)

Gott bringt aus Güte[1]) das Werdende aus dem Nichtsein in das Sein hervor und weiß das Künftige voraus. Wenn sie also gar nicht sein würden, so würden sie auch nicht böse sein und nicht vorausgewußt werden. Denn auf das, was ist, geht die Erkenntniß, und auf das, was gewiß sein wird, das Vorauswissen. Denn zuerst das Sein und dann das Gut- oder Böse-Sein. Wenn aber, während sie durch die Güte Gottes künftig sein [existiren] sollten, der Umstand, daß sie durch ihren eigenen Willen böse sein würden, ihre Erschaffung verhindert hätte, so hätte das Böse die Güte Gottes besiegt. Es macht also Gott Alles gut, was er macht; Jeder aber wird durch eigenen Willen tugendhaft sowohl als böse. Wenn daher auch der Herr sprach:[2]) „Es wäre jenem Menschen besser, wenn er nicht geboren wäre," so sagt er das nicht, seine eigene Schöpfung tadelnd, sondern die seinem Geschöpfe durch eigenen Willen und Leichtsinn zugewachsene Bosheit. Denn der Leichtsinn der eigenen Gesinnung machte ihm die Wohlthat des Schöpfers unnütz; wie wenn Einer, der von einem Könige Reichthum und Herrschaft bekam, den Wohlthäter vergewaltigen wollte, welchen dann dieser mit Recht unterwerfen und strafen wird, wenn er sieht, daß er bis an's Ende bei Tyrannei verharre.

22. Vom Gesetze Gottes und dem Gesetze der Sünde.

(Gut ist Alles, was Gott will.)

Gut ist die Gottheit und übergut, und ihr Wille; denn

---

1) Damasc. dial. cont. Manich.
2) Mark. 14, 21.

gut ist das, was Gott will. Gesetz aber ist das Gebot, welches dieß lehrt, damit wir, in ihm bleibend, im Lichte seien;¹) von welchem Gebote die Uebertretung Sünde ist. Diese aber besteht durch den Angriff des Teufels und unseren ungezwungenen und freiwilligen Beifall. Auch sie aber heißt Gesetz.²)

(Das Gesetz Gottes und unseres Geistes. Das Gesetz der
Sünde in den Gliedern unseres Fleisches.)

Das Gesetz Gottes nun, das in unserem Geiste waltet, zieht diesen an sich und stachelt unser Gewissen. Es heißt aber auch unser Gewissen Gesetz unseres Geistes. Auch der Angriff des Bösen aber, d. h. das Gesetz der Sünde, das in den Gliedern unseres Fleisches waltet, greift durch dasselbe uns an. Denn da wir einmal freiwillig das Gesetz Gottes übertraten und dem Angriffe des Bösen zustimmten, gewährten wir ihm Zugang, von uns selbst verkauft an die Sünde, weßhalb unser Leib leicht zu ihr hingezogen wird. Es heißt also auch der in unserem Leibe vorhandene Dunst oder die Empfindung der Sünde, d. h. die Begierde und Lust des Leibes „Gesetz in den Gliedern unseres Fleisches".

(Erklärung einer Schriftstelle über den Widerstreit der
beiden Gesetze.)

Das Gesetz meines Geistes nun oder das Gewissen erfreut sich an dem Gesetze Gottes³) oder dem Gebote und will es. Das Gesetz der Sünde aber oder der Angriff durch das Gesetz in den Gliedern oder durch die Begierde und Neigung und Bewegung des Leibes und des unvernünftigen Theiles der Seele widerstreitet dem Gesetze meines Geistes, d. h. dem Gewissen, und nimmt mich gefangen (auch wenn ich das Gesetz Gottes will und liebe und die Sünde nicht

---

1) 1. Joh. 1, 7. — 2) Röm. 7, 23. — 3) Das. 22.

will) und verführt mich durch die Lockung der Lust und durch die Begierde des Leibes und des unvernünftigen Theiles der Seele und beredet mich, der Sünde zu dienen; aber „Gott (was dem Gesetze unmöglich war, weil es kraftlos war durch das Fleisch) hat, indem er seinen Sohn sandte in Aehnlichkeit des Fleisches der Sünde," (denn Fleisch zwar nahm er an, Sünde aber keineswegs,) „die Sünde im Fleische verdammt, damit die Gerechtigkeit des Gesetzes erfüllt würde in denen, die nicht nach dem Fleische wandeln, sondern nach dem Geiste ($\pi\nu\varepsilon\tilde{\upsilon}\mu\alpha$)." [1]) Denn „der Geist kommt unserer Schwachheit zu Hilfe"[2]) und verleiht dem Gesetze unseres Geistes ($\nu o\tilde{\upsilon}\varsigma$) Kraft gegen das Gesetz in unseren Gliedern. Denn: „Um was wir bitten sollen, wie es nöthig ist, wissen wir nicht; aber der Geist selbst tritt ein für uns mit unaussprechlichen Seufzern,"[3]) d. h. er lehrt uns, um was wir bitten sollen. Daher ist es unmöglich, auffer durch Geduld und Gebet, die Gebote des Herrn zu erfüllen.

23. Gegen die Juden, vom Sabbath.

(Feier des siebenten Tages.)

Sabbath heißt der siebente Tag, er bedeutet aber die Ruhe. Denn an ihm „ruhte Gott von all seinen Werken", wie die heil. Schrift sagt.[4]) Darum macht auch die Zahl der Tage, wenn sie bis sieben fortgeschritten ist, wieder den Kreislauf und beginnt mit dem ersten. Diese Zahl war geehrt bei den Juden, da Gott befahl, sie zu ehren, nicht beliebig, sondern sogar unter den schwersten Strafen im Uebertretungsfalle.[5]) Nicht grundlos aber befahl er Dieß,

---

1) Röm. 8, 3. — 2) Das. 26. — 3) Das.
4) Gen. 2, 2.
5) Exod. 13, 6; Num. 15, 35.

sondern aus gewissen Gründen, die von Geistigen und Einsichtsvollen mystisch verstanden werden.[1]

(Vermuthung des Verfassers, warum den Juden die Sabbathruhe befohlen war.)

So viel nun ich, der Ungelehrte, verstehe, [befahl er es,] um mit dem Niedrigeren und Gröberen zu beginnen, weil Gott die Rohheit und Fleischlichkeit und ganz zur Materie Geneigtheit des israelitischen Volkes kannte, zugleich aber auch seinen Unverstand, erstens damit „der Knecht und das Zugvieh" ruhe,[2] wie geschrieben steht, weil „der gerechte Mann sich der Seelen seiner Thiere erbarmt",[3] dann aber auch damit sie, sich enthaltend von der Beschäftigung mit der Materie, zu Gott sich versammeln sollten, in Psalmen und Hymnen und geistigen Gesängen und Studium der heiligen Schriften den ganzen siebenten Tag verbringend und in Gott ruhend. Denn als es kein Gesetz gab und keine von Gott eingegebene Schrift, war auch der Sabbath Gott nicht geheiligt. Als aber die von Gott eingegebene Schrift durch Moses gegeben wurde, wurde Gott der Sabbath geheiligt, damit an ihm Diejenigen sich auf das Studium dieser verlegten, die nicht ihr ganzes Leben Gott weihten und nicht aus Liebe dem Herrn als Vater dienten, sondern als gedankenlose Knechte, wenn sie auch nur einen kleinen und höchst geringen Theil ihres Lebens Gott widmeten, und Dieß aus Furcht vor Rechenschaft und Strafe im Uebertretungsfalle. Denn „das Gesetz ist nicht da für den Gerechten, sondern für den Ungerechten".[4] Denn zuerst hat Moses selbst, da er vierzig Tage und wieder vierzig andere im Fasten Gott anlag,[5]

---

1) Greg. v. Naz. Rede 44.
2) Deut. 5, 14. — 3) Sprüchw. 11, 10.
4) I. Tim. 1, 9.
5) Exod. 24, 18 u. 34, 28.

gewiß auch an den Sabbathen durch Fasten sich web gethan, während das Gesetz befiehlt, am Tage des Sabbaths sich nicht weh zu thun. Wollten sie aber sagen, das sei vor dem Gesetze geschehen, was werden sie von Elias dem Thesbiten sagen, der mit einer Speise einen Weg von vierzig Tagen vollendete?¹) Denn da Dieser nicht bloß durch Fasten, sondern auch durch die Reise an den Sabbathen der vierzig Tage sich wehe that, so hat er den Sabbath verletzt. Und Gott, der das Gesetz gegeben, hat ihm nicht gezürnt, sondern sogar als Kampfpreis der Tugend auf dem Horeb sich ihm gezeigt. Was aber werden sie von Daniel sagen? Hat er nicht drei Wochen ohne Speise verbracht?²) Wie aber? Beschneidet nicht ganz Israel den Knaben am Sabbath, wenn er gerade acht Tage hat?³) Und werden sie nicht auch das große Fasten, das im Gesetze vorgeschrieben ist, fasten, wenn es auf den Sabbath trifft?⁴) Und verletzen nicht auch die Priester und Leviten in den Arbeiten des hl. Zeltes den Sabbath und sind doch ohne Schuld?⁵) Aber auch wenn ein Vieh an einem Sabbath in eine Grube fällt, ist, der es herauszieht, ohne Schuld, wer es unterläßt, schuldig.⁶) Und wie? Hat nicht ganz Israel, sieben Tage die Lade Gottes herumtragend, die Mauern Jericho's umgangen, worunter gewiß auch der Sabbath war?⁷)

(Wie der Sabbath zu begehen sei. Die Feier des Sabbaths mit etwas Besserem vertauscht.)

Wie gesagt also,⁸) der Beschäftigung mit Gott wegen, damit sie wenigstens einen ganz kleinen Zeittheil ihm wid-

---

1) III. Kön. 19, 8. — 2) Dan. 10, 2. — 3) Levit. 22, 3. — 4) Levit. 23, 27. — 5) Matth. 22, 5.
6) Epiph. haeres. 30 n. 32 et haeres. n. 82 seqq. — **Athan.** hom. circumc. et Sabb.
7) Jos. 3 u. f.
8) **Athan.** l. c.

meten und ruhten, der Knecht sowohl als das Lastvieh, wurde die Haltung des Sabbaths erfunden, für die noch Unmündigen und unter den Elementen der Welt Dienenden,¹) für die Fleischlichen und nicht über den Leib und den Buchstaben hinaus zu denken Vermögenden. „Als aber die Fülle der Zeit kam, sandte Gott seinen eingebornen Sohn, Mensch geworden aus einem Weibe, unterthan dem Gesetze, um die unter dem Gesetze Stehenden zu erlösen, damit wir die Annahme als Söhne erlangten."²) „Denn uns allen, die wir ihn aufgenommen haben, gab er Macht, Kinder Gottes zu werden, die wir an ihn glauben."³) „Daher sind wir nicht mehr Knechte, sondern Söhne;"⁴) nicht mehr unter dem Gesetze, sondern unter der Gnade; nicht mehr zeitweilig dem Herrn dienend aus Furcht, sondern die ganze Lebenszeit ihm zu weihen verpflichtet und immer den Knecht, den Zorn meine ich und die Begierde, ruhen lassend und zur Beschäftigung mit Gott hinwendend, indem wir alle Begierde immer zu Gott erheben, den Zorn aber gegen die Feinde Gottes waffnen, und das Lastthier, d. h. den Leib, ebenso von dem Knechtsdienst der Sünde ruhen lassend und den göttlichen Geboten zu dienen antreibend.

Dieses befiehlt uns das geistige Gesetz Christi, und die dieses beobachten, sind erhaben über das mosaische Gesetz. Denn als das Vollkommene kam, wurde das Theilweise abgeschafft,⁵) und als die Hülle des Gesetzes, d. h. der Vorhang, durch die Kreuzigung des Heilandes zerriß und der Geist in feurigen Zungen aufleuchtete, wurde der Buchstabe abgethan, das Körperliche hörte auf, das Gesetz der Knechtschaft wurde erfüllt und uns das Gesetz der Freiheit geschenkt. Und wir feiern die vollkommene Ruhe der menschlichen Natur,⁶) ich meine aber den Tag der Auferstehung,

---

1) Gal. 4, 3. — 2) Das. 4. — 3) Joh. 1, 12. —
4) Gal. 4, 7. — 5) I. Kor. 13, 10.
6) Athan. l. c.

an welchem uns der Herr Jesus, der Urheber des Lebens und Heiland, in das den auf geistige Weise Gott Dienenden verheissene Erbtheil eingeführt hat, in welches er selbst als unser Vorläufer einging, da er von den Todten auferstand, und, indem sich die Pforten der Himmel ihm öffneten, sich leibhaftig zur Rechten des Vaters setzte, wohin auch Diejenigen kommen werden, die das geistige Gesetz beobachten.

(Beschneidung und Sabbath sind im mystischen Sinne Eines.)

Uns also,[1]) die wir nach dem Geiste wandeln und nicht nach dem Buchstaben, kommt die völlige Ablegung des Fleischlichen zu und der geistige Gottesdienst und die Verbindung mit Gott. Denn Beschneidung ist die Ablegung der körperlichen Lust und des Ueberflüssigen und nicht Nothwendigen. Vorhaut nämlich ist nichts Anderes als eine Haut, ein Ueberfluß des wollüstigen Gliedes. Jede Lust aber, die nicht aus Gott und in Gott ist, ist ein Ueberfluß von Lust, deren Sinnbild die Vorhaut ist. Sabbath aber ist die Ruhe von der Sünde. Daher sind beide Eines, und so bewirken beide zusammen, wenn sie von den Geistigen gehalten werden, nicht die mindeste Gesetzesübertretung.

(Empfehlung der Siebenzahl.)

Ferner aber ist zu wissen,[2]) daß die Siebenzahl die ganze gegenwärtige Zeit bedeutet, wie der höchst weise Salomon sagt, man solle „den Sieben und den Acht einen Theil geben".[3]) Auch der gotterleuchtete David sang, da er von der Achtheit (Oktave) sang, von der nach der Auferstehung

---

1) **Athan.** l. c.
2) Greg. v. Naz. Rede 42.
3) Pred. 11, 2.

von den Todten kommenden Wiederherstellung.¹) Da also das Gesetz befahl, den siebenten Tag ohne körperliche Verrichtungen hinzubringen und geistigen Dingen zu obliegen, deutete es auf mystische Weise dem wahren und Gott zu sehen befähigten Israel an, die ganze Zeit sich Gott zu weihen und über das Körperliche sich zu erheben.

24. Von der Jungfräulichkeit.

(Vertheidigung der Jungfräulichkeit. Diese ist so alt als der Mensch und bestand schon im Paradiese. Die Ehe anläßlich der Sünde eingeführt.)

Es schmähen die Fleischlichen die Jungfräulichkeit,²) und zum Zeugnisse führen die Lüstlinge die Stelle an:³) „Verflucht Jeder, der keinen Samen erweckt in Israel." Wir aber sagen, auf den aus der Jungfrau Fleisch gewordenen Gott das Wort vertrauend, daß die Jungfräulichkeit von eh' und von Anfang der Natur der Menschen eingepflanzt wurde. Denn aus jungfräulicher Erde ist der Mensch gebildet worden. Nur aus Adam wurde die Eva geschaffen. Im Paradiese waltete Jungfräulichkeit. Es sagt ja die heilige Schrift, daß sie nackt waren, Adam und Eva, und sich nicht schämten.⁴) Nachdem sie aber gesündigt, erkannten sie, daß sie nackt waren, und flochten aus Scham sich Schürzen.⁵) Und nach der Uebertretung, als er hörte:⁶) „Erde bist du, und zur Erde sollst du zurückkehren," als wegen der Uebertretung der Tod in die Welt kam, da „erkannte Adam die Eva, sein Weib, und sie empfing und gebar."⁷) Also damit das Geschlecht nicht vom Tode auf-

---

1) Ps. 6, 11.
2) Oben 2. Buch 30. Kap.
3) Deut. 25, 9. — 4) Gen. 2, 25. — 5) Gen. 3, 7. —
6) Das. 19. — 7) Gen. 4, 1.

gerieben und vernichtet würde, wurde die Ehe erfunden, damit durch die Kindererzeugung das Geschlecht der Menschen erhalten würde.¹)

Aber sie werden vielleicht sagen: Was will also das: „Mann und Weib"²) und das: „Wachset und mehret euch"?³) Hierauf werden wir erwidern: das „Wachset und mehret euch" bedeutet gewiß nicht die Vermehrung durch ehelichen Umgang. Es konnte ja Gott auch auf andere Art das Geschlecht vermehren, wenn sie das Gebot bis ans Ende unverletzt beobachteten.⁴) Aber da Gott durch seine Voraussicht wußte (er, der Alles weiß, bevor es geschieht), daß sie in Sünde fallen und zum Tode verurtheilt werden würden, erschuf er zuvorkommend Mann und Weib und befahl ihnen, zu wachsen und sich zu mehren. Wir wollen daher des Weges weitergehen und die Vorzüge der Jungfräulichkeit betrachten. Dasselbe aber auch von der Keuschheit sagen.

(Die Keuschheit ein Schutz in der Sündfluth.)

Als Noe den Befehl erhielt, in die Arche zu gehen, und es übernahm, einen Welt-Samen zu bewahren, wurde ihm befohlen:⁵) „Gehe du hinein und deine Söhne und dein Weib und die Weiber deiner Söhne." Er sonderte sie von den Weibern ab, damit sie mittelst der Keuschheit dem Meere und jenem Allerwelts-Schiffbruche entgingen. Nach dem Aufhören der Ueberschwemmung aber sprach er:⁶) „Gehe heraus du und dein Weib und deine Söhne und die Weiber deiner Söhne." Siehe, wieder wurde der Vermehrung wegen die Ehe gestattet. Sodann Elias, der

---

1) Greg. v. Nyss. de opif. hom. 16.
2) Gen. 1, 28. — 3) Das.
4) Oben 2. Buch 30. Kap.
5) Gen. 7, 1. — 6) Gen. 8, 16.

feueratmende Fuhrmann und Himmelfahrer,[1] huldigte er nicht der Ehelosigkeit und bewährte sie durch seine übermenschliche Himmelfahrt?[2] Wer verschloß die Himmel? Wer erweckte Todte?[3] Wer theilte den Jordan?[4] Nicht der jungfräuliche Elias? Elisäus aber, sein Schüler, hat er nicht, die gleiche Tugend beweisend, in doppeltem Maaße die Gnade des Geistes, um die er bat, erlangt?[5] Und die drei Jünglinge? Haben sie nicht durch Uebung der Jungfräulichkeit das Feuer überwunden, da ihre Leiber durch die Jungfräulichkeit dem Feuer unfaßbar wurden?[6] War es nicht Daniel, in dessen durch die Jungfräulichkeit abgehärteten Leib die Zähne der wilden Thiere nicht eindringen konnten?[7] Hat nicht Gott, da er den Israeliten erscheinen wollte, den Leib keusch zu halten befohlen?[8] Hielten sich nicht die Priester rein und gingen so in das Heiligthum ein und brachten die Opfer dar? Hat nicht das Gesetz die Keuschheit ein großes Gelübde genannt?

(Deutung der Schriftstellen.)

Man muß also die Vorschrift des Gesetzes mehr geistig nehmen. Es gibt nämlich einen geistigen Samen, der durch Liebe und Furcht Gottes empfangen wird im seelischen Schooße, welcher den Geist des Heiles gebiert und hervorbringt. So aber ist auch die Stelle zu fassen:[9] „Selig, wer einen Samen hat in Sion und Verwandte in Jerusalem." Denn wie ist Einer, obschon er ein Hurer ist oder ein Säufer oder ein Götzendiener, selig, wenn er nur einen

---

[1] IV. Kön. 2, 11.
[2] III. Kön. 17, 16. — [3] Das. 19.
[4] IV. Kön. 2, 8. — [5] Das. 9.
[6] Dan. 3, 20. — [7] Dan. 6, 14.
[8] Exod. 19, 15; Num. 6, 2.
[9] Isai. 31, 9.

Samen hat in Sion und Verwandte in Jerusalem? Kein Vernünftiger wird das sagen.

(Die Jungfräulichkeit ist eine englische Lebensweise und vorzüglicher als die Ehe, aber von Christus nicht vorgeschrieben.

Jungfräulichkeit ist der Wandel der Engel, die Eigenthümlichkeit aller unkörperlichen Natur. Das sagen wir nicht um die Ehe zu schmähen; das sei ferne (wir wissen ja, daß der Herr in seiner Anwesenheit die Ehe segnete,[1]) und daß es heißt:[2]) „Ehrwürdig ist die Ehe und das unbefleckte Ehebett"), sondern weil wir die Jungfräulichkeit für besser als gut erkennen; denn auch unter den Tugenden gibt es höhere und geringere Grade, ebenso wie unter den Lastern. Wir wissen, daß alle Sterbliche nach den Stammeltern des Geschlechts Sprößlinge der Ehe sind (denn jene sind ein Gebilde der Jungfräulichkeit und nicht der Ehe), aber die Ehelosigkeit ist eine Nachahmung der Engel. Um wie viel also der Engel höher steht als der Mensch, um soviel ist die Jungfräulichkeit ehrwürdiger als die Ehe. Was aber sage ich: Engel? — Christus selbst ist der Ruhm der Jungfräulichkeit, weil er nicht bloß vom Vater anfangslos, ohne Fluß und Paarung erzeugt ist, sondern auch, da er ein Mensch wurde wie wir, auf höhere Weise als wir aus einer Jungfrau ohne Umarmung Fleisch wurde und selbst die wahre und vollkommene Jungfräulichkeit an sich selber zeigte. Darum hat er auch dieselbe uns nicht zum Gesetze gemacht, denn „nicht Alle fassen das Wort",[3]) wie er selbst sagte; durch die That aber hat er uns in ihr unterwiesen und uns zur selben befähigt. Denn wem ist nicht klar, daß die Jungfräulichkeit unter den Menschen jetzt heimisch ist?

---

1) Joh. 2, 1. — 2) Hebr. 13, 4.
3) Matth. 19, 11.

Gut ist die Kindererzeugung, welche die Ehe leistet, und gut ist die Ehe wegen der Unzucht, indem sie diese abschneidet[1]) und das Wutartige der Begierde durch die gesetzliche Verbindung nicht in ungesetzliche Handlung ausrasen läßt. Gut ist die Ehe für die, denen die Enthaltsamkeit nicht innewohnt; besser aber ist die Jungfräulichkeit, welche die Fruchtbarkeit der Seele vermehrt und als eine zeitige Frucht Gott das Gebet darbringt. „Ehrwürdig ist die Ehe und das unbefleckte Ehebett, die Hurer aber und Ehebrecher wird Gott richten."[2])

25. Von der Beschneidung.

Die Beschneidung wurde vor dem Gesetze dem Abraham gegeben nach den Segnungen, nach der Verheißung, als ein Zeichen, das ihn und seine Kinder und seine Hausgenossen von den Heiden, mit denen er verkehrte, unterscheiden sollte.[3]) Und das ist klar,[4]) denn als das Volk Israel vierzig Jahre in der Wüste allein für sich verweilte, ohne mit einem anderen Volke zu verkehren, wurden Alle, die in der Wüste geboren wurden, nicht beschnitten; als aber Josua sie über den Jordan setzte, wurden sie beschnitten, und es entstand ein zweites Gesetz der Beschneidung. Unter Abraham nämlich wurde ein Gesetz der Beschneidung gegeben, dann ruhte es in der Wüste vierzig Jahre. Und wieder zum zweiten Male gab Gott dem Josua ein Gesetz der Beschneidung nach dem Uebergang über den Jordan, wie in dem Buche Josua, des Sohnes Nave's, geschrieben steht:[5]) „Um diese Zeit sprach der Herr zu Jesus: Mach' dir steinerne Messer aus hartem Stein und

---

1) I. Kor. 7, 2. — 2) Hebr. 15, 4.
3) Gen. 12, 3 — 5 u. f.
4) Chrys. hom. 39 in Gen.
5) Jos. 5, 2.

setz' dich und beschneide die Söhne Israels zum zweiten Male!" und kurz darauf:¹) „Bei zweiundvierzig Jahre weilte Israel in der Wüste Battaritis, und darum waren von ihnen unbeschnitten die meisten der Kämpfer, die aus Aegypten ausgezogen waren, die den Befehlen Gottes nicht gehorchten, denen er auch bestimmte, daß sie das gute Land nicht sehen sollten, das der Herr ihren Vätern schwur ihnen zu geben, das von Milch und Honig fließt. An ihre Stelle aber setzte er ihre Söhne, welche Jesus beschnitt, weil sie auf dem Wege nicht waren beschnitten worden." Also ein Zeichen war die Beschneidung, das Israel von den Völkern schied, mit denen es verkehrte.

(Die Beschneidung ein Bild der Taufe.)

Sie war aber ein Vorbild der Taufe.²) Denn wie die Beschneidung nicht ein nothwendiges Glied vom Leibe abschneidet, sondern einen unnützen Ueberfluß, so werden wir durch die heilige Taufe an der Sünde beschnitten; die Sünde aber ist offenbar gleichsam ein Ueberfluß von Begierde und kein nothwendiges Begehren. Denn es ist nicht möglich, überhaupt gar nicht zu begehren und ganz ohne Genuß von Lust zu sein; aber das Unnütze der Lust, d. h. die unnütze Begierde und Lust, das ist die Sünde, welche die heilige Taufe beschneidet, indem sie uns als Zeichen das kostbare Kreuz auf die Stirne gibt, nicht um uns von andern Völkern abzusondern (denn alle Völker gelangten zur Taufe und wurden mit dem Zeichen des Kreuzes besiegelt), sondern um in jedem Volke den Gläubigen von dem Ungläubigen zu unterscheiden. Nachdem also die Wahrheit offenbar wurde, ist das Vorbild und der Schatten unnütz. Daher ist jetzt die Beschneidung überflüssig und der heiligen Taufe entgegen. „Denn wer sich beschneiden läßt, ist

---

1) Jos. 6 u. 7.
2) Greg. Naz. or. 40. Athan. de sabb. et circ.

schuldig, das ganze Gesetz zu beobachten."¹) Der Herr aber ließ sich, um das Gesetz zu erfüllen, beschneiden; er beobachtete aber auch das ganze Gesetz und den Sabbath, um das Gesetz zu erfüllen und zu bestätigen.²) Seitdem er aber getauft ward und der heilige Geist den Menschen erschien, in Gestalt einer Taube auf ihn herabkommend, seitdem ist der geistige Gottesdienst und Lebenswandel und das Himmelreich verkündet worden.

26. Vom Antichrist.

(Verschiedene Fassungen des Antichrist. Die Juden werden den Antichrist aufnehmen als ihren Messias.)

Man muß wissen, daß der Antichrist kommen muß. Nun ist zwar Jeder, der nicht bekennt, daß der Sohn Gottes im Fleische gekommen ist und vollkommener Gott ist, ein Antichrist.³) Gleichwohl heißt in besonderer und ausgezeichneter Weise Antichrist der am Ende der Welt Kommende.⁴) Es muß also zuerst das Evangelium unter allen Völkern verkündet sein, wie der Herr sagt,⁵) und dann wird er kommen zur Ueberführung der gottesfeindlichen Juden. Es sprach nämlich der Herr zu ihnen:⁶) „Ich bin gekommen im Namen meines Vaters, und ihr nehmt mich nicht auf; ein Anderer kommt in seinem eigenen Namen, und Diesen werdet ihr aufnehmen;" und der Apostel:⁷) „Darum, weil sie die Liebe zur Wahrheit nicht annahmen, zu ihrer Rettung. Und darum wird ihnen Gott eine Wirksamkeit des Irrthums schicken, um der Lüge zu glauben, damit gerichtet werden Alle, welche der Wahrheit nicht glaubten, sondern

---

1) Gal. 5, 3. — 2) Matth. 5, 17. — 3) I. Joh. 4, 2.
4) Iren. lib. V. c. 25. Greg. Naz. or. 47.
5) Matth. 24, 14. — 6) Joh. 5, 43.
7) II. Theff. 2, 11.

sich wohl gefielen in der Ungerechtigkeit." Die Juden also nahmen den wirklichen Sohn Gottes, den Herrn Jesum Christum und Gott, nicht auf; den Betrüger aber, der sich für Gott ausgibt, werden sie aufnehmen.¹) Denn daß er sich Gott nennen wird, das sagt der den Daniel belehrende Engel mit folgenden Worten:²) „Auf die Götter seiner Väter wird er nicht achten," und der Apostel:³) „Niemand soll euch täuschen auf keine Weise; denn zuerst muß Abfall kommen und offenbar werden der Mensch des Frevels, der Sohn des Verderbens, der sich widersetzt und hinwegsetzt über Alles, was Gott und Gottesdienst heißt, so daß er sich selbst in den Tempel Gottes setzt und sich dafür ausgibt, daß er Gott sei;" in den Tempel Gottes aber, nicht den unsrigen, sondern den alten, den jüdischen; denn nicht zu uns, sondern zu den Juden wird er kommen, nicht für Christus und die Christen, weßhalb er auch Wider-Christ heißt.⁴)

(Der Antichrist ein wirklicher Mensch.)

Es muß also zuerst das Evangelium unter allen Völkern verkündet sein,⁵) „und dann wird offenbar werden der Frevler, dessen Erscheinung durch Wirksamkeit des Satans ist, in aller Macht und Zeichen und Trug-Wundern, in aller Täuschung der Bosheit bei denen, die verloren gehen, den der Herr vertilgen wird durch das Wort seines Mundes und vernichten durch die Ankunft seiner Erscheinung."⁶) Nicht der Teufel selbst also wird Mensch nach Art der Menschwerdung des Herrn; das sei ferne, sondern ein Mensch wird aus Hurerei erzeugt und nimmt alle

---

1) Chrys. hom. 4 in epist. 2. ad Thess.
2) Dan. 11, 37.
3) II. Thess. 2, 3 u. 4.
4) Iren. Cyrill. Hieros. catech. 15. Greg. Naz. loc. cit.
5) Matth. 25, 14. — 6) II. Thess. 2, 8.

Wirksamkeit des Satan auf. Denn Gott, der die Bosheit seines künftigen Willens voraus weiß, gestattet dem Teufel, in ihm zu wohnen.[1]

(Des Antichrist Anfang und Fortschritt.)

Erzeugt also wird er aus Hurerei, wie gesagt, und in der Verborgenheit aufgezogen, und plötzlich steht er auf und erhebt sich und herrscht. Und in den Anfängen seiner Herrschaft oder vielmehr Gewaltherrschaft heuchelt er Heiligkeit; nachdem er aber mächtig geworden, verfolgt er die Kirche Gottes und legt seine ganze Bosheit an den Tag. Er wird aber kommen „in Zeichen und Trugwundern",[2] erdichteten und nicht wahren, und wird Diejenigen, welche eine schwache und unfeste Grundlage des Denkens haben, täuschen und von dem lebendigen Gotte abziehen, so daß, „wenn es möglich wäre, auch die Auserwählten verführt würden."[3]

(Henoch und Elias gegen den Antichrist.)

Es wird aber Henoch und Elias, der Thesbiter, abgesandt werden, und sie werden „die Herzen der Väter zu den Kindern kehren",[4] d. h. die Synagoge zu unserem Herrn Jesus Christus und der Botschaft der Apostel, und werden von ihm vertilgt werden. Und kommen wird der Herr vom Himmel, so wie die heiligen Apostel ihn in den Himmel fortgehen sahen,[5] als vollkommener Gott und vollkommener Mensch, mit Herrlichkeit und Macht, und wird vertilgen den Menschen des Frevels, den Sohn des Verderbens, durch den Hauch seines Mundes.[6] Niemand

---

1) Chrys. hom. 3. in II. epist. ad Thess.
2) II. Thess. 2, 9. — 3) Matth. 24, 24.
4) Malach. 4, 5; Apocal. 11, 3.
5) Apost. 1, 11. — 6) II. Thess. 2, 8.

also erwarte den Herrn von der Erde, sondern vom Himmel her, wie er selbst versicherte.

27. Von der Auferstehung.

(Auferstehung der Leiber.)

Wir glauben aber auch eine Auferstehung der Todten. Denn in der That es wird sein, ja es wird sein eine Auferstehung der Todten. Wenn wir aber Auferstehung sagen, so meinen wir eine Auferstehung der Leiber. Denn Auferstehung ist die Wiedererstehung des Dahingesunkenen. Wie nämlich sollten die Seelen, die unsterblich sind, auferstehen? Denn wenn man den Tod definirt als Trennung der Seele vom Leibe, so ist Auferstehung gewiß eine Wiederverbindung von Seele und Leib und eine Wiedererstehung des aufgelösten und hingefallenen Lebewesens.[1] Der Leib selbst also, der verwest und sich auflöst, der wird unverweslich auferstehen. Denn nicht unmächtig ist der, welcher am Anfange ihn aus dem Lehm der Erde hergestellt hat, ihn, nachdem er durch den Richterspruch des Schöpfers wieder aufgelöst und in die Erde, von der er genommen war, zurückgekehrt ist, wieder herzustellen.

(Vernunft-Beweis für die Auferstehung aus der Vorsehung und Gerechtigkeit Gottes.)

Denn wenn es keine Auferstehung gibt, so laßt uns essen und trinken,[2] dem wollüstigen und genußvollen Leben nachgehen. Wenn es keine Auferstehung gibt, worin unterscheiden wir uns von den Thieren? Wenn es keine

---

1) Epist. in Ancor. n. 89; Method Contra Orig.
2) Isai. 22, 13; I. Kor. 15, 32.

Auferstehung gibt, so laßt uns die (wilden) Thiere des Feldes glücklich preisen, die ein sorgenfreies Leben führen. Wenn es keine Auferstehung gibt, dann gibt es auch keinen Gott und keine Vorsehung, sondern Alles geht und trägt sich zu durch Zufall. Denn siehe, wir sehen sehr viele Gerechte darbend und gekränkt und ohne irgend eine Hilfe im gegenwärtigen Leben, sehr viele Sünder aber und Ungerechte in Reichthum und allem Wohlleben schwelgend. Und welcher Vernünftige sollte Dieß für ein Werk eines gerechten Gerichts oder einer weisen Vorsehung halten? Es wird also sein, ja es wird sein eine Auferstehung. Denn Gott ist gerecht und ist denen, die auf ihn hoffen, ein gerechter Vergelter. Wenn nun die Seele allein in den Kämpfen der Tugend gerungen hat, dann wird sie auch allein gekrönt werden, und wenn sie allein in den Lüsten sich gewälzt hat, dann wird sie mit Recht allein gestraft; allein da sie weder der Tugend noch dem Laster nachging ohne den Leib, werden mit Recht beide zugleich auch die Vergeltungen empfangen.

(Schriftbeweis.)

Es bezeugt aber auch die heilige Schrift, daß eine Auferstehung der Leiber sein wird. Es sagt nämlich Gott zu Noe nach der Fluth:[1] „Wie Gartenkräuter gab ich euch Alles; nur Fleisch im Blute der Seele sollt ihr nicht essen, und ich werde euer Blut von euren Seelen fordern, aus der Hand aller wilden Thiere werde ich es fordern und aus der Hand des Menschen, seines Bruders, werde ich seine Seele fordern; wer Menschenblut vergießt, statt des Blutes wird das seinige vergossen werden; denn nach dem Bilde Gottes habe ich den Menschen gemacht." Wie wird er das Blut des Menschen aus der Hand aller wilden Thiere fordern, auffer weil er die Leiber der gestorbenen

---

1) Gen. 9, 5.

Menschen auferwecken wird? Denn nicht werden statt des Menschen die Thiere sterben.

Und ferner zu Moses sprach er:¹) „Ich bin der Gott Abrahams und der Gott Isaaks und der Gott Jakobs." Aber „Gott ist kein Gott der Todten," die gestorben sind und nicht mehr sein werden, „sondern von Lebendigen,"²) deren Seelen in seiner Hand leben,³) deren Leiber aber durch die Auferstehung wieder leben werden. Auch der Gottes=Vater David sagt zu Gott:⁴) „Du nimmst hinweg ihren Geist, und sie schwinden dahin und kehren in ihren Staub zurück;" sieh, von den Leibern ist die Rede; dann fährt er fort:⁵) „Du sendest aus deinen Geist, und sie werden geschaffen, und du erneuerst das Antlitz der Erde."

Auch Isaias aber sagt:⁶) „Auferstehen werden die Todten, und auferweckt werden die in den Grabmälern."

Auch der selige Ezechiel aber sagt:⁷) „Und es geschah, als ich weissagte, und sieh eine Erderschütterung, und es fügten sich die Gebeine, Gebein an Gebein, ein jedes in seine Verbindung. Und ich sah, und sieh, es entstanden Nerven an ihnen, und Fleisch wuchs an und stieg auf an ihnen und sie überzogen sich neuerdings mit einer Haut."⁸) Sodann lehrt er, wie auf Befehl die Geister zurück= kehrten.

Auch der göttliche Daniel aber sagt:⁹) „Und in jener Zeit wird Michael aufstehen, der große Fürst, der den Kindern deines Volkes vorsteht; und es wird eine Zeit

---

1) Exod. 3, 6. — 2) Matth. 22, 32. — 3) Weish. 3, 1. — 4) Pf. 105, 29. — 5) Daj. 30. — 6) Isai. 27, 9. — 7) Ezech. 37, 7.
8) **Greg. Nyss. De an. et resurr. post med.**
9) Dan. 12, 1—3.

der Trübsal sein, eine Trübsal, dergleichen nicht war, seit ein Volk auf der Erde entstand, bis zu jener Zeit. Und in jener Zeit wird dein Volk gerettet werden, ein Jeder, der in dem Buche eingeschrieben gefunden wird. Und Viele von denen, die im Staub der Erde schlafen, werden auferweckt werden, Diese zum ewigen Leben, und Diese zur ewigen Schmach und Schande. Und die Weisen werden strahlen wie der Glanz des Firmamentes und unter den vielen Gerechten wie die Sterne hervorleuchten auf immer und ewig." Wenn er sagt: „Viele, die im Staube der Erde schlafen, werden auferweckt werden," so ist klar, daß er die Auferstehung der Leiber meint; denn es wird ja doch Niemand sagen, daß die Seelen im Staube der Erde schlafen.

Aber fürwahr, auch der Herr lehrte in den heiligen Evangelien deutlich die Auferstehung der Leiber, denn „Hören werden", sagt er,[1] „die in den Gräbern die Stimme des Sohnes Gottes und hervorgehen werden, die Gutes gethan haben, zur Auferstehung des Lebens, die aber Böses gethan haben, zur Auferstehung des Gerichtes." Kein Vernünftiger aber wird je sagen, in den Gräbern seien die Seelen.

Nicht bloß mit Worten aber, sondern auch durch die That bewies er die Auferstehung der Leiber: erstens da er den viertägigen Lazarus, der schon in Verwesung überging und roch, erweckte;[2] denn nicht eine des Leibes beraubte Seele, sondern den Leib mit der Seele, und keinen Anderen, sondern den verwesenden selbst erweckte er. Denn wie wurde die Auferstehung des Gestorbenen erkannt und geglaubt, wenn nicht die charakteristischen Eigenschaften ihn als denselben darstellten? Aber auch den Lazarus erweckte

---

1) Joh. 5, 28.
2) Joh. 11, 39—44.

er zum Erweise seiner Gottheit und zur Beglaubigung seiner eigenen und unserer Auferstehung so, daß er wieder in den Tod zurückkehren sollte. Der Herr selbst aber wurde der Erstling der vollkommenen und nicht mehr dem Tode unterliegenden Auferstehung. Darum sagte auch der göttliche Apostel Paulus:[1] „Wenn die Todten nicht auferstehen, dann ist auch Christus nicht auferstanden. Wenn aber Christus nicht auferstanden ist, dann ist also unser Glaube eitel, und wir sind noch in unseren Sünden," und:[2] „Weil Christus auferstanden ist, der Erstling der Entschlafenen," und:[3] „Der Erstgeborne von den Todten," und wieder:[4] „Wenn wir glauben, daß Christus gestorben und auferstanden ist, ebenso wird auch Gott die durch Jesus Schlafenden mit ihm hervorführen;" „ebenso," meint er, wie der Herr auferstand.

Daß aber die Auferstehung des Herrn eine Vereinigung des verunsterblichten Körpers und der Seele war (denn diese waren es, die getrennt waren), ist klar, denn er sagt:[5] „Zerstöret diesen Tempel, und in drei Tagen werde ich ihn erbauen." Ein glaubwürdiger Zeuge aber ist das heilige Evangelium, daß er von seinem Leibe sprach. „Tastet mich und sehet," sprach der Herr zu seinen Jüngern, die einen Geist zu sehen meinten, daß ich es bin und mich nicht verändert habe; „denn ein Geist hat nicht Fleisch und Gebein, wie ihr sehet, daß ich habe."[6] Und indem er Dieses sagte, zeigte er seine Hände und seine Seite und bot sie dem Thomas zur Betastung dar.[7] Ist das nicht hinreichend, die Auferstehung der Leiber zu beglaubigen?

---

1) I. Kor. 15, 16. — 2) Das. 20.
3) Koloss. 1, 18. — 4) I. Thess. 4, 13.
5) Joh. 2, 19, — 6) Luk. 24, 39.
7) Joh. 20, 27.

Ferner sagt der göttliche Apostel:[1]) „Es muß nämlich dieses Vergängliche die Unvergänglichkeit anziehen und dieses Sterbliche die Unsterblichkeit anziehen," und wieder:[2]) „Gesäet wird in Vergänglichkeit, auferweckt in Unvergänglichkeit; gesäet wird in Schwachheit, auferweckt in Kraft; gesäet wird in Unehre, auferweckt in Herrlichkeit; gesäet wird ein seelischer Leib," d. h. ein grober und sterblicher, „auferweckt ein geistiger Leib," wie der Leib des Herrn nach der Auferstehung, der durch verschlossene Thüren ging, frei von Ermüdung war, und nicht der Nahrung, des Schlafes und Trankes bedürftig. Denn „sie werden sein", sagt der Herr,[3]) „wie die Engel Gottes," keine Ehe, keine Kindererzeugung mehr. Es sagt darum der göttliche Apostel:[4]) „Unser Wandel nämlich ist im Himmel, von wo wir auch den Heiland erwarten, den Herrn Jesus, welcher den Leib unserer Niedrigkeit gestalten wird, um selbst gleichförmig zu werden dem Leib seiner Herrlichkeit," indem er nicht die Umwandlung in eine andere Form meinte (das sei ferne), sondern vielmehr den Uebergang aus Vergänglichkeit in Unvergänglichkeit.[5])

(Gleichniß von der Hervorbringung des menschlichen Leibes.)

„Aber", wird man sagen, „wie werden die Todten erweckt?"[6]) O des Unglaubens, o des Unverstandes! Der Erde durch seinen bloßen Willen in einen Leib verwandelt,

---

1) I. Kor. 15, 53.
2) I. Kor. 15, 42 — 44.
3) Mark. 12, 25.
4) Phil. 3, 20.
5) Greg. Nyss. l. c. Epiph haer. 6, 4.
6) I. Kor. 15, 35.

der einen kleinen Tropfen des Samens im Mutterschooße sich zu vermehren und dieses vielgestaltige und vielgliedrige Werkzeug des Leibes sich zu vollenden befiehlt, wird er nicht vielmehr den schon gewesenen und zerflossenen wieder herstellen durch seinen bloßen Willen?[1] „In was für einem Leibe aber werden sie kommen? Du Thor;" wenn deine Verhärtung dich den Worten Gottes nicht glauben läßt, glaube doch seinen Werken; „denn was du säest, wird nicht lebendig, wenn es nicht stirbt; und was du säest, säest du nicht den Leib, der werden wird, sondern ein bloßes Korn, von Waizen z. B. oder sonst Etwas. Gott aber gibt ihm einen Leib, wie er will, und jedem der Samen einen eigenen Leib."[2] Betrachte also die in den Furchen wie in Gräbern vergrabenen Samen! Wer gibt ihnen Wurzeln, Rohr und Blätter und Aehren und die feinsten Stengel? Nicht der Schöpfer von Allem? Nicht der Befehl dessen, der Alles gefertigt hat? Ebenso also glaube, daß auch die Auferstehung der Todten geschehen werde durch den göttlichen Willen und Wink. Denn als Begleiter des Willens hat er die Macht.

(Gericht nach der Auferstehung und Vergeltung der Werke.)

Wir werden also auferstehen, indem die Seelen wieder mit den verunsterblichten und mit der Unvergänglichkeit bekleideten Leibern vereinigt werden, und werden vor den furchtbaren Richterstuhl Christi gestellt werden. Und es wird der Teufel und seine Dämonen und sein Mensch, d. h. der Antichrist, und die Gottlosen und die Sünder dem ewigen Feuer übergeben werden, keinem materiellen, wie das bei uns, sondern wie Gott es weiß. Die aber Gutes

---

1) Epiph. Ancor. n. 93.
2) I. Kor. 15, 35—38.

gethan haben, werden glänzen wie die Sonne, mit den Engeln im ewigen Leben, mit unserem Herrn Jesus Christus, indem sie immer ihn sehen und gesehen werden und von ihm eine unaufhörliche Freude gewinnen und ihn loben mit dem Vater und dem heiligen Geiste ohne Ende in alle Ewigkeit. Amen.

Druckfehler und Berichtigungen.

S. 19 Z. 7 lies: στρυγγῶν statt στρυγῶν.
S. 38 Z. 15 lies: Hineinkommendes statt Heineinkommendes.
S. 75 Z. 5 v. u. lies: an statt von.
S. 83 Z. 9 u. 10 v. u. lies: Und statt sond und forschen statt Urschen.
S. 86 letzte Zeile lies: gegründet statt begründet.
S. 110 Z. 13 lies: vernünftigen statt vernünftigem.
S. 118 Z. 16 lies: Traumgesichte statt Traumgeschichte.
S. 159 Z. 8 v. u. lies: ungeheilt statt ungetheilt.
S. 163 Z. 5 v. u. lies: es (das Wort) statt er.
S. 192 Z. 13 u. 15 lies: das erste Mal Wirksamkeit statt Wirksamkeiten und das zweite Mal Wirksamkeiten statt Wirksamkeit.
S. 195 Z. 6 setze ein ?
S. 228 Z. 11 lies: weißt statt weist.
S. 237 letzte Zeile lies: schließliche statt fleischliche.

Inhaltsverzeichniß.

Einleitung.

                                                        Seite

Leben   7

Schriften   16

Erstes Buch.

1. Die Gottheit ist unbegreiflich; und man darf nicht suchen und grübeln nach Dem, was uns nicht überliefert ist von den heiligen Propheten, Aposteln und Evangelisten 27
2. Ueber das Aussprechliche und Unaussprechliche, Erkennbare und Unerkennbare 28
3. Beweis, daß Gott ist 30
4. Was Gott sei, ist unbegreiflich 33
5. Beweis, daß Gott Einer ist und nicht Viele . . 35

Inhalts-Verzeichniß.

Seite

6. Von dem Worte und Sohne Gottes. Rationeller Beweis 37
7. Vom heiligen Geiste. Rationeller Beweis . . 38
8. Von der heiligen Dreieinigkeit 40
9. Von den Prädikaten Gottes 54
10. Von der göttlichen Einheit und Unterscheidung . . 56
11. Von den körperlichen Ausdrucksweisen bei Gott . 57
12. Ueber das Nämliche 59
13. Ueber den Ort Gottes, und daß Gott allein unbegrenzt ist 63
14. Von den Eigenschaften der göttlichen Natur . . 68

Zweites Buch.

1. Vom Aeon. (Zeitalter, Weltalter, Ewigkeit) . 70
2. Von der Erschaffung 72
3. Von den Engeln 72
4. Vom Teufel und den Dämonen 77
5. Von der sichtbaren Schöpfung 79
6. Vom Himmel 79
7. Vom Lichte, dem Feuer, den Lichtern, Sonne, Mond und Sternen 84
8. Von der Luft und den Winden 93
9. Von den Gewässern 95
10. Von der Erde und dem, was aus ihr hervorkommt . 99
11. Vom Paradiese 102
12. Vom Menschen 107
13. Von den Lüsten 112
14. Von der Traurigkeit 114
15. Von der Furcht 114
16. Vom Zorne 114
17. Von der sinnlichen Vorstellkraft . . . 115
18. Von der Sinneswahrnehmung 158

	Seite
19. Von der Denkkraft	115
20. Vom Gedächtniß	118
21. Vom innerlichen und äusserlich ausgesprochenen Worte (Sprechen)	119
22. Vom Leiden und Thun	120
23. Von der Thätigkeit und Wirklichkeit	127
24. Vom Freiwilligen und Unfreiwilligen	128
25. Von dem, was bei uns steht, d. h. in unserem freien Willen	131
26. Von dem, was geschieht	132
27. Warum wir einen freien Willen haben	133
28. Von dem, was nicht bei uns steht	135
29. Von der Vorsehung	135
30. Vom Vorherwissen und Vorherbestimmen	140

Drittes Buch.

1. Von der göttlichen Heilsordnung und von der Sorge um uns und unser Heil	144
2. Von der Weise der Empfängniß des Wortes und seiner göttlichen Fleischwerdung	146
3. Von den zwei Naturen, gegen die Monophysiten	149
4. Von der Weise der Wechselmittheilung der Eigenthümlichkeiten	153
5. Von der Zahl der Naturen	155
6. Daß die ganze göttliche Natur in einer ihrer Hypostasen sich vereint hat mit der ganzen menschlichen Natur und nicht ein Theil mit einem Theile	157
7. Von der einen zusammengesetzten Hypostase Gottes des Wortes	161
8. Gegen Diejenigen, welche sagen: die Naturen des Herrn lassen sich unter die continuirliche oder unter die diskrete Quantität bringen	164
9. Antwort auf die Frage, ob es eine subsistenzlose Natur gebe	167

		Seit:
10. Ueber das dreimal Heilig		168
11. Von der in der Art und im Individuum betrachteten Natur, dem Unterschied von Einigung und Fleischwerdung, und wie das zu nehmen ist: „die fleischgewordene Natur Gottes des Wortes" . .		170
12. Daß die heilige Jungfrau Gottesgebärerin ist, gegen die Nestorianer		173
13. Von den Eigenschaften der beiden Naturen . .		177
14. Von den Willen und Selbstbestimmungskräften unseres Herrn Jesu Christi .		178
15. Von den Thätigkeiten in unserem Herrn Jesu Christo		187
16. Gegen Diejenigen, welche sagen: Wie der Mensch zwei Naturen und Thätigkeiten hat, muß man bei Christus drei Naturen und ebensoviele Thätigkeiten annehmen		199
17. Von der Vergottung der Natur des Fleisches des Herrn und seines Willens		202
18. Abermals von der Zweiheit des Willens, der Selbstmacht, dem Verstande, der Erkenntniß und Weisheit		204
19. Von der gottmenschlichen Wirksamkeit . .		208
20. Von den natürlichen und untadelhaften Affekten		210
21. Von der Unwissenheit und Knechtschaft . .		211
22. Vom Fortschritte		213
23. Von der Furcht		214
24. Vom Gebete des Herrn		216
25. Von der Aneigung		217
26. Von dem Leiden des Leibes des Herrn und der Leidenslosigkeit seiner Gottheit		218
27. Daß die Gottheit des Wortes von der Seele und dem Leibe ungetrennt bleibe, auch im Tode des Herrn, und eine Hypostase bleibe . . .		219
28. Von der Verderbniß und Verwesung . .		220
29. Vom Hinabsteigen in die Unterwelt . . .		222

Viertes Buch.

Seite

1. Von dem Zustande Christi nach der Auferstehung — 223
2. Vom Sitzen zur Rechten des Vaters — 224
3. Gegen die, welche sagen: Wenn Christus zwei Naturen ist, so dienet ihr entweder auch dem Geschöpfe, da ihr eine geschaffene Natur anbetet, oder ihr saget, eine Natur sei anzubeten und die andere nicht — 225
4. Warum der Sohn Gottes Mensch wurde und nicht der Vater und der heilige Geist; und was er als Menschgeworden vollbracht habe — 226
5. Gegen die, welche fragen, ob die Hypostase Christi geschaffen ist oder ungeschaffen — 228
6. Wann Christus so genannt wurde — 229
7. Gegen die, welche fragen, ob die heilige Gottesgebärerin zwei Naturen gebar und ob zwei Naturen am Kreuze hingen — 230
8. Wie der Eingeborne Sohn Gottes Erstgeborner heisse — 232
9. Von Glaube und Taufe — 233
10. Vom Glauben — 238
11. Vom Kreuze, wobei abermals vom Glauben — 239
12. Von der Anbetung gegen Morgen — 244
13. Von den heiligen und reinen Mysterien des Herrn — 245
14. Vom Geschlechtsregister des Herrn und von der heiligen Gottesgebärerin — 255
15. Von der Verehrung der Heiligen und ihrer Reliquien — 260
16. Von den Bildern — 264
17. Von der Schrift — 268
18. Von den Aussagen über Christus — 271
19. Daß Gott nicht Urheber des Bösen ist — 280
20. Daß es nicht zwei Prinzipien gibt — 282
21. Weßhalb der vorauswissende Gott Diejenigen erschuf, welche sündigen und nicht Buße thun würden — 284
22. Vom Gesetze Gottes und dem Gesetze der Sünde — 285

		Seite
23. Gegen die Juden, vom Sabbath	. . .	287
24. Von der Jungfräulichkeit . .	.	294
25. Von der Beschneidung . . .	. .	298
26. Vom Antichrist . . .	. .	300
27. Von der Auferstehung	. . .	303